语言历史论丛（第十七辑）

Papers on Languages and History

Volume 17

四川师范大学文学院

中国 · 成都 · 2021

College of Liberal Arts, Sichuan Normal University

Chengdu, China, 2021

巴蜀书社

《语言历史论丛》(第十七辑)

主　编　周及徐　**副主编**　袁雪梅

目　录

Contents and Abstracts

Abstract: According the literature record on Mayu attacking Guizhou in the Ming Dynasty and the comparison between the phonetic features of Tunpu dialect and related dialects, we can arrive the conclusion that Tunpu dialect is a kind of south zhili mandarin-based on south-central Gansu province dialects, and most soldiers of Tunpu came from south-central Gansu province, most officers came from south zhili province.

Key words: Tunpu dialect; phonetic features; south-central Gansu dialects; Nanjing mandarin; source of Tunpu migrants

(Shi Shaolang, Linguistic Faculty, Beijing Language and Culture University, Beijing, 100083)

Abstract: Chengdu speaks Sichuan Huguang dialect, and Leshan speaks Nanlu dialect. Why are the dialects different between the two cities? The current situation of Sichuan dialects is related to history. There are two explanations: 1. One source differentiation theory: Nanlu dialect such as Leshan dialect evolved into Huguang dialect such as Chengdu dialect. Today's situation is the result of the differentiation of a dialect in modern times. People question this view because: is it possible for Sichuan dialect to form such dialect differences with neat phonetic features in about 300 years? 2. Two levels: Leshan dialect and other Nanlu dialects were originally Sichuan indigenous dialects, which were distributed throughout Sichuan before the Ming Dynasty. Huguang dialect such as Chengdu dialect was brought by immigrants in the Ming and Qing Dynasties, replacing the original Nanlu dialect north of Minjiang River. This new interpretation is the conclusion of our study on the distribution and characteristics of Sichuan dialects in recent years.

Key words: Dialect differences; historical reason; Chengdu; Leshan

(Zhou Jixu, College of Liberal and Arts, Sichuan Normal University, Chengdu, Sichuan, 610068)

Abstract: Shandong Jiyang dialect belongs to Canghui dialect of the Jilu mandarin area, which is a three-tone dialect. Through the investigation of speech societies of different ages, genders and education standards, this paper found that the Yinping tone values have two patterns (rising tones and dipping tones) in different speech societies, and the degree of concavity factor is in different speech societies: male (elderly) < male (Middle-age) < female (elderly) < female (middle-aged) < male (youth) < female (youth). The evolution trend of the tonotype is: low rise > low level > pre-dipping > low-dipping. The startup mechanism of this tone system variation is determined by the nature of the tone type and the internal characteristics of the tone pattern, while the completion of the sound is the sound selection under the influence of environmental and social power.

Key words: Jiyang dialect; tone; Yinping; tonotype; variation

(Liu Mengzhe, School of Chinese Language and Literature of Beijing Normal University, Beijing, 100875)

Abstract: This paper provides a comprehensive description to tonal typology of Southwest Mandarin in Sichuan and Chongqing (SCSM) on the basis of a number of firsthand acoustic data. In the four tone system, there are four contour patterns, in which double-falling tone pattern is the most popular one. And in five tone system, there are only two contour patterns. Previous study claiming there are only two contour patterns, i. e., Chengdu type and Chongqing type, in SCSM are not accurate. Current research claim that Chengdu type and Chongqing type are actually included in our new classification of tonal pattern and they are even not the major contour patterns. Based on the discussion of tonotypes, the process that how tonal pattern in Dazhou (达州) and Shizhu (石柱) emerge are properly explained and the relationship between tone classes and contour classes are fully discussed.

Key words: Tone; Sichuan; Chongqing; Tonotype; Southwestern Mandarin

(He Zhichun, Department of Chinese language and literature, Peking University, Beijing, 100871)

Abstract: Luxi, Yunnan is located in the northern part of Honghe Hani and Yi Autonomous Prefecture in Yunnan Province and has a long history. The Luxi dialect is an integral part of the Yunnan dialect, the Southwest Mandarin, a typical Southwest Mandarin. Moreover, Luxi dialect belongs to the small part of Yunnan dialect in Dianzhong, which has prominent phonological characteristics and has research value. This paper lists the phonetic system of Zhongshu Speech and summarizes its phonological characteristics, which can provide some reliable materials for the research of Southwest Mandarin.

Key words: Zhongshu Speech; Phonology; Phonological Characteristics

(Li Aliang, School of South Asian and Southeast Asian Languages and Cultures, Yunnan Minzu University, Kunming, Yunnan, 650500; Guo Yajie, School of Chinese Ethnic Minority Languages and Literatures, Minzu University of China, Beijing, 100081)

Abstract: This paper describes the phonological system and phonological features of Wangcang dialect in Guangyuan City, Sichuan Province. Then lists its homophony syllabary in detail.

Key words: Wangcang dialect; Sichuan dialect; Southwestern Mandarin; homophony syllabary; phonological system

(Cheng Runfeng, Research Center for Language and Language Education, Central China Normal University, Wuhan, Hubei, 430079)

Abstract: A large number of Sichuan dialect words were used in Ai Wu's works, which provide important corpus for the compilation of Sichuan dialect dictionaries. When the Sichuan Dialect Dictionary was compiled, some materials from Ai Wu's works were used. Using The Complete Works of Ai Wu as a closed corpus, organizing the Sichuan dialect vocabulary data can provide some new reference materials for the revision of the Sichuan Dialect Dictionary in terms of word collection, interpretation and documentary evidence.

Key words: Ai Wu; Sichuan dialect; vocabulary; dictionary

(Wang Zhen, Wang Shuai, College of Liberal and Arts, Sichuan Normal University, Chengdu, Sichuan, 610068; Qiu Han, No. 37 Middle School of Chengdu, Chengdu, Sichuan, 610074)

Abstract: The original characters of "载（缝）" tsai4 （sew） in Sichuan dialect have many theories, such as "摖" "祖" and "組". This paper points out that "载（缝）" tsai4 （sew） is actually the sound change of "绽", and discusses the law of historical sound change.

Key words: tsai4 （sew）; original character; Sichuan dialect; historical sound change

（Zhou Min, College of Liberal and Arts, Sichuan Normal University, Chengdu, Sichuan, 610068）

Abstract: Nickname is an important cultural and linguistic phenomenon. It has obvious oral characteristics and clear dating, which provides many examples for the study of Chinese vocabulary history. We can observe the diachronic language information condensed in a large number of nickname materials in ancient books.

Key words: Nickname; Corpus; Colloquialism; Dating

（Mei Qiang, International College of Chinese language and Culture, Chongqing Normal University, Chongqing, 401331）

Abstract: "yi guo fan chi le shi ge ren" is considered to be a special syntactic structure with valid pragmatics, which is usually considered to shift from prototype "shi ge ren chi le yi guo fan" to "yi guo fan chi le shi ge ren". On the contrary, we found out the semantic relationship of members in the two sentences are totally different, and that belong to different types of syntax structure after was tested by transformational analysis. Meanwhile through historical materials, we found that there are similar structures in ancient Chinese. Therefore, we think "yi guo fan chi le shi ge ren" is kind of construction that was formed from ancient Chinese language, the core semantics is [+ supply], and the structure of the sentence is productive as well.

Key words: syntax; semantic; historical; transformational-analysis

(Lv Yan, School of Foreign Languages, Chengdu University of TCM, Chengdu, Sichuan, 611137)

Suffering Meaning Verb "Jian (见)" and it's Source

………………………………………… *Wang Hongsheng* (216)

Abstract: There is evidence that "Jian (见)" in ancient Chinese sentence pattern "Opatient + Jian (见) + Vtransitive" is a suffering meaning verb, but not regard it as the aux that expresses passive relation. Since "Jian (见)" is a suffering meaning verb, the sentence pattern "Opatient + Jian (见) + Vtransitive" should not be regarded as passive sentence, but should be regarded as the sentence pattern of expressing state, in that the predicate "Jian (见) + Vtransitive" expresses the state of the subject "Opatient". Suffering meaning verb "Jian (见)" evolved from the visual verb "Jian (见)", and It's the process that the potential and subordinate feature "suffering" of the latter "Jian (见)" replaces the old highlight feature "visual act" and become a new highlight feature. At first the feature change is a phenomenon of temporary use of parole, and shows a new parole unit "Jian (见) suffering". The evolution of the visual verb "Jian (见)" into a suffering meaning verb can be explained by three successive and related diachronic links: First of all, the condition of the evolution is the difference between the marginal parole unit "Jian (见) suffering" and other speech units belong to the visual verb "Jian (见)"; Secondly, the main factors of evolution include the change of social psychology, the restriction of cognitive laws, the frequency of use, etc; Thirdly, the result of the evolution is the emergence of the suffering meaning verb "Jian (见)" as new langue unit and the change of the meaning content and value.

Key Words: suffering meaning verb "Jian (见)"; highlight features; subordinate feature; grammatical metonymy; diachronic change; sentence pattern of expressing state

(Wang Hongsheng, College of Journalism and Communication, Baoji University of Arts and Sciences, Baoji, Shanxi, 721013)

Abstract: Based on field investigations, the phonetic system of the Mosuo dialect (Naxi dialect) in Duoshe Village, Luguhu Town, Yanyuan County, Liangshan Prefecture, Sichuan Province was summarized, and the phonetic features of the Mosuo dialect in Duoshe Village were discussed and compared with.

Key words: Sichuan Lugu Lake; Naxi language; Mosuo dialect;

phonetic system

(Li Qin, Zhou Jixu, College of Liberal and Arts, Sichuan Normal University, Chengdu, Sichuan, 610068)

Abstract: Japanese scholars have always paid close attention to the language and culture of national minorities, and made great achievements in the study of minority languages in Southwest China. This paper systematically combs and analyzes the historical data and research production of Japanese scholars on Southwest China's minority languages. This paper analyzes and reviews the research topics and related academic achievements of the collected Japanese scholars on Miao-Yao language, Bai language, Mon-Khmer language, Zhuang-Dai language, Naxi language and Jinuo language, showing the characteristics of novel and unique research perspectives, focusing on field investigation, combining language research with literature research, and researchers' cooperation between China and Japan. This paper systematically collates the research findings of Japanese academic circles on minority languages in Southwest China, for domestic scholars to provide research perspective and academic achievements from the perspective of national language.

Key words: minority languages in Southwest China; Japanese academic circles; the other perspective; review research

(Liu Yan, Yang Jing, School of Foreign Language, Guizhou University, Guiyang, Guizhou, 550025)

贵州安顺屯堡居民来源考[①]

石绍浪[②]

摘　要　从方言语音特点看，屯堡移民主体不可能来自江淮地区或南直隶地区。根据明代南征云南和军屯滇黔地区的记载，以及屯堡话与相关方言及资料语音特点的对比结果，贵州安顺屯堡话应是以陇中南方言为基础的明代南京官话。推测安顺屯堡创建于洪武二十一年左右，主体居民来自陇中南，以原岷州卫军民的可能性最大。

关键词　明代军屯；马烨；屯堡话；屯堡居民来源；陇中南方言

① 本研究得到北京语言大学“一流团学科团队支持计划”项目（GF2019）和北京语言大学语言科学院“语言资源的深度开发与利用”项目（21YJ140011）的资助。

② 石绍浪，男，1971 年生，江苏泗洪人。文学博士，北京语言大学中国语言文字规范标准研究中心助理研究员。研究方向：汉语方言学、语言规划学。

一、关于屯堡方言和居民来源的研究

（一）屯堡和屯堡方言研究

为稳定和治理西南，明朝政府在滇黔地区广设卫所，驻扎军队，屯垦戍守。在贵州安顺地区曾设立平坝（今安顺市平坝区）、普定（今普定县）、安庄（今镇宁县）三卫，形成具有军事色彩的村寨——屯堡，安顺屯堡村寨今天仍然保存完好。600多年来，屯堡居民一般不与外族通婚，历代沿袭一种独立、半封闭的生活方式。屯堡人的宗教信仰、女性服饰、方言习俗、地方戏曲等也有自己的特色。

安顺地区今留存的屯堡村寨东起平坝县城，西抵镇宁县城，南到紫云县界，北至普定县城，总体上沿滇黔公路分布，面积约1340平方公里，人口约30万[12]。其中以西秀区（乡村）、平坝与西秀交界地区最为典型。西秀区大西桥镇的九溪村被称为屯堡第一村寨（人口约4569人）。龙异腾[12]、曾晓渝[25]178—223等都对九溪村进行过专门调查，所得语言事实基本一致。本文屯堡方言材料依据的是龙异腾等[12]的调查。

屯堡人说汉语，屯堡话亦称“堡子话”或“二铺话”，内部差异不大（如沙子哨、蔡官庄只有ts-组一套舌尖声母，而其余屯堡村落有ts-、tʂ-两套声母），与安顺、贵阳方言存在较明显差异。从日本学者鸟居龙藏1902年对平坝县天龙镇的调查算起，屯堡文化研究的历史已超过100年，相关文章和论著超过200篇（部）。其中关于屯堡方言研究的内容涉及语音、词汇、语法、居民来源等多个方面[19][24][21][22][17][12][28]。

（二）屯堡居民来源的研究

对屯堡居民的来源，史书没有特别明确的记载，学界的观点有四种，即：明代南直隶地区[9]30、116，[10][19][16][12]29、鄱阳湖周边[18]、北方蒙古地区（蒙古族）[6][7]、安徽固镇一带[25]178—223。目前尚未定论，其中以南直隶的观点影响较大。

屯堡话是一种军话，属于广义官话范畴。因为声韵调没有明确的标准，对旧官话起决定作用的是母方言。所以，屯堡军士的母方言是屯堡话的基础。为了寻找屯堡方言的基础，我们先梳理了明军征讨云南和明政府在滇黔军屯的相关文献，然后再进行语音关系比较，得出的结论是安顺屯堡居民应来自陇中南地区。

二、明代在滇黔地区设立军屯的历史背景和过程①

（一）明军征讨云南②

明初，国内尚未统一。洪武元年至五年，又先后平定了福建、山东、广西、北京、四川、甘肃，驱逐元朝残余势力到塞外。至此，除云南外，境内已无反明的割据政权。洪武五年至洪武十四年，明政府集中力量对付境内叛乱，巩固治安，恢复生产。先后派兵讨平湖南、广西洞蛮、五开蛮（今贵州黎平）、古州诸蛮（疑今湖南黔阳）以上洪武五年、贵州蛮以上洪武八年、茂州蛮（今四川茂汶）以上洪武十一年、洮州十八番叛乱（今甘肃临潭）、松州蛮（今四川阿坝）以上洪武十二年、阳

① 本文主要依据的文献是《明史》和《明实录》，为方便阅读，除必要处，行文中不再标明出处。

② 元置云南行中书省，今贵州境元代为湖广、四川、云南三行中书省地。明洪武十五年置贵州都指挥使司，其民职有司则仍属湖广、四川、云南三布政司（同年设云南都指挥使司和云南承宣布政使司）。永乐十一年，置贵州承宣布政使司[36]1171。

春蛮以上洪武十三年、五溪蛮（今湖南常德）、施州蛮（今湖北恩施）以上洪武十四年。继广州群盗平定之后，广东亦得安定。

洪武十四年九月，明政府以傅友德为征南将军，蓝玉、沐英为左右副将军，南征仍盘踞在云南的元梁王（把匝剌瓦尔密）和大理段世。

滇黔地区是高原山地，自古交通不便，明代入云南主要通道有东、北两条。东线从沅州（今湖南芷江）始，依次过平溪（今贵州玉屏）、清浪（今清溪）、镇远、偏桥（今施秉）、兴隆（今黄平）、凯里、贵定、贵阳、平坝、安顺、镇宁、关岭、晴隆、普安、盘县、曲靖，再西行到昆明。在地图上，东线大致呈东偏北走向。北线从纳溪（今四川泸州）始，依次经过赤水、江门、永宁（今叙永）、毕节、乌撒（今贵州威宁）、宣威、交水（今云南沾益）、曲靖，西行可到昆明，北线大致呈北偏东走向。东、北两线在曲靖交汇（昆明东160公里）。

明军征讨云南东、北两线并进。东路军将领有傅友德、蓝玉、沐英、王弼、顾成、张翼等，约25万人。北路军将领有胡海、郭英、陈桓等，约5万人。东路军自东向西，经辰州（今湖南沅陵）、沅州奔贵州，克普定、普安，在曲靖大败元军。攻下曲靖后，明军分兵两路，傅友德自率数万人北上乌撒，驰援胡海等部。蓝玉、沐英、王弼等率主力西进。西路军于当年十二月攻下昆明，梁王自杀。然后继续西伐大理（胡海、郭英、陈桓等率部加入），擒段世。再北上，攻克鹤庆、丽江，转向东北，攻取昭通，最后在乌撒一带会师。次年（洪武十五年）三月，南征师还，前后只用了不到七个月时间。洪武十七年，明朝廷论平云南功，封傅友德为颍国公，胡海、郭英、陈桓、张翼四人封侯。

（二）滇黔平叛

虽然明军迅速摧毁了元梁王和大理段世，但地方土司势力仍很强大，滇黔各地反抗不断。洪武十五年到洪武三十一年，先后有昆明洪武十五年，思州（今铜仁、黔东南一带）、曲靖洪武十七年，五开洪武十八年，浪穹（今洱源）洪武二十年，摩沙勒（今新平）、东川、越州（今曲靖一带）洪武二十一年，都匀洪武二十三年，五开洪武二十四年，都匀、毕节洪武二十五年，水西（今大方）、古州洪武三十年等叛乱。故明大军返回后，沐英留镇滇中，弹压叛乱。

沐英在滇垦田、通粮道、平叛乱，居功至伟。洪武二十一年，思伦发组织大军（中有大象部队），号称30万，在摩沙勒叛乱。沐英率部一举将其击溃，“诸蛮震慑，麓川（今瑞丽一带）始不复梗”[36]3758。之后，沐英又会同傅友德，平东川蛮，平越州酋阿资及广西阿赤部叛乱。当年冬天，沐英入朝觐见，朱元璋赐宴奉天殿，亲拊之曰：“使我高枕无南顾忧者，汝英也。”张廷玉评：“（太祖养子中）惟英在西南勋最大。”[36]3759①

从以上可以看出，相比元梁王和大理段世，地方土司政权反抗才是明政府治理滇黔面临的最棘手问题。

（三）驻军建堡

为了对付地方反复叛乱，明政府在滇黔驻军屯田，设卫建堡。相关文字有：

> （洪武二十年，沐英）奉旨自永宁至大理每六十里设一堡，留军屯田。[36]3758
>
> （洪武二十年）普定侯陈桓、靖宁侯叶昇屯田定边、姚

① 沐英洪武二十五年卒于云南任上。

安、毕节诸卫。[36]45

（洪武二十一年）长兴侯耿炳文承制遣陕西都指挥同知马煜率西安等卫兵三万三千屯戍云南。[34]188卷

（洪武二十二年）置泸州、赤水、层台三卫指挥使司，时陕西都指挥马烨征南还，言泸州与永宁接壤乃诸蛮出入之地，宜置守兵，遂从其言。调长安等卫官军一万五千二百二十人分置于各卫。[34]194卷

记录显示，明政府在滇黔地区大规模设立军屯的时间是在洪武二十年至二十二年之间，即明军南征云南五年之后。滇黔军屯士兵和家属来源有两个，一是洪武十四年南征的部队（留守），另一是西北“西安等卫”。

南征部队将领众多，绝大部分取胜之后都班师回去了，只有沐英及其所部一直留在云南。沐英的部队来自哪里？《明史·沐英传》载：“元国公脱火赤等屯和林（今蒙古国额尔浑河上游右岸），数扰边。十三年命英总陕西兵出塞……七日至其境……获其全部以归。”[36]3757紧接着（洪武十四年），沐英拜右副将军，随傅友德远征云南。从“总陕西兵”看，随沐英北征塞外、南征云南及后来驻屯永宁、大理的士兵应该是同一支部队，是陕西兵。此处要补充一点，明代甘肃、宁夏隶属陕西，军事归陕西都指挥使司①，地方行政归陕西承宣布政使司。陕西都指挥使司驻

① 明陕西都司下辖的“卫”有：西安右护、西安左、西安前、西安后、延安、汉中、平凉、绥德、宁夏、庆阳、巩昌、临洮、兰州、秦川、岷州、洮州、宁夏中护、甘州中护、安东中护、宁夏前、宁夏中、宁夏中屯、宁夏左屯、宁夏右屯、宁羌、靖虏、固原、榆林、宁夏后等（“所”此处略）。洪武十二年，添设陕西行都司，下辖甘州左、甘州右、甘州中、甘州前、甘州后、永昌、凉州、庄浪、西宁、山丹、肃州、镇番等卫，以及镇夷、古浪、高台千户所[36]2208—2209。

地先在庄浪（属甘肃），洪武二十六年迁到张掖（属甘肃）。沐英所帅陕西兵，即是陕甘兵。这批部队军屯的地点在永宁至大理的川滇线上（参见上文），距离安顺较远。

从西北大规模调军民入西南的是马烨。马烨（因避康熙讳，经清代整理过的文献有的写作“煜”），南京六合人，曾任岷州（今甘肃岷县）军民指挥使司指挥佥事[34]179卷。1958 年，岷县东门城墙出土的石碑也可为辅证[20]。碑文有：“洪武十一年秋八月，奉大明皇帝命指挥马烨等官开设岷卫……”马烨后升任陕西都指挥同知、陕西都指挥（见上文）。根据这块碑文，岷州卫人口来源是“阶州（今武都）、汉阳（今天水）、礼店（今礼县）、洮州（今临潭）、岷州（今岷县）十八族番汉”。至洪武二十一年贵州赴任，马烨在陕甘地区带兵有十多年。

马烨从西北调兵西南有两次（参见上文）。洪武二十一年，三万三千人。洪武二十二年，一万五千二百二十人。第二次驻屯地是泸州到永宁一线，在今四川南部。我们重点看第一次调兵情况。

联系上文，洪武二十一年，滇黔地区大仗已经打完了（马烨未参加洪武十四年的南征），马烨赴黔任务是“屯戍”，即长期驻屯、平叛。随马烨赴黔的部队来自“西安等卫”，其中应该包括岷州卫①的士兵及家属。马烨在贵州的职务是贵州都指挥同知，所以马烨负责布防的主要区域应在贵州境内。马烨此次调往贵州的军民人数达三万三千，接近南征时北路军人数。按正常逻

①《明史》载“陕西都司”条仅“岷州卫”有个特别说明：“旧军民指挥使司，嘉靖二十四年添设岷州，四十年革，后存卫。”[35]2208—2209 可见，岷州卫原是个有军有民的军事单位，级别高于其他的“卫”，在嘉靖二十四年之前，是“被废”的状态。这个“说明”支持洪武二十一年马烨将岷州卫军民整体调防贵州的推论。

辑，这批部队必然优先选择战略要地布防。从明征云南的过程看，滇黔战略要地应该是入黔北线的毕节、乌撒、宣威、曲靖和东线的曲靖、普安、安顺、贵阳所形成的大的三角地带。如此驻军，才能保障滇黔进出通道的畅通，同时也有利于明军在滇黔地区的自由调度。陈桓、叶昇比马烨早一年军屯的毕节（见上文）就位于这个三角地带。陈、叶布防除了毕节，可能还包括北线临近地区的要塞。故马烨部队负责布防的重点是东线，即曲靖到贵阳沿线。同时，东线的少数民族问题也是最复杂的，有罗罗、仲家、犵獠等族，相互之间言语不通。不过，（东线）普定卫周边，经顾成多年经营，“周边悉平”，情况较好（参见下文）。所以，东线最薄弱的、最重要的驻防环节在普定东，即安顺、贵阳一线。

《明史》没有关于马烨（或马煜）的内容，《明实录》则有十四条（有的内容是重复互见）。其中与滇黔相关的，除了上文引用的两条，还有一条：“（洪武二十四年）置永宁至沾益州邮传四十八，贵州都指挥同知马烨巡示所置邮传，未有邮卒，请以谪戍军士应役，每十铺置百户，一人总之，就屯田自给。从之。”[34]210卷反映马烨曾是对贵州军事防务担负全面职责的重要领导者。

地方志和其他史书关于马烨在贵州的事迹留下很多记录，主要有：（1）马阎王桥。“大洲驿六亭而达纳溪县，江中有三层峡，天子磴。至渠坝，有马阎王七孔桥，今废，马阎王即马烨。烨镇黔，果于杀戮，诸罗惮之。”[32]陆路—乌撒入蜀旧路（2）建贵阳城。“城圜九里周建五门，东曰武胜，南曰朝京，西曰圣泉，北曰柔远，次南曰德化，皆镇远侯顾成指挥马烨因前元故城而拓建者。”[31]卷一（按：今遗存武胜门。）“（马烨）尝筑会城，砖厚五寸许，一不中程即杀作者。令诸夷自窑所达城所，骈立而接运，终日无敢跛倚。厅事以合抱木为之，至今无倾。”[35]卷三一奢香 （3）裸挞奢香。（疑洪武二十四年）马烨裸挞水酋奢香（女，水西彝族土司），希望激起民变，彻底镇压。太祖召见，数其罪状，立斩之。“（奢香）乃开赤水、乌撒道，以通乌蒙，立龙场九驿，马匹廪饩。”[35]卷三一奢香

《明史》不仅无马烨传，而且没有任何与马烨有关的文字，确实存在刻意操作或人为删改的嫌疑。奢香控制的水西地区，处于今黔北大方、修文一带，可连接北路和东路两条通道，战略地位非常重要。如果开通“龙场九驿”，滇黔腹地三角形战略要地的三条边就可畅通无阻。不仅能解除对东、北两个通道的威胁，而且能大大缩短毕节到贵阳的距离（节省约500公里路程）。明太祖以牺牲马烨来换取“龙场九驿”，虽然“有违道义”，但在逻辑上是成立的。奢香卒于洪武二十九年。《明史·顾成传》载：“洪武二十九年，（顾成）会何福讨水西蛮，斩其酋居宗必登。”[36]4074说明在奢香为首领时，水西彝族是归顺明政府的。奢香死后，居宗必登即率族人叛乱。由此看来，朱元璋斩马烨换取奢香支持的说法可信度很高。

论明代在贵州地区的威望，马烨远不及顾成。今安顺市民主路的前身顾府街即源于顾成。顾成（有的文献写作“晟”），江都人，《明史》有传[36]4073—4075。“成少魁岸，臂力绝人、善马槊。”深受太祖赏识，曾为帐前亲兵，“擎盖出入”。洪武八年，调守贵州。十四年，从傅友德征云南，为前锋。“首克普定，留陈列栅以守……进指挥使。诸蛮隶普定卫者悉平。”十八年，“奏罢普定府，析地为三州、六长官司，进贵州都指挥同知”。（按：任贵州都指挥同知早于马烨的洪武二十四年，参见前文。）“二十九年迁右军都督佥事，佩征南将军印，会何福讨水西

蛮……”“成在贵州凡十余年，讨平诸苗洞寨以百数，皆诛其渠魁，抚绥余众。恩信大布，蛮人贴服。”三十年，召还京。命辅太子监国，顾成坚辞，“请归备蛮”。建文元年，顾成拜左军都督，从耿炳文御燕王师，在真定（今河北正定）被俘。燕王亲为解绑，说“此天以尔授我也”，让其辅世子守北平。南军围城（北平），“防御调度一听于成”。燕王即位后，封顾成镇远侯，仍命守贵州。永乐六年，平思州田琛、思南田宗鼎叛乱。设贵州布政使司。顾成卒于永乐十二年，享年八十五岁，赠夏国公。张廷玉评：“成性忠谨，涉猎史书。始居北平，多效谋划。再镇贵州，屡平播州（今遵义播州区）、都匀诸叛蛮，威镇南中，土人立生祠祀焉。”

顾成来贵州时间很早（洪武八年），也参加过洪武十四年征云南的大战，后守卫贵州，直至终老。在明代，顾成之与贵州，类似沐英之与云南。而马烨在贵州任职的时间则比较短，推测不会超过五年（裸挞奢香案发生时间说是洪武二十四年。洪武二十四年之后的确再无马烨相关的文字可寻）。

顾成能得到太祖和成祖两位皇帝的赏识，避开了“胡惟庸案”和“蓝玉案”，得以善终，可见其做人的严谨、为政的智慧。虽然顾成和马烨先后担任过贵州都指挥同知，但相比之下，马烨可能只是一个无政治远见的猛将，治理地方粗暴嗜杀、缺乏弹性，对付土司政权也不如顾成的效果好。不过，他对贵州军屯的贡献，对明朝统一贵州地区的作用，非常重要。有的史家同情马烨（如田汝成、王世贞等），认为“马煜功勋史不概见”是因为顾成。“永乐初，有顾晟者守贵州，修煜故事。诸罗畏之，号曰老虎。然晟以靖难功，眷任特厚，不疑所行，噫！煜殆数奇不幸矣！”[35]卷三—奢香综合以上，沐英在川滇线、陈桓在毕节、顾成在普定都曾驻军设屯（陈桓、顾成部队的来源难以考证），不过都是局部性的。奉旨大规模“戍屯”贵州的将领是马烨，规模、来源也都有明确记载。故考察安顺屯堡居民来源，我们应首先考虑陕甘地区。可能是《明史》未载的缘故，以往的研究都忽视了这一点。

三、屯堡话与相关方言及资料的语音特点比较

根据安顺屯堡居民的可能来源，我们选取与屯堡话语音进行对比的方言和语音资料有贵阳、安顺以上西南官话昆贵片、成都以上西南官话成渝片、南京、扬州、合肥以上江淮官话洪巢片、安庆以上江淮官话黄孝片、西安以上中原官话关中片、天水、庄浪以上中原官话陇中片、岷县、武都以上中原官话秦陇片、军话以上位于徽语祁德片、《西儒耳目资》[11]（行文中简称《耳目资》）、《中原音韵》，在表格中依次简称为“屯、筑、安、蓉、宁、扬、合、宜、镐、秦、庄、岷、武、军、耳、中”。本文屯堡话以安顺市西秀区大西桥镇的九溪村为代表①。

（一）声母比较

屯堡方言声母主要特点如下：

A. 古全浊声母清化，逢塞音、塞擦音声母，平声送气，仄声不送气。

① 本文材料来源，屯堡：龙异腾等[12]；贵阳：贵州省地方志编纂委员会[9]；安顺：袁本良[23]；南京：鲍明炜[3]；扬州、合肥、成都、西安：北京大学中国语言文学系语言学教研室[4]；安庆：鲍红[1]；军话（安徽省祁门县安凌镇赤岭村）：赵日新、邓楠[29]；《中原音韵》：宁继福[13]；《西儒耳目资》：石绍浪[15]；天水、庄浪、岷县；武都：朱富林[30]。在此鸣谢。

B. 不分尖团音，妻 = 欺，津 = 今，清 = 轻。

C. f、x 不混，扶≠湖，方≠荒（有个别例外，如“父 = 户”）。

D. n-、l-不分（泥来母字都读 l-声母），捏 = 列，南 = 兰。

E. 知系字有 ʦ、ʈʂ 两套声母，以韵母为区分条件。ʅ 及合口韵前为 ʈʂ-组声母，其他韵母前为 ʦ-组声母。同时，知系字今逢舌尖元音（ɿ、ʅ）普遍存在 ʦ、ʈʂ 两读现象（表 1 用“Ea”代表有 ʦ-、ʈʂ-之分，用“Eb”代表 ʦ-、ʈʂ-按韵母分化）。

F. 庄组与知章组声母合流，锄 = 除，事 = 试，瘦 = 寿。

G. 见系开口二等字有的读 k-组声母，如“皆解介”，有的读 ʨ-组声母，如“家教”，少数字有两读，如“疥嵌角”（表 1 中用“Ga”代表 k-组读音，用“Gb”代表 ʨ-组读音）。

H. 影疑母合流，开口一等字和部分二等字有 ŋ-、ø 两种读法，前者如“鹅碍傲偶岸鄂 | 岩硬额”，后者如“哀欧案恶 | 矮压握扼”（表 1 用 Ha 代表 ŋ-类读音，用 Hb 代表 ø 类读音）。

I. 疑母开口三四等字，大部分读 ø 声母，少数字 ø、l-两读或只读 l-声母，如“义议疑拟牛验严俨酽虐研搛凝逆”等，含个别以母字（如“阎”）（表 1 用“Ia”代表 l-类读音，用“Ib”代表 ø 类读音）。

J. 梗通摄合口以母舒声字读 ø 声母，如“荣融容蓉镕”。

K. 邪母“详祥”读塞擦音声母。

下表是屯堡方言上述声母特点与有关方言及记音资料的对比。

表1　声母特点比较①

比较项	各方言点记音资料															
	屯	筑	蓉	安	宁	扬	合	宜	镐	秦	庄	岷	武	军	耳	中
A	+	+	+	+	+	+	+	+	+	⊕	⊕	⊕	⊕	+	+	+
B	+	+	+	+	−	+	+	+	+	+	−	+	+	+	+	+
C	+	⊕	⊕	⊕	+	+	+	+	+	+	+	+	+	+	+	+

① A：天水、庄浪、岷县、武都，总体规律是平声送气，仄声不送气。但有部分仄声字有送气白读音或只读为送气声母（天水最多，近一半仄声字，其余三点数量较少）；B：庄浪齐齿韵分尖团，撮口韵不分，清≠轻，细≠戏，须=虚；C：贵阳、安顺、成都，u 前 f、x 混，其他韵母前不混；D：西安分 n-、l-声母，个别字混，如“内”。在陇中南四地，泥来母都是部分相混。其中，天水、岷县、武都，泥母一二等字声母与来母字合流，三四等字未合。庄浪，泥母合口字声母与来母字合流，开口字未合流。军话，老派泥来母声母在今洪音前混，细音前不混，新派洪细皆混；E：知系字，西安有 ts-、tʂ-、pf-三套声母，读 ts-组声母的字多于北京话，逢北京话 tʂ-组+合口呼的字，声母读为 pf-。天水、庄浪、武都皆有 ts-、tʂ-、tʃ-三套声母，tʂ-组不拼合口呼，tʃ-组只拼合口呼。岷县有 ts-、tʂ-两套声母，以声韵来源为分化条件。军话逢普通话合口呼音节（军话读撮口韵），读 tɕ-组声母，其他读 ts-组声母；F：西安部分庄组字声母不与知章组相同。天水、庄浪、武都、岷县开口庄组字与开口二等知组、止摄开口章组字都读 ts-组声母，与精组合流，其余读 tʂ-组或 tʃ-组。《耳目资》规律是庄组字读 ts-组声母，知章组读 tʂ-组声母，部分庄组字有 ts-、tʂ-组两读（如“邹产杀”），还有一部分庄组字只读 tʂ-声母，其规律同北京话（如“茬庄察”）；G：此组来源的字，在成都、扬州有系统新旧异读；H：《耳目资》一等声母读 ŋ-，二等读 Ø。合肥一等读 ʐ-。《中原音韵》唯在 a、ɔ 等少数韵母前读 ŋ-。天水、庄浪、岷县、武都影疑母皆合流，天水、岷县、武都规律是开口一等声母读 ŋ-，开口二等（含开三四）读 ʑ-（武都声母音值有差异）。庄浪开口一等读 ŋ-，开口二等（含开三四）读 Ø 声母；I：此类来源，北京话中也有一些字读为 n-声母，如“倪拟牛孽虐疟凝逆”等。安庆、西安话有读 ȵ-声母现象，数量较少。成都以读 ȵ-为主流（含“阎”），少数字有 Ø 声母又读，如“义议”。天水疑母开口三四等多数读 ʑ-，少数读 ȵ-或 Ø。庄浪多数读 Ø，少数读 ȵ-或 ʑ-。岷县、武都多数读 ʑ-，少数读 ȵ-（武都音值略有区别）。另外，天水、庄浪、岷县、武 i 韵不拼 Ø 声母。《耳目资》疑母开口三四等字声母都有 Ø、n-两读，例外极少（如“凝迎”），以母“阎”字只读 Ø 声母，比屯堡更规律、更整齐；J：南京话声母 ʐ-、Ø 两读。天水、岷县、武都读 ʑ-声母；K：《耳目资》、军话中有擦音声母和塞擦音声母两读。

续表

比较项		各方言点记音资料															
		屯	筑	蓉	安	宁	扬	合	宜	镐	秦	庄	岷	武	军	耳	中
D		+	+	+	+	+	+	+	+	−	⊕	⊕	⊕	⊕	+	−	−
E	a	+	−	−	−	+	−	+	+	+	+	+	+	−	−	+	+
	b	+	−	−	−	−	−	−	−	+	+	+	−	+	+	−	−
F		+	+	+	+	−	+	−	−	⊕	⊕	⊕	⊕	⊕	+	−	+
G	a	+	+	+	+	−	+	−	+	−	−	−	−	+	+	+	+
	b	+	+	+	+	+	+	+	+	+	+	+	+	+	+	−	−
H	a	+	+	+	+	−	−	⊕	+	+	+	+	+	+	+	+	+
	b	+	−	−	+	+	+	+	+	−	−	+	−	−	−	+	+
I	a	+	+	+	+	−	−	−	+	+	⊕	⊕	⊕	−	−	+	−
	b	+	+	+	+	+	+	+	+	+	−	−	−	+	+	+	+
J		+	+	+	+	−	+	+	+	+	−	+	−	−	+	+	+
K		+	+	+	+	+	+	+	+	−	−	−	−	−	+	+	−

说明：“ + ” 表示相同，“ − ” 表示不同，“⊕” 表示相同有例外。下同。

屯堡与大多数官话方言一样，古全浊声母清化，逢塞音、塞擦音声母平声送气，仄声不送气（A）；声母不分尖团（B）。屯堡与所对比的方言普遍都分 f、x（C），不分 n-、l-（D）（西安、《耳目资》《中原音韵》例外）。庄组与知章组声母有别是江淮官话洪巢片代表性特征之一，但屯堡不具（F）。在《耳目资》和

《中原音韵》中，见系开口二等字的尚未腭化，屯堡与部分江淮官话部分字腭化，部分字未腭化，南京、合肥、西安及陇中南方言已全部腭化（G）。影疑母一二等字（H），《耳目资》一等读ŋ-声母，二等读Ø声母，南京、扬州已经全部读为Ø声母，成都、西安、天水、岷县、武都、军话只读ŋ-声母，屯堡等其余点是两种读法都有，但已不受“等”的约制。以母“荣融”等字在西南官话、江淮官话及陇中南方言中读Ø都较为常见（J）。邪母“详祥”等字读塞擦音在《耳目资》中已有记录，江淮官话和西南官话中亦属常见现象（K）。

疑母开口三四等字《耳目资》有n-、Ø两读（I）。陇中南方言读ʑ-或ȵ-（都不读Ø），安庆有少数字读n-声母。屯堡、贵阳、安顺、成都皆有读l-声母现象，而且字数较多，但都不如《耳目资》整齐，皆属残留性质。

可见，屯堡声母最具代表性的特点是E。这个特点可能是源于西北方言，讨论如下。

首先，在对比项中，陇中南和西安也普遍以合口韵为分化条件，即：合口韵前，声母变为ʧ-组（或pf-），其他韵母前读ts-组或tʂ-组[1]。其次，陇中南方言知庄章声母分化类型复杂，内部差异显著，但普遍存在知系字合入精组的现象，少数点全部合入精组（如文县），绝大多数点处在合流过程中。如果把屯堡方言放在陇中南方言的演变链上，能够比较好地解释屯堡ts-、tʂ-声母分化特点，即：知系字声母处在与精组合流过程中，其中合口

① 军话知系字声母有ts-、tɕ-两类，逢普通话合口呼音节，读tɕ-组声母，与见系合流；其他读ts-组声母与精组合流。另，皖西赣语怀岳片与军话类似，声母也是受到y的影响而发生了变化。

韵的字仍留在知系，以舌尖音为韵母的字则正表现为两读。如果按陇中南方言规律继续演化，屯堡方言下一步可能放弃 tʂ-组读法，完全合入精组。

（二）韵母比较

屯堡方言韵母主要特点如下：

A. 无入声韵。

B. 无撮口韵，“芋居玉 | 居鸡急”等皆读 i 韵。

C. 无 ie 韵母，也 = 以，切 = 妻，谢 = 戏。

D. 果开一与果合一见系字韵母相同，哥 = 锅，贺 = 货。

E. 蟹臻合一三、止合三端系字韵母无 u 介音，如“对崔顿轮嘴”。

F. 止摄日母字读卷舌元音 ɚ，如“儿耳”。

G. 咸山与宕江摄阳声韵韵尾不同，胆≠党，传≠床（前者韵尾为-n，后者为-ŋ）。

H. 来自咸山开口一等见系的入声字与来自宕江摄的入声字韵母合流，鸽 = 割 = 各。

I. 咸山摄开口三四等帮端见系入声字与深臻开三、曾梗开三四等帮端见系入声字的韵母合流，别 = 逼，猎 = 力，节 = 急（读 i 韵）。

J. 咸山摄开口三四等知系入声字与深臻摄开口三等知系字旧读音、曾梗摄开口一二等帮端见系入声字韵母合流，如“哲摄彻设 | 蛰涩色责 | 北德泽客”（读 ei 韵）。

K. 山摄一二等帮组字，开合口韵母无区别，山摄合口见组字，一等二等韵母无区别。班 = 般，攀 = 潘，官 = 关，豌 = 弯。

L. 深臻与曾梗摄阳声韵韵尾合流，林 = 零、珍 = 征（收

-n 尾）。

M. 深臻摄与曾梗摄开口二三等知系入声字今韵母合流。屯堡韵母有两个层次，比较早的是 ei，如“蛰涩瑟虱｜宅色责射”。比较新的是舌尖元音 ɿ 或 ʅ，如“执十室｜职植石”（表 2 中用 Ma 表示合流，用 Mb 表示有舌尖元音“ɿ/ʅ”读法）。

N. 深臻摄合口阳声韵与通摄阳声韵未合流，如滚≠巩、荤≠烘（分别收-n、-ŋ 尾）。

O. 深臻摄开口三等帮端见系入声字与曾梗摄开口三四等帮端见系入声字韵母合流，立 = 力，笔 = 逼，集 = 积（读 i 韵）。

P. 宕江摄入声字今读同组韵母（洪音为 o，细音为 io）。

Q. 曾梗摄开口一二等帮端见系入声字与深臻曾梗摄开口二三知系入声字旧读层韵母相同，如“北德泽客｜蛰涩色责”（读 ei 韵）。

R. 通摄入声字还保留读为同组韵母的痕迹，仅细音（来自疑母和晓影组）韵母发生了变化（洪音读 u 韵，如“木禄六足祝属局菊”，细音读 iəu 韵，如“育欲”）（表 2 中用 Ra 表示洪音读为同组韵母，用 Rb 表示疑母和晓影组韵母发生变化）。

下表是屯堡方言上述韵母特点与有关方言及记音资料的对比。

表 2　韵母特点比较①

比较项	各方言点记音资料															
	屯	筑	安	蓉	宁	扬	合	宜	镐	秦	庄	岷	武	军	耳	中
A	+	+	+	+	−	−	−	−	+	+	+	+	+	−	+	−
B	+	+	+	−	+	−	−	+	−	−	−	−	−	−	−	−
C	+	−	−	−	−	−	−	−	−	−	−	⊕	−	−	−	−
D	+	+	+	+	+	−	+	+	⊕	+	−	−	−	+	+	⊕
E	+	−	−	−	−	−	+	+	−	−	−	−	−	+	−	−
F	+	+	+	+	+	−	−	+	+	+	+	+	+	−	+	+
G	+	+	+	+	−	+	+	−	+	−	−	−	−	−	+	+

① B：安庆有 ɥ 组韵母，与普通话撮口韵大体对应。少数遇摄字也读 i 韵母，如“娶取”，同屯堡。天水、庄浪、岷县、武都既有撮口韵（岷县 y 舌位偏央），也有 ɥ 组韵；C：岷县亦无 ie 韵母（i 单独作韵母和拼 ɛ 时，i 高化为 ɿ，但也≠以，切≠妻，谢≠戏）；D：西安、《中原音韵》，哥≠锅，贺＝货；E：贵阳、安顺个别泥组和端组字例外（如“伦旧顿”），其他皆有 u 介音。成都、合肥精组字有 u 介音，泥组和端组皆无；F：《耳目资》标音是 ul（“儿”又读 ni）。《中原音韵》，宁继福拟为 ɭ；G：天水、庄浪、岷县阳声韵都读鼻化韵，主元音有区别。武都不仅主元音不同，而且前者是鼻化韵，后者收-ŋ 尾；H：《中原音韵》鸽 ɔ＝割 ɔ≠各 au；K：扬州文读同音，白读不同音；L：南京合并之后读-ŋ 尾。胡垣《古今中外音韵通例》说“金陵读东韵蓬风为盆分”，反映南京在清中期深臻曾梗阳声韵合流之后的韵尾是-n，与今长江中下游沿岸的江淮方言一致。扬州读-ŋ 尾。《中原音韵》阳声韵韵尾分-m、-n、-ŋ。天水、庄浪读-ŋ。岷县洪音读-ŋ，细音读鼻化韵。武都洪音读-ŋ，细音读-n；M：南京合流，庄组今读 ɛʔ，知章组今读 ʅʔ。《中原音韵》分别读 ai、iɛ 和 i 韵。天水舌尖韵母有 ʅ 和 ʅə 之分（来自梗入）；Q：扬州曾梗摄开口一二等帮组字例外，合入通入；R：通入，贵阳、安顺见系字读为齐齿韵，如“局菊曲育”。南京洪音读 uʔ 韵（包括“欲” ʐuʔ），细音读 iʔ 韵，如“局曲菊”。《耳目资》韵母是 ɔʔ、iɔʔ。西安见系字读 y，其他来源的读 u。岷县主元音在不同声母后有多种变体，如 u、v、ɥ、ʮ、ʊ。军话见系入读 y，其他读 u。

续表

比较项		各方言点记音资料															
		屯	筑	安	蓉	宁	扬	合	宜	镐	秦	庄	岷	武	军	耳	中
H		+	+	+	+	+	−	+	+	+	+	+	+	+	+	+	−
I		+	−	−	−	−	+	−	−	−	−	−	−	−	−	+	−
J		+	+	+	+	+	+	+	+	−	−	−	−	−	+	+	−
K		+	+	+	+	+	⊕	−	−	+	+	+	+	+	+	−	−
L		+	+	+	+	+	+	+	+	−	+	+	+	+	+	−	−
M	a	+	+	+	+	+	+	+	+	+	+	+	+	+	+	+	−
	b	+	+	+	+	+	−	−	+	−	⊕	+	+	+	+	−	−
N		+	+	+	+	−	+	+	+	+	−	−	−	−	+	+	+
O		+	+	+	+	+	+	+	+	+	+	+	+	+	+	+	+
P		+	+	+	+	+	+	+	+	+	−	−	−	−	+	+	+
Q		+	+	+	+	+	+	+	+	+	+	+	+	+	+	+	−
R	a	+	+	−	−	+	+	+	−	+	−	−	−	+	+	+	+
	b	+	−	−	−	−	−	−	−	−	−	−	−	−	+	−	−

在西南官话、江淮官话、陇中南、西安方言中，H、L、M、N、O、Q 都是较为普遍的语音现象。

B、C 是屯堡韵母比较有代表性特点，这里单独讨论。

屯堡方言无撮口韵（B），邻近的安顺、贵阳、兴义等地方言也是这样，故无撮口韵是这一带的共同特点。本文所引，同样无撮口韵的还有南京话。

韵母系统无 ie 韵母（C），是屯堡话与贵阳话、安顺话的一个重要区别特征。不过，黔北大部分地区存在 i、ie 混读现象。水城、毕节、金沙、息烽、修文、开阳、瓮安、思南、沿河、务川、松桃等地亦无 ie 韵。另，遵义、桐梓、仁怀、习水、德江、印江、赤水部分字等地，将普通话来自古舒声的 i、ie 韵字都读为 i 韵，将来自入声的 i、ie 韵字都读为 ie[9]42—43。说明黔北地区 i、ie 音值比较接近，别义功能较弱，正处于合并过程中。屯堡等 12 个点已经完成，遵义等 8 个点尚未完全合并。因此，黔北地区失去 ie 韵母（或言 ie→i）可能是本地方言的内部演变，不一定是源自母方言。

江淮官话韵母（洪巢片）有几个代表性特点，屯堡方言都没有，如：有入声韵（A）、止摄日母字元音不卷舌（F），咸山与宕江摄阳声韵韵尾合流（G）、山摄一二等帮组字开合口韵母有区别、山摄合口见组字一等二等韵母不同（K）等。可见，屯堡话以江淮方言为基础的观点难以成立。

我们再看屯堡话与西北方言之间韵母关系。屯堡方言有 10 个特点与陇中南方言相符，有 8 个不相符，不符的有 B、E、G、I、J、N、P、R。其中 I（别 = 逼）可归入 C（无 ie 韵），可能是黔北方言内部音变。其他 7 项，可分四种情况：1）与南京话和《耳目资》都相符，有 J、P、R；2）符合南京话、不符合《耳目资》，有 B；3）不符合南京话、符合《耳目资》，有 G；4）南京话、《耳目资》都不符，有 E。

南京话与《耳目资》的不一致之处，要结合《耳目资》性质和明清官话特点来讨论。《耳目资》记录的是南京“读书人”的官话[27]，但历史上的官话只是个概念，并无一致认同的标准音。比如，“-an/-aŋ 不分”是今天长江沿岸江淮方言一个较为典型的特征。根据《古今中外音韵通例》，这可以上溯至 19 世纪 60 年代[2]。但明清江淮地区的韵书，如《韵通》《切韵声源》《五声反切正韵》《等韵学》都是不混的。特别是《等韵学》成书于 19 世纪 70 年代，晚于《古今中外音韵通例》。人们生活中交际使用的官话，受限于文化水平和母方言，彼此差异更大。我们认为赴黔明代将领的南京官话与《耳目资》记录的南京官话也是这种关系。假设明代南京话无撮口韵（B），《耳目资》依据读书音也可能有撮口韵，而明代将领的官话依据南京方言就可能是没有撮口韵。以上前三类（B、E、G、J、N、P、R）特点从官话的角度，都可以得到解释。

只是第四类（E）比较特殊，与南京话、《耳目资》都不符。“对崔”等字在江淮地区普遍无 u 介音，按规律南京话早期也应该是这样。只是明代以后，南京话向北系官话靠拢的步伐比周边方言快，增加了 u 介音。所以，我们认为 E 应该是早期南京话的特点。

另外，屯堡话韵母有 13 个特点与成都方言一致，但两者之间在语音上没有单独对应现象，成都方言对屯堡话的形成可能没产生过直接影响；屯堡话与《耳目资》有 13 个特点对应，与《中原音韵》只有 7 个特点对应，说明屯堡话虽然无入声，但韵母特点却与南系官话中的南京官话更为接近。

综上，屯堡方言的韵母特点在陇中南方言和明代南京官话之间，呈互补分布状态。据此看，屯堡话应该是一种以陇中南方言为基础的南京官话。

（三）声调比较

1. 声调特点比较

屯堡方言声调特点如下：

A. 平分阴阳。

B. 无独立入声调。

C. 全浊上归去声。

D. 去声不分阴阳。

E. 全浊入声字大多数归阳平，少数归阴平，有一部分字阴平、阳平两读（表3用Ea代表全浊入归阴平，用Eb代表全浊入归阳平）。

F. 次浊入归阴平（表3用Fa代表次浊入归阴平，用Fb代表次浊入归阳平）。

G. 清入归阴平（表3用Ga代表清入归阴平，用Gb代表清入归阳平）。

下表是屯堡方言上述声调特点与有关方言及记音资料的对比。

表3　声调特点比较①

比较项	各方言点记音资料															
	屯	筑	安	蓉	宁	扬	合	宜	镐	秦	庄	岷	武	军	耳	中
A	+	+	+	+	+	+	+	+	+	–	–	+	+	+	+	+
B	+	+	+	+	–	–	–	–	+	+	+	+	+	–	–	+
C	+	+	+	+	+	+	+	+	+	+	+	+	+	+	+	+
D	+	+	+	+	+	+	+	+	+	+	+	+	+	+	+	+

① 陇中南地区的27个市区县，有10个点今为三调型方言（平声不分阴阳），其中包括天水和庄浪。《中原音韵》清入归上声。

续表

比较项		各方言点记音资料															
		屯	筑	安	蓉	宁	扬	合	宜	镐	秦	庄	岷	武	军	耳	中
E	a	+	−	−	−	−	−	−	−	−	+	+	−	−	−	−	−
	b	+	+	+	+	−	−	−	−	+	+	+	+	−	−	−	+
F	a	+	−	−	−	−	−	−	−	+	+	+	+	−	−	−	−
	b	−	+	+	+	−	−	−	−	−	+	+	−	−	−	−	−
G	a	+	−	−	−	−	−	−	−	+	+	+	+	−	−	−	−
	b	−	+	+	+	−	−	−	−	−	+	+	−	−	−	−	−

A—D 是官话方言普遍特征。我们重点讨论古入声与舒声调的归并问题，即：E、F、G。

西南官话古入声今归阳平。屯堡全浊入多归阳平，清次浊入多归阴平，总体规律与中原官话一致。但屯堡入声归并不是整齐划一的，例外较多，具体有：①全浊入（23/148）和清、次浊入（35/460）都普遍存在阴平、阳平两读现象。②如旲把全浊入归阳平，清、次浊入归阴平作为规律的话，两类都有较多例外。全浊入例外有 43 个（/148），清、次浊入例外有 28 个（/460）。

可见，如何解释入声字阴平、阳平两读和全浊入读阴平是认识屯堡方言声调特点的关键。

我们看西北方言入声与舒声合并情况。西安、岷县和武都全浊入归阳平，清、次浊入归阴平（中原官话特点）。天水、庄浪入声字今大部分归平声（平声不分阴阳），同时，串调现象较为普遍。

如果把陇中南地区看作屯堡移民的迁出地，我们或许能够解释屯堡入声调归并的特点。清、次浊入读阴平，可能是因为部分移民母方言就是如此（如西安、岷县、武都）。全浊入读阴平以及古入声较多阴平、阳平两读，可能是因为部分移民母方言平声不分阴阳对入声归并带来的影响（如天水、庄浪）。

2. 调值比较

屯堡方言与有关方言及记音资料调值比较见下表。

表 4　调值比较

<table>
<tr><th rowspan="2">比较项</th><th colspan="16">各方言点记音资料</th></tr>
<tr><th>屯</th><th>筑</th><th>安</th><th>蓉</th><th>宁</th><th>扬</th><th>合</th><th>宜</th><th>镐</th><th>秦</th><th>庄</th><th>岷</th><th>武</th><th>军</th><th>耳</th><th>中</th></tr>
<tr><td>阴平</td><td>33</td><td>55</td><td>55</td><td>44</td><td>31</td><td>21</td><td>212</td><td>31</td><td>21</td><td rowspan="2">13</td><td rowspan="2">13</td><td>21</td><td>21</td><td>11</td><td>33</td><td>22</td></tr>
<tr><td>阳平</td><td>21</td><td>21</td><td>31</td><td>21</td><td>13</td><td>34</td><td>34</td><td>35</td><td>24</td><td>24</td><td>13</td><td>55</td><td>21</td><td>45</td></tr>
<tr><td>上声</td><td>42</td><td>42</td><td>42</td><td>53</td><td>22</td><td>42</td><td>42</td><td>212</td><td>53</td><td>53</td><td>53</td><td>53</td><td>55</td><td>35</td><td>42</td><td>215</td></tr>
<tr><td>去声</td><td>35</td><td>13</td><td>24</td><td>13</td><td>44</td><td>55</td><td>55</td><td>53</td><td>55</td><td>44</td><td>44</td><td>44</td><td>24</td><td>213</td><td>35</td><td>51</td></tr>
<tr><td>入声</td><td>—</td><td>—</td><td>—</td><td>—</td><td>5</td><td>5</td><td>4</td><td>55</td><td>—</td><td>—</td><td>—</td><td>—</td><td>—</td><td>42</td><td>44</td><td>—</td></tr>
</table>

说明：“—”表示无入声调。

江淮官话平声调值阴低阳高，屯堡话与之相反。江淮官话有入声，屯堡话无入声。无论调类还是调值，屯堡话都不是以江淮方言为基础的。

《耳目资》调值描写较为清晰直接：阴平无低无昂（标为“—”）；阳平最低曰浊（标为“∧”）；次低曰上，由高入低（“\”），最高曰去，由低转高（标为“/”）；次高曰入（标为

“V”)。曾晓渝[26]构拟为33、21、42、35、44，学界无异议。屯堡话四个声调调值与《耳目资》阴平、阳平、上声、去声完全相同，这肯定不能用“巧合”解释。

石绍浪[15]认为《耳目资》记录的是明末南京官话，是南京上层社会所说的话（不等于南京方言），其中包含一些上层外来移民方言成分，类似于“读书音”。屯堡与《耳目资》四声调值相同，说明西北卫所军官、今安顺屯堡话和《耳目资》的声调可能都是源于南京官话。屯堡声调系统极可能是南京官话与西北方言的折合，取南京官话调值，舍去入声。因根据《耳目资》记音①和实际生活经验，如果未经训练，母方言无入声的人是很难掌握入声读法的。

（四）小结

综合声韵调比较结果，屯堡话应是明代以西北方言为基础的南京官话。其性质，首先是南京官话，其次是以西北方言为基础。

屯堡字音，总体上是以西北方言为基础的，以陇中南方言影响最明显。但也受到南京官话的影响，比如B、E、G、J、N、P、R这几个特点。因此，明代创建安顺屯堡军队的士兵及家属主体应来自陇中南地区，而将官可能多来自南直隶和江淮地区。

另外，从语音特点看，屯堡话与贵州境内其他汉语方言同多异少，只有声母部分E和入声归并可以勉强算作屯堡话独有的特征。如果放在西南官话背景之上，屯堡话其实并不怎么“特

① （以《方言调查字表》为基础）《耳目资》约有69个入声字有舒声又读音，其中59个读为去声或有一个去声的又读音。

殊”，至少不像服饰和建筑那么显著。深层原因，可能是贵州境内汉语方言多是以明代西北方言为基础的。至于其他地区为什么没有像安顺一样，完好保存屯堡文化，根据我们搜集到的材料推测，安顺屯堡一带的居民可能来自岷州卫（岷州卫的特殊之处参见前文7页注释），系整体搬迁。其军人家属和普通家庭的比例很高，男女比例也合适，具备独立繁衍生存的条件。而贵州其他地区的，大约以军人为主，男多女少，要长期生存，必须与当地人通婚，所以与周边融合较快，容易失去自己的文化。

四、余论

（一）屯堡居民来自南京说

安顺屯堡地区比较流行祖先明代来自南京地区的说法。民间传说和家谱资料极易产生附会的现象，毕竟南京是明朝首都，而且明代将领多出自江淮地区，所以要谨慎对待。从语音特点上看，我们基本上可以排除屯堡居民主体来自南京周边（含江淮地区）的可能性。

陇中南及相邻的青海等地有祖先迁自南京“珠玑巷”的民间传说，不过，明正史没有相关记载。陇甘驻军的历史可上溯至西汉，如果他们中有人祖籍南京，或再迁至贵州，与本文主旨关系不大。

曾晓渝[25]178—223依据军官籍贯和语音有对应关系，推测屯堡居民来自安徽固镇一带。本文研究不支持这个推断。首先，屯堡话也是一种官话，旧时官话语音基本面貌是士兵母方言决定的，不是部队军官能决定的。其次，固镇在明初是人口迁入地，不是人口迁出地。明代固镇属凤阳府①，凤阳府领五州、十三县。在元末明初的战乱中，江淮地区既是朱元璋首义之地，也是受战争影响最严重的地区。战争过后，苏北和皖北人口稀少，民生凋敝。“整个凤阳府人口不超过13万人，人口密度约为每平方公里5人。”[5]为恢复生产，明政府曾在全国范围内大量迁移“狭乡”居民充实到“宽乡”，江淮地区是最重要的外来人口迁入地。根据曹树基[5]研究，明初皖北共接收了约30万来自江南、山西、河北、山东的移民。苏北也接收了约60万苏州移民[8]。明初，“（明政府）迁移了大量周边地区的移民进来，为这一地区的方言形成南北方言过渡类型奠定了近代的基础”[14]290。

（二）屯堡地区的民俗和信仰问题

蒋立松[10]、万明[16]根据屯堡的五显信仰和汪公信仰，推测屯堡人来自皖南徽州，其论据可商。

五显信仰起源于唐代徽州地区的婺源，宋元时传播甚广，范围包括今苏、浙、闽、鄂、贵、陇等地。五显教在宋代已经传播到甘肃平凉地区[33]卷十二—祠祀。所以，不能以此作为屯堡人来自徽州的证据。

汪公原型是隋唐时期的徽州歙县地方官汪华。因政绩突出，汪华去世后被封为越国公，并建有祠堂。唐中和年间开始，民间屡有汪公显灵的传说，汪华逐渐演变为地方保护神“汪公”。唐以后历代王朝对汪公都有褒封，明太祖诏称其为福佑徽州的“汪王”，“命春秋祭祀”。现在，汪公信仰主要流行于皖南徽州和安顺屯堡地区。根据万明[16]统计，徽州地区现有汪公庙26

① 凤阳府，洪武元年为临濠府，二年建中都，七年曰凤阳府。

所；安顺地区青龙山原建有汪公庙，今已荒废。屯堡现存祭祀汪公的活动主要是正月“抬汪公”。汪华有 9 个儿子，后代子孙散布江南各地。把汪公信仰带入安顺的是汪华嫡传后裔——明代汪灿。汪灿来自皖南，历任九夫长、镇抚军官。洪武十四年左右入黔，曾任普定卫前所指挥。以汪灿为祖的这支汪姓在安顺地区逐渐兴旺、壮大，仅在明代就出了九位举人、一位进士，使得汪姓在安顺地区具有极高的社会声望，位列安顺七大姓之首。汪公是徽州的地方保护神，也有汪姓人祖先崇拜的成分。而汪公信仰能够在屯堡落地生根，跟屯堡汪氏的成功有比较直接的关系。所以，屯堡汪公信仰虽来自徽州，但不能据此认为屯堡最初移民的主体来自徽州。

参考文献：

［1］鲍红．安庆方言研究［M］，合肥：安徽教育出版社，2016.

［2］鲍明炜．南京方言历史演变初探［C］，鲍明炜语言学文集，南京：南京大学出版社，1986.

［3］鲍明炜．江苏省志·方言志［M］，南京：南京大学出版社，1998.

［4］北京大学中国语言文学系语言学教研室．汉语方音字汇［M］，北京：语文出版社，2003.

［5］曹树基．洪武时期凤阳府的人口迁移［J］，安徽史学，1997（3）.

［6］陈训明．安顺屯堡人主体的由来新探［J］，贵州社会科学，2002（5）.

［7］陈训明．三论安顺屯堡人主体的由来问题［J］，贵州民族研究，2008（1）.

［8］葛剑雄．中国历史上的移民发源地之三——苏北的苏州移民

[J]，寻根，1997（6）.

[9] 贵州省地方志编纂委员会．贵州省志·汉语方言志［M］，北京：方志出版社，1998.

[10] 蒋立松．从汪公等民间信仰看屯堡人的主体来源［J］，贵州民族研究，2004（4）.

[11]（明）金尼阁．西儒耳目资［M］，北京：文字改革出版社，1957.

[12] 龙异腾，吴伟军，宋宣等．黔中屯堡方言研究［M］，成都：西南交通大学出版社，2011.

[13] 宁继福．中原音韵表稿［M］，长春：吉林文史出版社，1985.

[14] 钱曾怡．汉语官话方言研究［M］，济南：齐鲁书社，2010.

[15] 石绍浪．《西儒耳目资》与今南京话入声韵比较［J］，语言科学，2021（5）。

[16] 万明．明代徽州汪公入黔考——兼论贵州屯堡移民社会的建构［J］，中国史研究，2005（1）.

[17] 吴伟军．从屯堡方言看屯堡人的族群来源及内部分化［J］，贵州民族研究，2014（3）.

[18] 吴伟军．屯堡方言声调系统共时历时比较［J］，贵州师范大学学报，2007（5）.

[19] 伍安东，吕燕平．屯堡方言初探［J］，安顺师专高等专科学校学报，2004（1）.

[20] 武沐．明代河岷洮三卫戍边军屯研究［C］//暨南史学（第九辑），桂林：广西师范大学出版社，2014.

[21] 扬眉．屯堡方言词汇与普通话词汇的对比［J］，南都学刊，2014（1）.

[22] 叶晓芬．屯堡方言的文白异读［J］，凯里学院学报，2016（5）.

[23] 袁本良．安顺城区方言音系［J］，安顺师专学报，1996（1）.

[24] 袁本良．安顺屯堡方言研究之我见［J］，安顺师专高等专科学

校学报，2006（1）.

［25］曾晓渝．明代南京官话军屯移民语言接触演变研究［M］，北京：商务印书馆，2021.

［26］曾晓渝．《西儒耳目资》的调值拟测［J］，语言研究，1992（2）.

［27］曾晓渝．《西儒耳目资》音系基础非南京方言补证［J］，语言科学，2014（4）.

［28］曾晓渝，陈希．云南官话的来源及历史层次［J］，中国语文，2017（2）.

［29］赵日新，邓楠．安徽祁门军话［M］，北京：商务印书馆，2019.

［30］朱富林．陇中南方言语音调查研究［D］，西安：陕西师范大学博士论文，2014.

［31］（明，弘治时期）贵州图经新志.

［32］（清）顾炎武．天下郡国利病书.

［33］（清）李迪、许荣．甘肃通志

［34］明实录·明太祖高皇帝实录（梁鸿志影本）.

［35］（明）田汝成．炎徼纪闻（嘉业堂丛书）.

［36］（清）张廷玉．明史（点校本），北京：中华书局，1978.

注：古代方志、典籍［31］—［35］依据“瀚堂典藏”电子书，网址：https：//www. hytung. cn）

成都、乐山两城方言的差异及原因[①]

——从四川明清移民看方言变化

周及徐[②]

摘　要　成都城区讲四川湖广话，乐山讲南路话，二城市的方言为何不同？四川方言的现状与历史相关。有两种解释：1. 一源分化说：乐山话等南路话演变为成都话等湖广话，今天的局面是一种方言在近代分化的结果。人们质疑这种观点是因为：四川方言是否可能在三百年左右的时间内形成如此具有整齐的语音特征的方言差异？2. 两个层次说：乐山话等南路话原是四川土著方言，明以前分布于全蜀。成都话等湖广话是明清移民带来的，替换了岷江以北原有的南路话。这种新的解

① 本文是国家社科后期资助“嘉陵江流域方音字汇——20世纪四川方音大系之二”（20FYYB039）的阶段性成果。

② 周及徐，男，成都人。四川师范大学教授。研究方向：汉语史研究。

释，是我们近年来研究四川方言的分布和特征得到的结论。

成都与乐山两城市的方言不同。

现在的成都方言叫湖广话。成都话是四川方言的代表，因为元明清以来成都一直是四川的省会城市，省会城市的方言自然是本地区的优势方言。甚至在 20 世纪七八十年代，成都话在全中国都走红，因为那时的国家领导人好多都讲四川话。这种话我们当地人叫“湖广话”，成都城区人也讲这种话[1]。

但是不要以为成都平原地区的人都讲“湖广话”，向西或向南出成都市中心不到十公里，县区乡村镇的人就不讲这种话了，而是讲一种有入声调（五个声调）的“南路话”[2]。成都城里人笑这种话，嫌它“土”。“南路话”的名称，是因为出成都向西南，直到川南的乐山、宜宾、泸州等地，都讲这种话。民间老百姓叫它“南路话”，叫成都话等方言为“湖广话”，是因为“湖广”在明清年间就是指湖北省和湖南省，这两省的人在明清两朝移民四川，同时也带来了这种方言。有人认为这只是民间传说，而以成都话为代表的方言明清以前就存在于四川，这不对，以成都话为代表的湖广话在四川（以及重庆）的历史不超过明以前。总之，四川境内以岷江（都江堰以下）和长江上游始段（宜宾以下）为大致的界线，现有两种方言：岷江以东以北的湖广话，岷江以西以南的南路话（图 1）。从 1945 年以来的三次方言调查[①]的情况基本如此，只是以前没有提出“湖广话”“南路话”两分的说法，方言语音特征一直就存在。

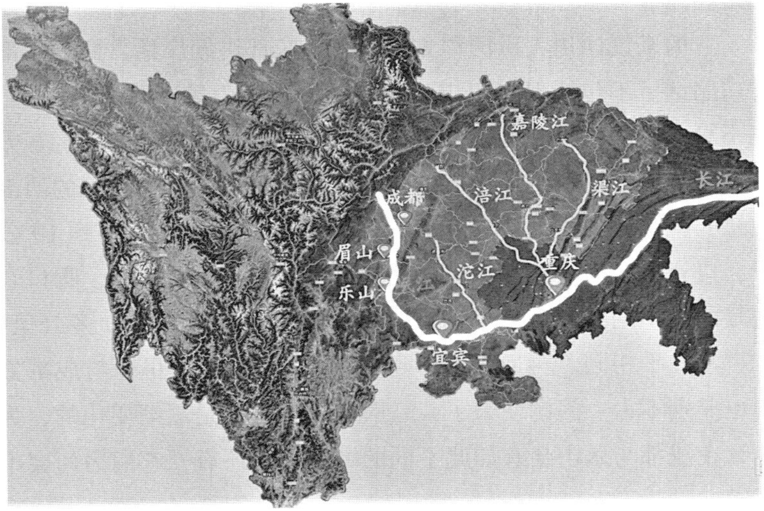

图1　岷江和长江（粗白线）形成的四川方言分界

现在的乐山方言属于南路话。乐山话除了保持入声调（南路话的共同点），共有5个声调之外，还有-ian > -ie、鼻音韵尾丢失、“儿”尾后缀、泥来母相混等特点，这是南路话的内部分化。湖广话、南路话的名称，不是我们今天才取的名，民间早就这样说了。现在我们找到的比较早的记载，见于成都现代作家李

① 第一次是抗日战争时期，当时的中央研究院历史语言研究所杨时逢等《四川方言调查报告》（1812页），1984年台湾出版。第二次是1956～1960年，四川大学中文系编写组发表的《四川方言音系》（《四川大学学报》，约150页，1960年第3期）。第三次是2007～2017年周及徐等调查并出版《岷江方音字汇——20世纪方音大系之一》（四川大学出版社，834页，2019年），《嘉陵江方音字汇——之二》《金沙江方音字汇——之三》（待出版）。

劼人①反映清末民国初生活的长篇小说《死水微澜》《大波》，里面就有多处“南路腔”“南路人”的说法。例如：“听口腔，你是南路人？”

总的来说四川人讲两种方言，中、东部讲湖广话，西、南部讲南路话。不包括现在四川甘孜、阿坝、凉山等三州民族地区，也不算少数湘方言和客家话方言岛——已经很清楚这些湘、客方言岛是清初移民的结果。成都城区恰恰位于湖广话分布区的西部边缘，就在这两种方言的交界处。难怪我们西出成都不到 10 公里，口音就变为南路话了。成都到乐山不过 140 多公里，听口音便是两个不同的方言世界。对比成都至遂宁，距离 170 多公里，方言却几乎相同。再远一点，到重庆城区，300 公里，与成都方言也差别不大。问题便来了：一般来说方言都是逐渐变化的，为什么在成都与乐山会有如此不同的方言呢？还有，它们为何会不同呢？

以前，汉语方言学界对上述第一个问题，是比较看淡的。多数人认为四川话中有无入声的两种方言的不同，不过是同一种方言分化演变的结果而已，最常见的说法是：入声调逐渐演变归入了阳平调，形成现在的局面。而演变的源头，只能在明清时期的“湖广填四川”移民，此后开始了分化。问题又来了：一、明清移民结束（康熙末年 1722 年）至今不足 300 年的时间，能形成如此大的方言差距吗？湖广话、南路话两种方言，语音特征泾渭分明[2]65—77。这里有个四川方言分化演变的例子。重庆湖广话，

① 李劼人（1891—1962），成都人，熟知本地方言，他的小说是用成都方言（湖广话）写成都生活的，是 20 世纪初的湖广话的珍贵资料。

大致形成于明代洪武三十一年（1398）移民；成都湖广话形成于清康熙年间移民，可证之于张献忠屠戮成都的大量史料。两种方言相差320多年，今重庆、成都二市区的语音差别有多大？一般当地人只能凭听感，怕难于找出规律性的语音差别[3]。二、方言分化演变应是渐变的，为什么湖广话南路话之间是突变的？我们通过田野调查，描写了四川大多数市县的方音特征，或是属于湖广话，或是属于南路话，或是在当地南路话中夹杂了向湖广话学来的变异。我在成都生活60多年了，还惊奇于两种方言的变化：远一点，向西10公里过岷江，河东多是湖广话，河西必是南路话。近一点，清水河是成都西郊的一条小河，河东边的龙爪堰村讲湖广话，河西边的苏坡桥镇讲南路话①。这就像相声里说的：老天爷下雨，只下到那边，不下到这边，雨哪有这个下法？方言入归阳平，只变河这边，不变河那边，方言哪有这个变化法？这几年来，通过更多的方言调查和方言演变分析，我们对这个问题做出了回答：南路话是四川方言更古老的层次，在明清大移民前就存在于四川；而湖广话则是明清大移民从湖北湖南带来的方言，它们填补了四川、重庆大部包括成都城区清初的人口空白，并在成都西南郊区与原有的南路话碰撞在一起（见图2）。这两种方言分属两个历史层次：明代以前的遗留层次——南路话，明清以后从东面而来的移入层次——湖广话[3]。前面说的两种方言的分界线，在川西南就是岷江。乐山与眉山、宜宾、泸州一样，在岷江南，所以是南路话；遂宁等在岷江北，所以是湖广话。岷江这条天然的界线有两个作用，一是阻隔或减少了明末

① 今天的苏坡桥的中青年人多数讲成都话了，这是学习成都湖广话的结果。

清初的兵火蔓延到南岸（在成都地区是西岸），云南张献忠余部也曾扰乱过雅安地区，但是兵败撤离；二是东来移民的分布也多被限制在岷江以北，四川中部地区已经被明末清初的战乱耗尽了、空虚了，移民在此填补。

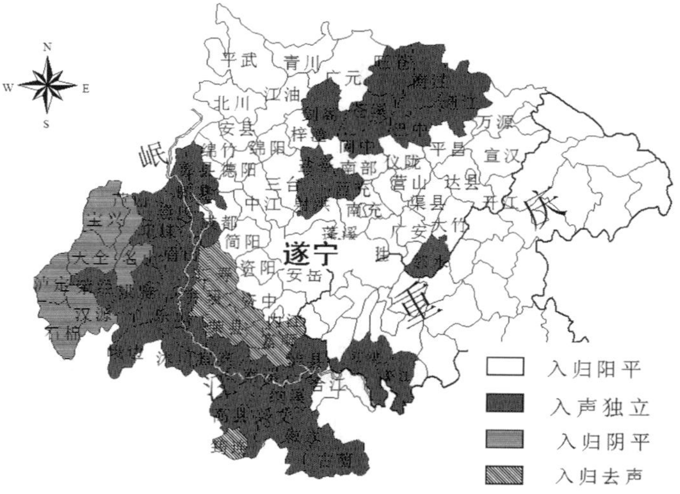

图2　现代四川方言分布（转引自《〈蜀语〉与今四川南路话音系》[4]）

成都城区讲湖广话，乐山讲南路话，二城市的方言为何不同？四川方言的现状已经由四川在明清之交的历史说明了。

人们以前的解释是“一源分化说”。乐山话等南路话演变为成都话等湖广话，或者反过来，成都话演变为乐山话（不大可能①）。二者的共同点是：今天的两种方言的局面都是一种方言

① 因为已经入归阳平成为四个声调的方言没有分化出独立的入声调的语音条件。

在近代分化的结果。这种观点纸上谈兵还可以，熟悉南路话和湖广话两种四川方言的人大多会摇头，只凭语感就不对。成都的老人更说，我们湖广人和南路人是两路人，不同秉性，“南路人性子戆（gàng）”。在方言研究中更是质疑：这两地方言是否可能在300年左右的时间内形成具有如此整齐的语音特征的方言差异[①]？我们近年来研究四川方言的分布和特征得到的结论是“两个层次说”：乐山话等南路话原是四川土著方言，明以前分布全蜀。成都话等湖广话是明清移民带来的，部分地替换了南路话。这种新的解释结合四川移民史，可以说明现在的方言现象。

1646年，张献忠从水路出成都，企图经乐山下长江出川另谋出路。在彭山江口镇遭到保卫乐山的南明将领杨展军的伏击，献忠船队遭火焚，大败，满载的金银财宝丢弃江中，逃回成都。乐山因此未遭洗劫，得以保全。乐山人口在战乱中没有大的损失，故至今南路话满城。而成都则饱受“大西”国军政蹂躏两年之久[②]，最后全城屠戮焚烧殆尽。远在汉魏时就已经繁华奢丽的成都，竟成为一座无人的废墟。后为清初移来的“湖广人”填充，故今日成都人全讲移民的湖广话。“我们的语言就是我们的历史”（西方语言学家洪堡特语）。人们对于历史总是健忘，方言背后的历史就更难看见。成都人天天说成都话，反而不知这方言是哪里来的，尽管这历史才过去了不到300年。

不久的将来，我们的后代可能不再在意成都话和乐山话的不同，因为那时两地人都讲普通话，方言的差别将成为历史。那

---

① 南路话与湖广话的语音特征差异，见周及徐《南路话和湖广话的语音特点——兼论四川两大方言的历史关系》，文中总结九个南路话语音特征。

② 张献忠于顺治元年（1644）八月攻占成都，顺治三年（1646）七月撤离成都。

时，人们将不再记起四川方言的差别和这些差别形成的历史原因。

我曾有二首诗感慨成都和乐山的方言变迁，录于此，作为小文的结尾。

到乐山 2021

三江奔汇声威壮，山水嘉州气浩茫。
拍岸惊涛吞牛马，逆流暗碛毁舟航。
祥云大佛千年静，凶焰献忠两载狂。
抗敌军民城廓在，今朝南路话音长。

明末浩劫致成都方言替换有感 2011

巴语蜀言何处寻？秦文汉字枉劳心。
刀兵从古黎民恨，魑魅横时国运沉。
天府无烟生气断，锦城有虎莽丛深。
劫波荡尽楚人至，满耳川原湖广音。

二〇二一年十月
于成都清水河畔

参考文献：

［1］周及徐．从语音特征看四川重庆“湖广话”的来源．四川师范大学学报，2012（3）：94—101。

［2］周及徐．从移民史和方言分布看四川方言的历史［C］//语言历史论丛（第五辑）．成都：巴蜀书社，2012.

［3］周及徐．南路话和湖广话的语音特点——兼论四川两大方言的历

史关系［J］. 语言研究，2012（3）.

［4］周及徐，周岷.《蜀语》与今四川南路话音系——古方言文献与当代田野调查的对应［J］. 语言研究，2017（2）：62—69.

济阳话阴平调的社会分层研究

刘梦喆①

摘　要　山东济阳方言属于冀鲁官话沧惠片，属三调型方言。通过观察不同年龄、性别、学历的言语社团，发现阴平调调值在不同言语社团呈现出低升调和凹调的差异，凹调化程度在不同言语社团中的表现为：*男(老年)＜男(中年)＜女(老年)＜女(中年)＜男(青年)＜女(青年)*。调型的演化趋势为：*低升＞低平＞前凹＞低凹*。这种声调系统变异的启动由声调类型的性质和声调格局内部自身特点所决定，而音变完成于受到环境和社会动力影响的音位选择。

关键词　济阳方言；声调；阴平；调型；变异

① 刘梦喆，女，山东济南人，北京师范大学博士研究生。研究方向：汉语方言学与社会语言学。

引　言

济阳方言位于冀鲁官话区的沧惠片，地处石济片与沧惠片的交界地带，靠近胶辽官话区和中原官话区。钱曾怡[10]93将济阳方言的声调归为四调型，调值分别为：阴平［213］，阳平［42］，上声［55］，去声［31］。这份材料更趋向济南中心市区的声调特点。但我们调查发现，老派发音人的声调分为阴平、阳平上、去声，没有入声调，已发展为三调型：

阴平	13	东 天 搭 切
阳平上	55 或 45	懂 统 有 百 塔 铜
去声	41	动 半 快 卖 树 刻 六

济阳方言古清平今读阴平；古浊平、清上和次浊上今读上声；古全浊上、古去声今读去声；古入声消失，分派到阴平、阳平上、去声中。

另外，我们还发现阴平调在不同年龄、性别、学历的言语社团中存在调型差异，青年女性将阴平调读为凹调的趋势更为明显。这种调型上的差异是否是一种稳定的语言变异现象，对整个济阳方言的声调系统能否产生影响以及变异产生的机制是什么？本文将围绕以上问题进行实验研究和具体分析。

一、阴平调在不同言语社团的调值表现

（一）实验说明

根据济阳方言阴平调在不同言语社团中的调值差异，我们将

阴平调的调型是升调还是凹调设为固变项，将发音人的年龄、性别、学历设为自变项，对 26 位济阳发音人①进行了调查。发音人的年龄在 25 ~66 岁之间，按年龄和性别分为老年男性、中年男性、青年男性、老年女性、中年女性、青年女性共六类。每类发音人的受教育程度分别涉及初中及以下、高中及专科、大学及以上学历。

同时，为了观察发音人在不同的话语关注度下的语音变异情况，我们进行了多语体调查。根据发音人对语料关注度大小的不同，内容按照语体分为两部分：一部分为留意语体，发音人用方言读材料，材料分为单字调、两字组连调和语篇朗读②，其中每位发音人有 67 个单字调样本，56 个两字组连调样本，语篇朗读中阴平调有 65 个样本；另一部分为随意语体，调查者与发音人随意交谈，记录自然话语中阴平调调值，样本数量根据与不同发音人的具体交谈情况而定，此部分为隐蔽录音。实验对收集的原始声音文件进行剪辑、标注、基频修改、脚本提取数据和数据处理。单字调和双字调各平均取调型段时长的 10 个基频值。

（二）实验结果分析

1. 单字组与双字组中的阴平调

为排除个人发音特点所带来的影响，这里采取朱晓农[22]提出的对数 Z-score 法（简称 LZ）对数据进行归一化处理，进而得

---

① 其中 23 位发音人是土生土长的济阳老城区人，3 位发音人是近年由周边城镇迁来的。

② 语篇朗读材料来源于《中国语言资源调查手册——汉语方言》（教育部语言文字信息管理司、中国语言资源保护研究中心，2015）朗读部分的第一篇文章《诚实与信任》。

到济阳方言单字调在不同言语社团中的声调格局：

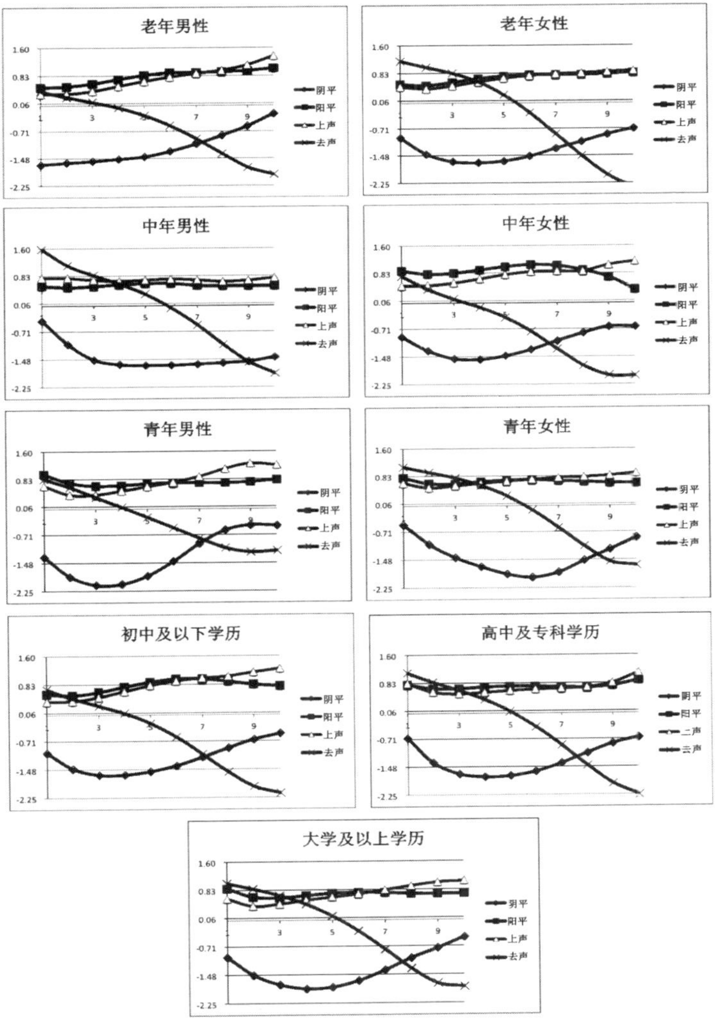

图 1　各言语社团单字调基频的 LZ 值

从上图对比来看，可以发现以下特征：

横向比较来看，女性比男性的阴平调调型明显更趋向于凹调，老年男女发音人之间的“平—凹”区别更明显。

纵向比较来看，越年轻的言语社团的阴平调凹调调型越明显。老年男性几乎没有凹调，阴平为低升调，但老年女性的阴平调已经有凹调趋势，并且随着年龄减小，凹调最低点时长位置越靠后，凹调特征得到强化。中年的阴平调已经由一个升调向低降调或低平调过渡，青年则由低平调变成了凹调。此外，调查中还发现老年女性的阴平调调型呈现出两个极端：一种是阴平调的凹调程度高于青年女性；另一种是阴平调完全没有凹调趋势，这种情况出现较少。

随着学历升高，调型逐渐从前凹变成央凹，凹调特征逐渐强化。

为了方便对比，我们将调型赋值为五度值。各言语社团 LZ 值的最大值为 1.58，最小值为 -2.25，取五度区间［-2.25，1.6］，每 0.77 为一度，对于临界点的取值，视具体情况而定。

阴平调曲线在中年男性言语社团的 P3 基频点降至 1 度与 2 度的临界点，曲线大部分在 1 度的范围内，故将阴平定为［31］调。中年女性的阴平调的发音处于变异过程状态中，其部分发音人为平调，部分为凹调，这里显示的是一个曲折度较低的低凹调，可以定为［22］或［212］。同样的情况出现在老年女性、中年男性、初中及以下学历、高中及专科学历的言语社团。上声和阳平在各个言语社团中调型和调值趋于一致，在单字调中发音人已不做区分，故将阳平和上声合并为阳平上。

基频值转化为五度值后，各类言语社团中的调值汇总如下：

表 1　各言语社团的单字调五度值

言语社团＼调类	阴平	阳平上	去声
老年男性	13	45	41
老年女性	22/212	44	51
中年男性	31/212	44	51
中年女性	22/212	44	41
青年男性	213	44	52
青年女性	312	44	51
初中及以下	22/212	44	41
高中及专科	22/212	44	51
大学及以上	213	44	51

上述结果与前人的调查略有不同，济阳方言单字调的阳平与上声已经合并，发展为三调型的声调格局。济阳方言的阴平调逐渐从升调走向凹调，老年男性阴平调的调值为［13］，老年女性则为［12］，基本维持低升调；中年的阴平调值基本控制在一度以内，调值为［22］，升调特征已经不明显，并且逐渐出现凹调特征；青年的阴平调，调型则明显为凹调［212］，且女性的凹调特征更明显一些。从调型图和五度值可以看出，单字调中阴平调的变异趋势是由低升调变成凹调，那导致变异的主体因素是什么？

我们通过 Pearson 相关系数①分别计算阴平调的调型与不同因素的相关性程度。根据调型的凹化程度的强弱，依次从 1 到 5 进行赋值，经过计算得到以下结果。

表 2　性别、年龄、学历与调型的相关性分析

		Gender	Age	Education	Tonotype
Gender	皮尔逊相关性	1	-.268	.376	.540**
	Sig.（双尾）		.185	.058	.004
Age	皮尔逊相关性	-.268	1	-.648**	-.613**
	Sig.（双尾）	.185		.000	.001
Education	皮尔逊相关性	.376	-.648**	1	.603**
	Sig.（双尾）	.058	.000		.001
Tonotype	皮尔逊相关性	.540**	-.613**	.603**	1
	Sig.（双尾）	.004	.001	.001	
个案数	26	26	26	26	

**. 在 0.01 级别（双尾），相关性显著。

① Pearson 相关系数的计算公式为 $r = \frac{(\sum_{i=1}^{n}(x_i - \bar{x})(y_i - \bar{y})}{\sqrt{\sum_{i=1}^{n}(x^2 - \bar{x})^2 \sum_{i=1}^{n}(y^2 - \bar{y})^2}}$。

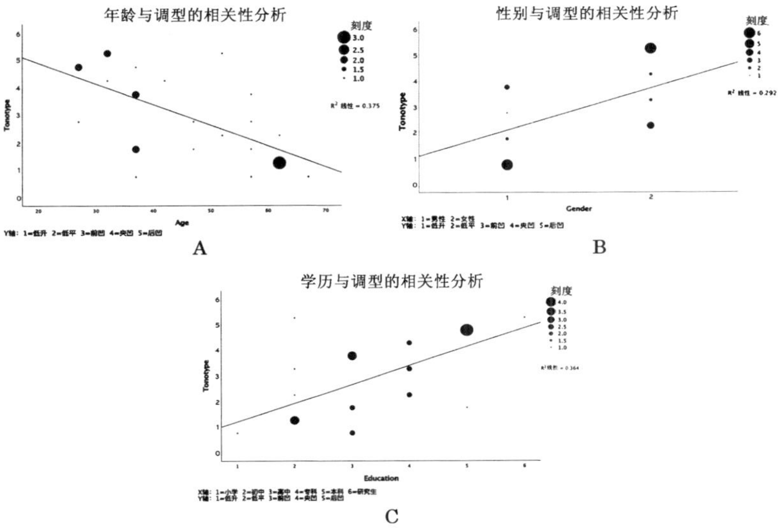

图2　年龄、性别、学历与调型的线性关系图

表2中年龄、性别、学历与调型的Sig值均小于0.05，相关性显著。其中，性别、学历与调型凹化程度呈正相关关系（图2B、C），即女性发音人和学历越高的发音人，阴平调凹化程度越高。年龄与调型凹化程度呈负相关关系（图2A），即年龄越大的发音人，其阴平调凹化程度越低。

统计学中的显著差异不足以证明阴平调的“平—凹”存在音系学区别，由此，我们选取调型差异显著的两个言语社团（学历低的老年男性发音人—学历高的青年女性发音人），以下简称“老年男性”和“青年女性”，观察他们的阴平调与不同的调类组合时，作前字和后字的不同表现：

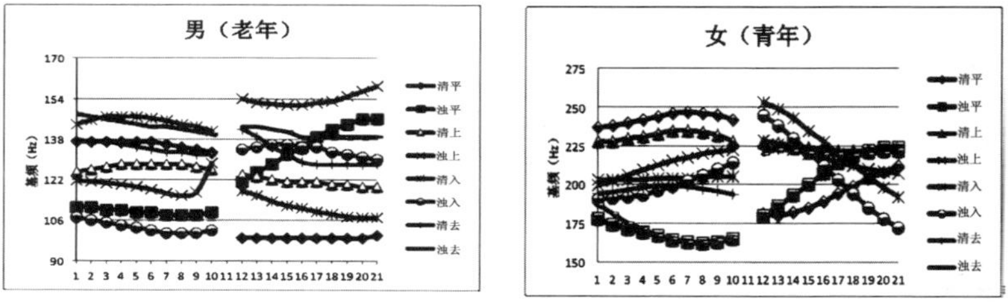

图 3　阴平调在两字组中为前字的基频平均值

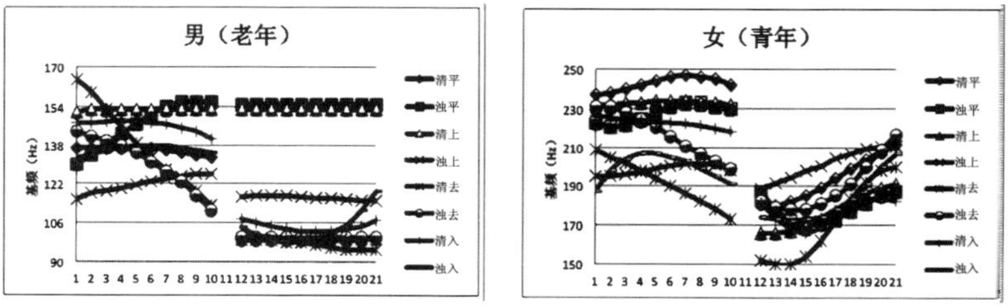

图 4　阴平调在两字组中为后字时的基频平均值

图 3 中，老年男性和青年女性的阴平调作为前字时，调型与单字调基本一致，整体趋势是升调或平调。连读调的前字位置发音时长较短，发音不完全，且易受到后字调型的逆同化影响，声调变异空间有限。由此，连读调的前字位置可以看作是声调变异过程中演化滞留的语音条件之一。

当老年男性的阴平调作为后字时（图 4），调型基本和单字调一致，整体趋势是平调，只有在入声字后时调值有变成凹调的趋势；青年女性的阴平调作为后字时，调型多为凹调，只有在浊上字后为升调。与前字位置相比，后字发音时间长，声调更完整，所以青年女性的阴平调作后字时凹调化程度更高。这也证明了凹调不仅存在于女性读单字调时，也存在于两字组连调的后字位置中。

2. 不同语体下的阴平调

在话语关注程度这一维度，随意语体（随意谈话）和留意语体（朗读语篇）各自处于语体连续体的两端，老年男性和青年女性的阴平调调型在这两种语体下表现不同，如下图所示：

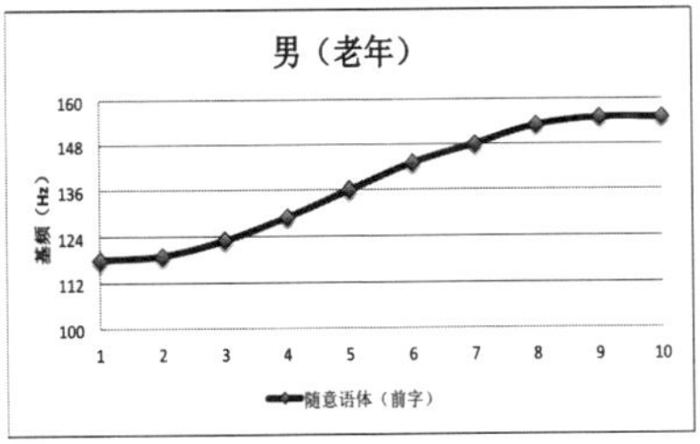

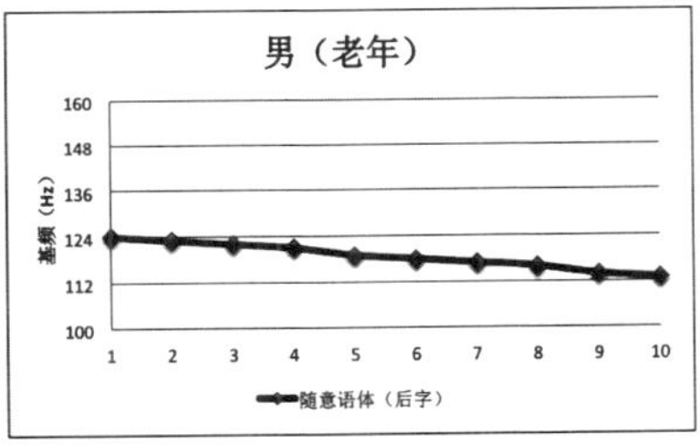

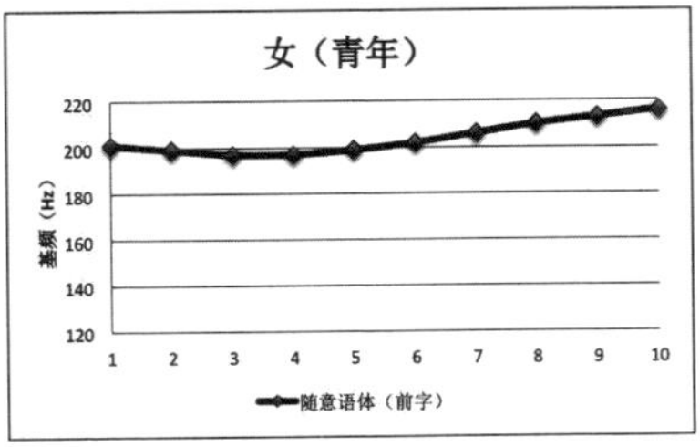

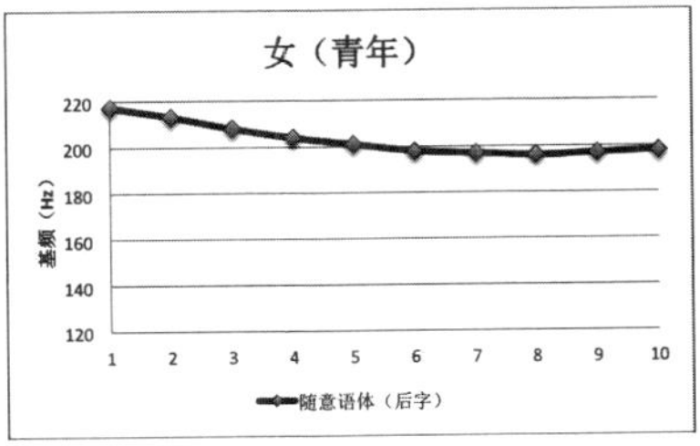

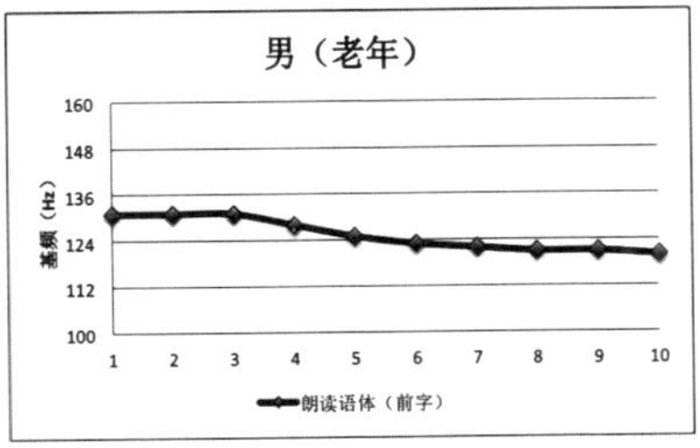

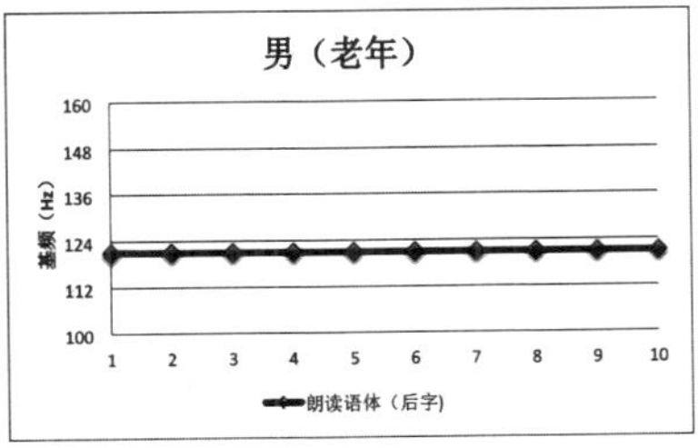

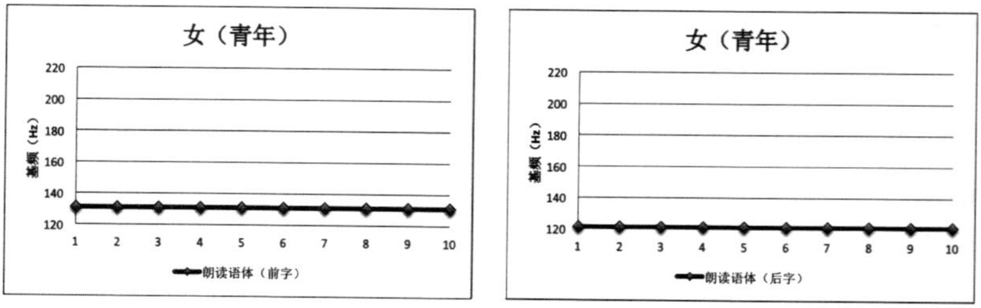

图5　随意语体和朗读语体中的阴平调调型

随意语体中，老年男性的阴平调作前字时为升调，作后字时为降调。青年女性的阴平调作前字时为凹调，折点靠前；作后字时为降调，声调末尾由于发音惯性略有上升的倾向。老年男性和青年女性在前字位置上保持了“升—凹”的差异性，词末字受音高自然下倾的趋势影响均呈现为降调型。可见，随意语体下的阴平调在词中不同位置的稳定度不一致，前字位置变异性较强。

朗读语体中，老年男性和青年女性均受普通话影响较大。发音人用方言朗读文本时，会出现逐渐由方言变为普通话的现象，需要外界提醒才会纠正回方言发音。阴平调多为平调，仅老年男性在前字位置出现降调。这也印证了在话语关注度进一步加强时，两个言语社团都更倾向于向更权威的语言特征（普通话阴平调的高平调型）靠拢。这种现象在一定程度上与发音人的心理认知和语言认同感相关。

在话语关注度较低的随意语体中，阴平调也出现了明显“升—凹”区别，但只是对发音过程的观察，尚且不能判断是稳定的范畴变异，下面我们将从语音感知的角度进一步论证阴平调的变异。

二、阴平调调值的听辨感知

语言的感知是语言系统运行中非常重要的一个环节，我们将对不同的言语社团进行阴平调不同调值的听辨实验，进一步讨论阴平调的不同调值是否是稳定性的变异。王韫佳[18]提到讨论两个声调之间是否存在范畴边界，至少可以在5个维度上展开讨论：（1）起点音高，即下降段降幅；（2）终点音高，即上升段升幅；（3）音高拐点位置；（4）拐点音高；（5）整个曲线的调阶。由于阴平调在济阳方言中的调型发生变异，由升调变为凹调，主要分歧在于拐点音高的位置，由此我们以变异两端的两个言语社团（老年男性和青年女性）为例，观察不同拐点音高下的阴平调调型感知模式。

（一）听觉刺激

合成刺激样本所用的原始语音为本文所调查的老年男性发音人之一所读的单字调读音，听辨实验的被试者与上文所调查的发音人一致。

实验分为辨认测试和区分测试，所用的合成软件为 Praat 和 Adobe Audition CS6。实验刺激声的承载音节为阴平“通”tōng。合成刺激声样本时，固定调长为300ms。并将刺激声样本的调型都设为升调，起点音高为5St①，末点音高为10St。第一个样本的中点音高设为2St，以下每升一个步长0.8St合成一个样本，

① 半音的参考频率为100Hz，半音与赫兹（Hz）和换算公式为 $St = 12 * \log_2 F_X/100St = 12 * log_2 \frac{Fx}{100}$。

直到9.2St，形成的连续统（图6）。共合成10个样本，每一个标好编号，供辨认测试用。其中横坐标的1、2、3分别代表声调的起点、中点和末点。

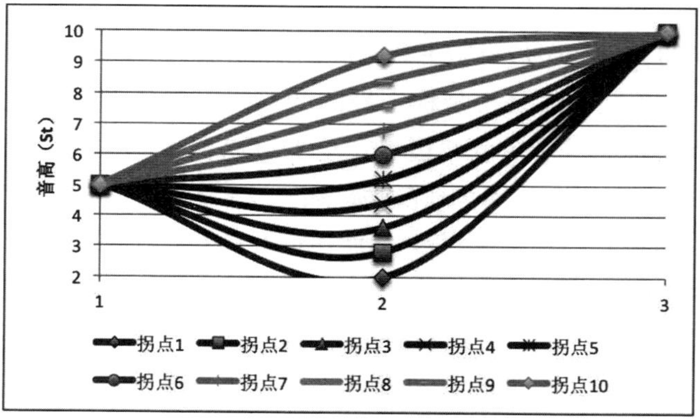

图6　音高拐点连续统曲线

供区分测试的刺激样本的单位为“对”，取辨认测试样本编号为单数（或双数）样本，即中点音高相差1.6St个半音，依次组成一对对区分测试样本，比如，辨认测试样本的第一个与第三个组成区分测试样本的第一对，第三个与第五个组成第二对，第五个与第七个组成第三对，如此类推，共得到8个刺激对。每一个刺激对都各自组成AB、BA、AA、BB四种排列方式。这样区分测试共得到32个刺激样本。

（二）实验过程

在辨认测试中，每个刺激重复播放三次，所有播放刺激以随机的次序呈现。每一个刺激播放之前有铃声提示，铃声结束1s之后播放实验刺激，并且每五个刺激会有语音提示，以免序号错乱，结束之后有3s时间供被试者进行判断，要求被试者在答题纸上判断听到的刺激是不是自己所认为的“通”的读音。

在区分测试中，将32个刺激样本以随机次序重复播放两遍，每一个刺激对播放之前有铃声提示，铃声结束1s之后播放刺激对，刺激对内两个刺激相隔0.5s播出，同样每五对会有语音提示，以免序号错乱，每个刺激对播放结束后有4s的时间供被试者进行判断。要求被试者在答卷上对所听到的两个刺激是否一样，做出“是”或“否”的判断。

（三）数据分析

对辨认测试的数据处理，设PI为刺激I被辨认为阴平的比率。PI的计算公式为：

$$PI = 辨认为阴平的次数/刺激呈现次数$$

对区分测试的数据处理，一个刺激对（刺激A和刺激B）的区分正确率P（A，B）的计算方式为：

$$\begin{aligned} P(A,B) &= 正确区分的次数/刺激对呈现的总次数 \\ &= P_{AB} + P_{AA} + P_{BB} + P_{BA}/4 \end{aligned}$$

根据上述公式，分别计算老年男性和青年女性的辨认和区分结果。图7中的实线指不同拐点音高的调型辨认为阴平或非阴平的百分比。虚线指的是8个对比刺激对的区分正确率。

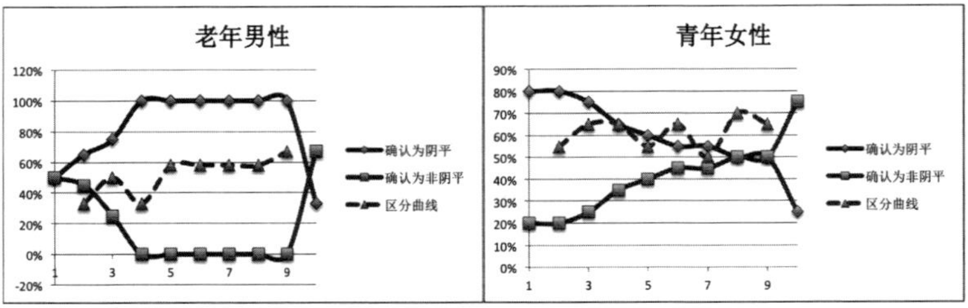

图7　济阳方言阴平调变体辨认测试与区分测试结果

1. 辨认结果

Liberman et al. [30]提到典型的范畴型感知在辨认率曲线和区分正确率曲线上的特点分别是：（1）跨范畴边界的两个相邻刺激的辨认率差别远远大于处于边界同侧的两个相邻刺激的辨认率差别；（2）在声学距离相同的情况下，跨范畴的两个刺激的区分正确率高于处于范畴同侧的两个刺激的区分正确率。

从辨认结果来看，老年男性在样本1到样本3之间是阴平调不同变体的连续感知域，音高在2～3.6St范围内，被试者对其辨认率在样本1时为50%左右，说明被试者不能对这个音高区域的刺激声做出准确判断，感知上出现混淆，即阴平调为明显曲折调时，被试者并不完全认同为阴平调。随着中点音高的升高，样本4到样本9的音高曲线基本为升调，老年男性的辨认率逐渐升高，在样本4到样本9，辨认率都是100%。由此可见，老年男性对阴平调的感知范畴在样本4到样本9之间，中点音高范围在3.6～8.4St内。

青年女性的阴平调感知范畴与老年男性呈互补分布状态。从样本1到样本4，声调为凹调特征明显的基频曲线，阴平与非阴平调的感知区别显著。随着中点音高的升高，感知逐渐出现混淆。由此，青年女性对阴平调的感知范畴在样本1到样本4之间，中点音高范围在2～4.4St内。样本5到样本9（5.2～8.4St）是青年女性对阴平调不同变体的连续感知域，与老年男性的阴平调范畴感知域3.6～8.4St基本吻合。

由此可见，在辨认测试中，老年男性和青年女性对阴平调的范畴感知域符合前面我们对其变异特征的分析，在感知上，老年男性将阴平调看作是升调，青年女性将阴平调看作凹调。

2. 区分结果

根据区分测试结果，老年男性和青年女性的区分正确率都变化较大。在第一到第三个刺激对的辨认中，老年男性的辨认正确率在50%以下，从第四个刺激对开始，辨认王确率在60%左右，说明老年男性对中点音高在3.6St以下的声调辨认率不高，与其范畴连续统的范围相吻合。其对阴平调中点音高的升幅感知范畴在0.8～1.6St范围内，

青年女性的区分正确率整体高于老年男性，但其波动较大，尤其是在第四个刺激对之后，辨认正确率极不稳定，跨度在20%上下，反映了青年女性对中点音高在4.4St以上的范围感知出现混淆，这个范围也正与其感知连续统的区间一致。

区分测试的结果与辨认测试的结果相吻合，印证了老年男性感知的阴平调为升调，青年女性感知的阴平调为凹调，属于范畴感知，音变是一种趋于稳定的变异。我们可以得到以下结果：

表 3　不同言语社团的辨认测试与区分测试结果

言语社团	中点音高感知范畴（St）	连续感知域（St）
老年男性	[3.6，8.4]	[2，3.6]
青年女性	[2，4.4]	[5.2，8.4]

三、阴平调调值变异的成因

根据以上实验分析，阴平调调值变异受年龄、性别和学历影响，较为显著的是青年女性和老年男性的差异，青年女性的阴平调为明显的低凹调，在老年男性言语社团中，阴平调集中体现低升调。这一声调特点在各自的单字调和双字调声调格局中都存在。

青年男性的阴平调调值为［213］，表现为前凹调特征，与青年女性的［312］相比，其拐点位置靠前，升调特征略明显。而且在青年男性群体中有一位发音人的阴平调特征趋于老年男性的低升调，但青年女性无一例外都是凹调。

由此，将阴平调的凹调化程度在不同言语社团中的表现用下面公式排列表示：*男（老年）＜男（中年）＜女（老年）＜女（中年）＜男（青年）＜女（青年）*。阴平调调型的演化趋势为：*低升＞低平＞前凹＞低凹*。

济阳方言声调系统中为什么唯有阴平调发生明显的变异？又为何以青年女性社团为主导变化？下面分别讨论。

（一）阴平调变异是否具备音变条件

潘悟云[6]152在谈到历史层次分析时将语言中的不同层次分为了两类：一类是语言接触形成的，由于借用造成的外源性层次，属非音变关系；一类服从某种语音条件时的内部音变，由于竞争性音变造成的内源性层次分化，属音变关系。要剖析济阳方言阴平调调值演化为凹调这一特征是由内部音变条件影响还是语言接触带来的变化，首先还要从声调的内部系统来看，是否具备音变的条件。

济阳方言老派声调为三调型，阳平上声合并为高平调或高升调，阴平为低升调，去声为高降调。在新派声调格局中，阴平逐渐由低升调发展为凹调。从类型学角度，低升调和凹调都可看作是纯低调的变体[19]421，这些变体之间不以拱形为区别特征，他们的共同特征是[+LOW]“低性[19]421—422”，为了实现[+LOW]的声调目标，会借助嘎裂发声态[19]422，因此，低升调更容易发展为“低性”特征明显的凹调。声调格局中的低升调变为凹调的山东方言还有郯城、莘县等地，图8为两地的单字调基频格局图：

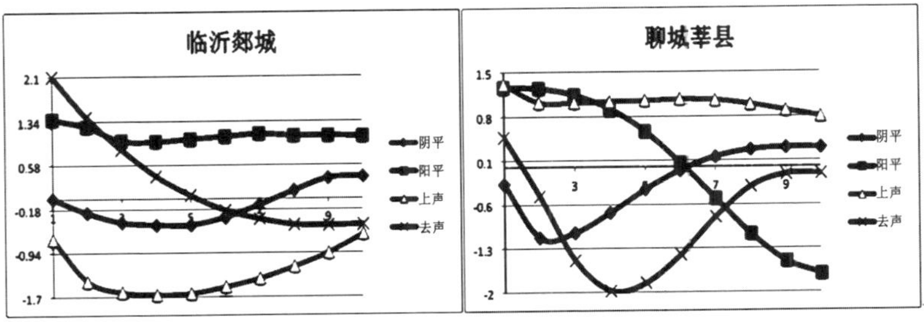

图8　郯城、莘县单字调基频的LZ值

表4 郯城、莘县声调调值

方言点	阴平	阳平	上声	去声	材料来源
郯城	213	55	24	41	《山东省志·方言志》
	323	44	212	52	自查
莘县	24	53	55	312	高一晗[3]
	324	51	55	413	自查

通过对比可以发现，两地方言的凹调、平调和降调均较稳定，只有低升调发生变化，表现为郯城话的上声由低升调［24］变为了凹调［212］，莘县话的阴平由低平调［24］变为凹调［324］。升调的低拐点在大约20%时长处或之前，低凹调大约40%处，前凹调介于两者之间，大约在30%处[19]11。郯城的上声调凹调最低点在40%时长处，已经达到低凹调的类型标准。莘县阴平调的凹调最低点大约在20%～30%之间，为前凹调。朱晓农[19]429分析聊城市区话时，将阴平调记为准凹调｛324｝。朱晓农[19]在讨论凹调的种类问题时，勾勒了以低凹调为轴心的演化图景，认为低凹调是枢纽，分别跟前凹调、两折调、低降调互为变体，低升调与前凹调互为变体，都可能相向演化。“低升～前凹～低凹～后凹”四个声调调型常常互为变体，前凹调型在音法演化中是凹调与升调的过渡状态，语音形式不稳定，常与带有降头的升调和低凹调互为同一音系的共时变体[19]435。济阳话阴平、郯城话上声、莘县话阴平等性质相同，都属于低升调演化为凹调的类型，从声调类型上来讲具备音变条件。再来单看济阳话的内部声调格局，只有阴平调是一个起点较低的低升调，

如果阴平调继续向上升高的话，就会占据阳平上的位置，在这种两个高调位声调重合的声调格局里，阴平调在连读变调中很难再升高，在连读调中，容易先降后升与后面的高调位声调组合。因此，济阳话阴平调不管从声调类型还是声调格局上来看，都具备了从低升调往凹调变化的条件。

（二）地缘接触下的阴平调演化

“低升～前凹～低凹～后凹”在山东方言中常常互为共时变体，存在一种不稳定性，所以是否能成为音位，还要看外部条件的选择。语言的演化会在自然变异的基础上再被环境选择或制约。语言中的某个变异如果被环境选择，则变成音位保留下来；若没有被选择，则仍作为自由变体停留在变异阶段直到被选择或者消失。济阳方言的阴平调在“*低升 > 低平 > 前凹 > 低凹*”的变异过程中是如何被环境选择的？

据吴永焕[17]研究，在山东 110 个方言点中，阴平调调型为凹调（调值 313/214/213/323）的有 98 个点，覆盖了山东绝大部分地区；阴平调为低升调的有 3 个点（调值 13），集中分布于山东西部的冠县、聊城、阳谷；阴平调为降调（调值 53/42/31）的有 9 个点，主要分布在东莱片东部与中部。从地理上来看，图 8 标示的阴平调为低升调的方言集中于鲁西地区，毗邻的河南商丘[5]22、河北邢台[16]6、郑州、开封、兰考[17]26阴平调调值均为低升调［24］，大部分山东方言的阴平调调型为凹调，济阳方言处于一个过渡地带，越往东，阴平调的凹调特征越明显，呈现出由西向东发展的渐变态势。

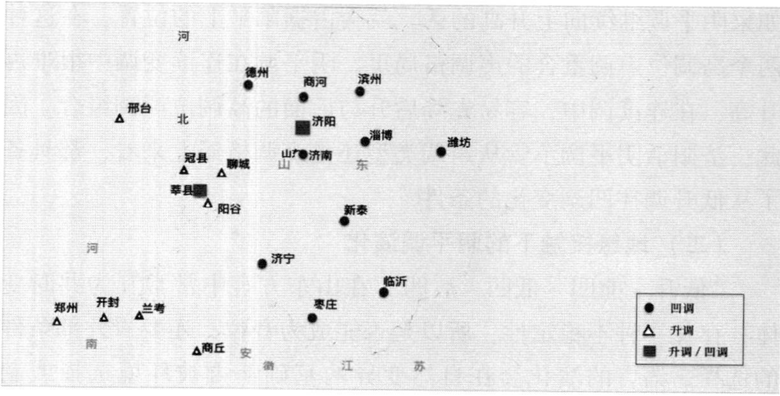

图 9　山东及毗邻方言阴平调调型分布图

由前面对济阳方言单字调的研究可以发现，老年群体的声调格局与济南市区的声调相差甚远，而 20 世纪 80 年代以后出生的青年群体则与济南方言的阴平调趋于一致（表 5）。

表 5　济阳区与济南中心市区四声调值对比

		阴平	阳平	上声	去声
济阳区	老年男性	13	45		41
	青年女性	312	44		51
济南中心市区[17]93		213	42	55	21

年龄差别可能是由地理阻隔造成的断代，济阳区与济南中心市区之间有黄河相隔，成为两地交流的最大阻碍。20 世纪 80 年代之前，这一地区的黄河河段没有桥梁，只能靠有限的船只和建于 1909 年的泺口黄河浮桥来维持交通。因此，两地的经济、文化交流在 80 年代之前是有限且受阻的。直至 1982 年才建成济南

黄河大桥，这一交通上的改变大大促进了两地的联系，语言接触也随之加强，济阳方言会受中心市区的影响促使语音变体选择权威方言特征，由此在以年龄为变项的言语社团中出现差异，年轻一代的语音面貌更趋于济南市的特点，阴平调逐渐从低升调变为凹调。

（三）为何青年女性主导声调的变异

济阳方言阴平调的变异过程中，为何青年女性群体的变异速度明显快于其他言语社团？语言变化存在社会动力，需要有一个领导群体的推动。Labov[28]提到语言变化的决定性划分不是中产阶级和工人阶级的对立，而是言语社团中处于相对中间社会地位的群体和社会阶层两端群体的对立。因此引领语言变异的群体往往是在上层工人阶级或下层中产阶级①群体中产生[15]73。而语言变化的领导者则是选择权威语言变项的女性群体，她们相较于男性更容易接受权威的语言象征；然后在阶层向上流动发展的过程中保持这类语言象征，并将其发扬光大。因此语言变化的领导者在自己所属的城市社区中传播语言变化，并使变化在社区中保持一致性[15]74。对应于中国社会等级和社会阶层划分，语言变化的领导者是那些具有对抗非权威语言象征能力的中中层和中下层[2]9女性。由此，女性对非权威语言特征的不遵从行为使她们成为语言变化的领导者。

语言变化的性别不对称模式在大量研究中都存在，表现在女性发音的变异可能会领先男性整整一代，而且语言变化在女性语

① 此处阶层划分是 Labov 根据 20 世纪 90 年代的美国社会现状所做的社会阶层划分。

言使用中以近乎直线的模式十年十年的增长；但是由女性主导的语言变化在男性语言使用中则表现为一代代地逐步增加，是一种步进模式[15]74。因为女性在养育下一代时其语言特征对子女产生的影响较大，导致男性讲话人的起点普遍都是女性抚养人最初传递给他的语言层面，所以男性语言变异的趋势呈现为代际变化。济阳方言阴平调的调型在相同年龄段的言语社团中存在较明显的性别差异，老年女性言语社团可与中、青年男性言语社团的阴平调调型基本一致，而与同龄段的老年男性言语社团调型差别明显，这一差异充分体现了语言变化的性别不对称模式。

阴平调变异过程中老年女性的凹调程度高于部分中年女性的现象，是一种语言不安全感造成的语言变异偏离规律模式的超越[15]36，这种矫枉过正的现象在女性群体中出现频率最高，因为中中层阶级①的女性可能是加速语言变异的主要群体。

基于以上讨论，我们认为声调系统变异的启动，首先是由声调类型的性质和声调内部自身格局特点决定的。而音变能否完成，则受到环境因素的引导，包括权威方言影响、地理、性别等外部因素。Ohala[31]将语言的一些弱化形式和其他语音变体看作是偏离典型调型的“迷你音变”（mini sound changes），如果这些个人的迷你音变在社团中扩散，那就成了（历史）音变。如果不扩散，

① 此处中国社会等级和社会阶层划分依据来源于《当代中国社会阶层研究报告》（陆学艺 2002）。其中划分为五大社会等级：社会上层（高层领导干部、大企业经理人员、高级专业人员及大私营企业主）、中上层（中低层领导干部、大企业中层管理人员、中小企业经理人员、中级专业技术人员及中等企业主）、中中层（初级专业技术人员、小企业主、办事人员、个体工商户）、中下层（个体劳动者、一般商业服务人员、工人、农民）、底层（生活在贫困状态并缺乏就业保障的工人、农民和无业、失业、半失业者）。

那么就作为共时变体、作为可以导致音变的候选项而长期存在[19]434。语言向权威方言或语言特征靠拢是一条普遍的社会语言学规律，也是引导济阳话阴平调变异的重要因素，而这一影响则是通过不同性别和年龄的言语社团将语音变化具象化的过程。

四、结论

“变异”是语言的一个基本特性。自20世纪50年代开始，经济、社会大环境急剧变化，汉语方言也受到了极大的影响，大量的流动人口造成了城乡之间、城市之间的复杂的方言接触环境。随着城市化的发展，社会流动不断加快，为语言变化提供了更多的社会动力，“同质说”对很多音变现象无法给予充分的解释。由此，本文从语言变异与社会层化结构之间入手，使用“显像时间”的方法来研究“进行中的变化”（change in progress）[27]43—45，将音变研究指向语言的社会性，着重关注济阳方言声调的代际差异、性别差异和受教育程度的差异，发现济阳方言的阴平调调值在不同言语社团中呈现出低升调和凹调的差别，凹调化程度在不同言语社团中表现为：*男（老年）<男（中年）<女（老年）<女（中年）<男（青年）<女（青年）*。调型的演化趋势为：*低升>低平>前凹>低凹*。并在地理上呈现出由西向东凹调化程度不断加强的趋势。

这种声调变异的启动机制是由“低升～前凹～低凹～后凹”互为共时变体的类型特征和声调内部自身格局特点所决定的，而音变的完成则是受环境和社会动力影响下的音位选择。以“低凹调”为枢纽的声调演化不仅存在于济阳方言中，也见于其他语言

的报道，但因受不同环境影响呈现出不同的演化方向和音变结果，如在西北官话中，纯低调分化为两个拱形上连续的亚型："降平低{23 | 323}"和"降平升{24}"[24]5。在泰语一百年来的老中新三派声调中构成了"高微升—高升—中升—央凹—低降—中（微）降"的反向演化[23]16。若将视角扩大至整个汉语方言声调的演化中，"低凹调"类型在声调格局的调整中具有怎样的权重？外部环境如何对演化方向做出选择？以及语言系统的变异性与外部社会动力之间如何平衡？这些问题仍有待进一步分析。

附录

1. 单字组发音表

调类	例字
阴平	东 该 灯 风 通 开 天 春 搭 节 哭 拍 切 刻
阳平	门 龙 牛 油 铜 皮 糖 红 急 毒 白 盒 罚
上声	懂 古 鬼 九 统 苦 讨 草 买 老 五 有 谷 百 塔
去声	动 罪 近 后前~ 冻 怪 半 四 痛 快 寸 去 卖 路 硬 乱 洞 地 饭 树 六 麦 叶树~ 月

2. 双字组发音表

前＼后	清平	浊平	清上	浊上	清去	浊去	清入	浊入
清平	飞机 东风 开车 当官	清明 工人 开门 耕田	工厂 身体 乡长 天井	孙女 公社 公里 招待	书记 车票 开店 分配	车站 军队 生病 开会	钢笔 东北 中国 工作	生日 生活 工业 开学

续表

前 后	浊平	清上	浊上	清去	浊去	清入	浊入
清平	农村 良心 骑车 爬山	火车 点心 比方 打针	老师 尾巴 坐车 动工	汽车 背心 唱歌 退休	地方 卫生 认真 用功	国家 北京 北方 结亲	木工 立冬 读书 石灰

3. 语篇朗读阴平调汇总：

天深夜开车京黑灯家车刚车听咔嚓声车车车边光车车超出车它应该周灯张压车希车三天生车她心车光经单知应该应支之间金东金说搁居她知她她深深

参考文献：

[1] 高一晗. 山东聊城市方言语音研究 [D]. 济南：山东大学硕士论文，2016.

[2] 陆学艺. 当代中国社会阶层研究报告 [M]. 北京：社会科学文献出版社，2002.

[3] 济阳县志编纂委员会. 济阳县志 [M]. 济南：济南出版社，1994.

[4] 刘俐李. 汉语声调论 [M]. 南京：师范大学出版社，2004.

[5] 吕萌. 商丘方言的声调分析 [D]. 天津：天津师范大学硕士论文，2010.

[6] 潘悟云. 竞争性音变与历史层次 [C] //东方语言学（第一辑），上海：上海教育出版社，2006.

[7] 钱曾怡. 从汉语方言看汉语声调的发展 [J]. 语言教学与研究，2000（2）.

［8］钱曾怡．济南话的变调与轻声［J］．山东大学学报（语言文字版），1963（5）．

［9］钱曾怡．山东方言的分区［J］．方言，1985（4）．

［10］钱曾怡．山东方言研究［M］．济南：齐鲁书社，2001.

［11］钱曾怡．山东方言研究方法新探［J］．山东大学学报（人文社会科学版），2002（2）．

［12］石锋．论五度值记调法［J］．天津师大学报（社会科学版），1990（3）．

［13］石锋．语音学探微［M］．北京：北京大学出版社，1990.

［14］山东省地方史志编纂委员会．山东省志·方言志［M］．山东：山东人民出版社，1993.

［15］孙金华．拉波夫的语言变化观［M］．南京：南京大学出版社，2009.

［16］尚新丽．邢台方言的语流音变［D］．石家庄：河北大学硕士论文，2009.

［17］吴永焕．山东方言声调研究［M］．济南：山东大学博士论文．2001.

［18］王韫佳，覃夕航．普通话单字调阳平和上声的辨认及区分——兼论实验设计对声调范畴感知结果的影响［J］．语言科学，2015（4）．

［19］朱晓农．凹调的种类——兼论北京话上声的音节学性质［J］．中国语文，2012（5）．

［20］朱晓农．降调的种类［J］．语言研究，2012（2）．

［21］朱晓农．基频归一化——如何处理声调的随机差异［J］．语言科学，2004（2）．

［22］朱晓农．上海声调实验录［M］．上海：上海教育出版社，2005.

［23］朱晓农，林晴，趴差桠．泰语声调的类型和顺时针链移［J］．

民族语文，2015（4）.

［24］朱晓农，衣莉．西北地区官话声调的类型［J］．语文研究，2015（3）.

［25］朱晓农．语音学［M］．北京：商务印书馆，2010.

［26］中国社会科学院语言研究所、中国社会科学院民族学与人类研究所、香港城市大学语言资讯科学研究中心，中国语言地图集（第二版）［M］．北京：商务印书馆，2012.

［27］Labov，William. Principles of Language Change，Vol. 1：Internal Factors［M］. Oxford and Cambridge：Basil Blackwell，1994.

［28］Labov，William. Principles of Language Change，Vol. 2：Social Factors［M］. Oxford and Cambridge：Blackwell，2001.

［29］Labov，William. The social motivation of a sound change［J］. Word，1963（19）.

［30］Liberman，lvin M，Katherine S. Harris，Howard S. Hoffman，Belver C. Griffith. The Discrimination of speech sounds within and across phoneme boundaries［J］. Journal of Experimental Psychology，1957（54）.

［31］Ohala，John. Sound change is drawn from a pool of synchronic variation. L. E. Breivik，E. H. Jahr（eds.），Language change：Contributions to the Study of its Causes. Berlin：Mounton de Gruyter，1989.

四川、重庆地区方言的声调类型①

何治春②

摘　要　川渝地区西南官话可以分为四声系统和五声系统。基于川、渝两地90个西南官话方言点的声调声学类型描写表明，四声系统有四种模式，分别是双降、降低、降平、平低，“双降”模式是四声区的主要声调类型，有41个点，占总模式的70%。“双降”模式中又以“降降平升”模式为常，有15个点。五声系统有两种模式，分别是“双降”和“降低”，以“双降”为主，占五声总数的74%。“双降”中又以“降

① 本文受教育部人文社科基地重大项目“语言变异和接触机制研究”（19JJD740001）和北京市社会科学基金重大项目“多语接触与中介语演化机制”（20ZDA20）资助。在本文材料收集的过程中，四川大学海外教育学院教师何婉，四川师范大学文学院研究生张强、梁浩、罗燕、杨波、郑敏、周亚欧等提供了已发表或未发表的录音材料，谨致谢忱。

② 何治春，男，四川宜宾人，北京大学中国语言文学系博士生。研究方向：汉语方言、苗语历史语言学。

降平平升”为主，占双降模式的50%。以往研究中，成渝官话所谓“高低降降”（成都格局）和“高低升降”（重庆格局）两种声调格局，只是上述诸多类型中的两个小类，并不占主要地位。在声调类型讨论的基础上，重庆石柱等地的低凹阳平调和四川广安等地的高平上声调都可以得到很好的解释，它们是成渝官话系统内部演化的结果。此外，本文还总结了川渝地区调类和调拱之间的关系。

关键词 四川；重庆；西南官话；声调类型

一、前言

（一）本文的讨论范围

四川、重庆地区地域广大，人口众多，所说方言为西南官话。据《中国语言地图集》[13]，四川、重庆境内西南官话主要有成渝和灌赤两个方言片，其中成渝片面积广大，占据了境内官话一大半；灌赤片内部又分岷江、雅棉、仁富、丽川四个小片，岷江小片入声独立，雅棉小片入归阴平，仁富小片入去声。四川境内官话方言以单域调系为主，偶有嘎裂，但也只是羡余特征，并不以发声态作为对立特征。声调模式以四声调为主，分别是阴平（T1）、阳平（T2）、上声（T3）、去声（T4）。灌赤片岷江以西、长江以南岷江小片方言主要是五声调模式，增加了入声（T5），这部分方言与成渝方言有不少差异，周及徐[18]称之为“南路话”方言。成渝片方言区域内散落着部分保留入声的五声模式方言点。

为全面讨论该地区的声调类型，本文搜集了四川境内 90 个方言点的声调材料，部分县由于声调系统差异，我们取了 2 个甚至 3 个点。具体分布如下：五声调方言 31 个点，成渝片四声调方言 47 个点，仁富小片 9 个点，雅棉小片 3 个点。李蓝[4]认为川西少数民族区域内的西南官话带民族语口音，故划为“川西片”，这部分方言受接触影响较多，暂不涉及。加之力有未逮，本文讨论的地理范围限定在四川盆地及其周边地区，主要涉及成渝、灌赤两个方言片。

四川方言的语音前人做过不少研究，比较系统的有两次：第一次是 20 世纪三四十年代中央研究院历史语言研究所组织的大范围调查，成果见于《四川方言调查报告》[11]，第二次是五六十年代由四川大学、四川师范大学、西南师范大学联合组织的调查，成果见于《四川音系》[8]。此外，还有不少专著和论文。前人的描述与研究给我们带来了丰富的材料，但是在声调方面，前人的研究大都是基于听感，随意性较大，不容易进行声调类型的探讨。“五度制的冗余度太大”[14]也加剧了声调描写的不一致。

基于声学参数，并在调型框架内对声调格局进行的描写，是声调类型研究的前提。声调类型的研究，又是讨论声调格局演化的基础。本文研究的目的是，基于声学参数，辅以听感，在“分域四度”框架内，归纳四川、重庆地区的声调类型，为进一步讨论声调演化提供参考。寸熙、朱晓农[1]曾选取了 16 个方言点，初步总结了西南官话的声调类型，但由于语言点偏少，许多类型并未涉及，这不利于川渝地区方言声调演变的讨论。本文在寸熙、朱晓农研究的基础上对川渝地区的西南官话做进一步讨论。

（二）通用调型库

此处的“调型”指的是将声调进行归一化处理，确定声调的基频走向，然后用“分域四度制”[14]表达，以域度、长度、高度、拱度四个参数取值，在“普适调型库”中确定出来的“声调类型”。调系中的声调由哪几个调型组合的，就是“调型模式”。本文用“调型”（如高平、中平、升）对声调进行定位，“调型”在“通用调型库”[16]中确定，然后用调型代码确定声调的具体值（如/45、55/），这些代码全部采用分域四度制。要注意的是，数字标调本身并不太重要，它只是调型的一个代表，一个调型的语音实现形式是比较多样的，如四川方言的中平入声，可以有{44，34，33}这些变体。表1是通用调型库，分降、平、升、凹、纯低五类共45种调型，其中，中域18种。需要特别指出的是“纯低调”，“纯低调”是不以拱度作为区别特征的一类调型，纯低调的确立对声调类型的确立起了重要作用[15]。纯低调的实现形式可以是最低平{22}，最低升{23}，最低降{32}，央凹{323}。下表是通用调型库，引自《声调类型学大要——对调型的研究》[16]。

表1　通用调型库表

		长			中短/短			语音变体
拱度	调型	高域	中域	低域	高域	中域	低域	中域长调
降	高降	/63/	/52/	/40/	/64/	/52/		{53}
	中降		/42/	/31/		/42/		{43}
	高微降		/54/					{43}
	中微降		/43/					
	高弯降		/552/	/341/				{553,452}
	中弯降		/342/	/231/				{442,332}
平	高平	/66/	/55/		/66/	/55/		{45,55^4,54}
	中平		/44/	/33/		/44/		{44^3,43}
	低平		/33/	/22/		/33,33/		{33^2,32}

续表

		长			中短/短			语音变体
非拱	纯低		/22/	/11/				{32,323,23}
	高升	/46/	/35/	/24/	/46/			{25}
升	中升	/35/	/24/	/13/			/13/	{243}
	微升		/34/	/23/				{45}
	后凸升		/354/					{353,243}
	前凹		/324/	/213/				{325}
凹	央凹	/404/	/323/	/202/				{303,223,324}
	后凹		/523/					{423}
	两折		/4242/					{5232,3242}
总	45	5	18	12	3	6	1	

四川方言的声调一般只在中域，部分点的去声（如阆中、武胜）和阳平（宜宾）有嘎裂变体，部分地方（蓬溪）的阴平和上声存在假声变体，但这些发声态一般不作为对立特征存在。

（三）数据来源与处理

本研究有 35 个点的数据来自作者自己的田野音系调查和本文的专项调查。专项调查的调查表是根据古四声各分阴阳来设计的，这样共有八组，每组我们挑选了 20 个字左右，这些字韵母以单元音为主，声母尽量选用塞音和塞擦音，尽量避免边鼻音和零声母字（不绝对）。每个调类的字被拆分成几个部分，然后打乱顺序排列，我们控制了发音人读单字的停顿间隙，停顿一般都在 3 秒以上。录音使用潘悟云等人开发的斐风语言田野调查及分析系统（Field Phone 2. 2. 1）。语音分析和语图绘制使用 praat 软件。我们将每个声调均分为十段，提取其基频和时长数据。所有基频数据，经 z-score 归一化（LZ 法）处理后，绘制出声调均线图。关于声调 z-score 归一化的具体方法，见《语音学》[14]278-290。

另一部分材料的语音数据，来自已发表的音系调查资料，这些材料都有详细的声调数据，使用了比较统一的语音分析手段，一般是按照《语音学》一文的方式进行处理的。这些调查一般都使用斐风软件进行了单字录音，部分材料我们取得了录音资料。

下面我们对四川、重庆地区方言的声调模式进行介绍：第二节介绍四声系统声调模式，第三节介绍五声系统声调模式，第四节为讨论部分。

二、四声系统

成渝官话中以四声系统为主，在我们所有的调查材料中，四声模式共有 59 个点，占 66%（59/90）。在所有四声模式的点中，“双降”模式的点最多，有 41 个点，在所有四声调方言中占 70%（41/59）；以重庆为代表“降低”有 12 个点，占 20%（12/59）。川渝地区比较特殊的“降平平升”和“平低升凹”模式数量较少。

表 2　四声系统声调模式表①

拱度模式	例点	数量	降	降	平	平	升	升	低	凹	阴	阳	上	去
降降平升	简阳	17	上	阳	阴		去				平	降	降	升
降降升凹	江油	7	上	阳			阴			去	升	降	降	凹
降降升升	安县	5	上	阳			阴	去			升	降	降	升
降降平平	井研	4	上	阳	阴	去					平	降	降	升
降降平凹	宣汉	8	上	阳	阴					去	平	降	降	凹
降低平凹	开江	5	上		阴				阳	去	平	低	降	凹
降低平升	重庆	7	上		阴		去		阳		平	平	降	升
降平平升	渠县	4	上		阴	阳	去				平	平	降	升
平低升凹	广安	2			上			阴	阳	去	升	低	平	凹

① 若出现相同拱形，前者高，后者低。

（一）“双降”模式

双降模式可以分为五个小类，分别是：“降降平升”“降降升凹”“降降升升”“降降平平”和“降降平凹”。下面分别讨论。

1. “降降平升”模式

简阳、大竹、雅安、万源、苍溪、青神等县市为“降降平升”模式，两降分别是上声和阳平，平调为阴平，升调为去声。在双降模式中，以“降降平升”的配合最为常见，这样的点共17个，见下图①。

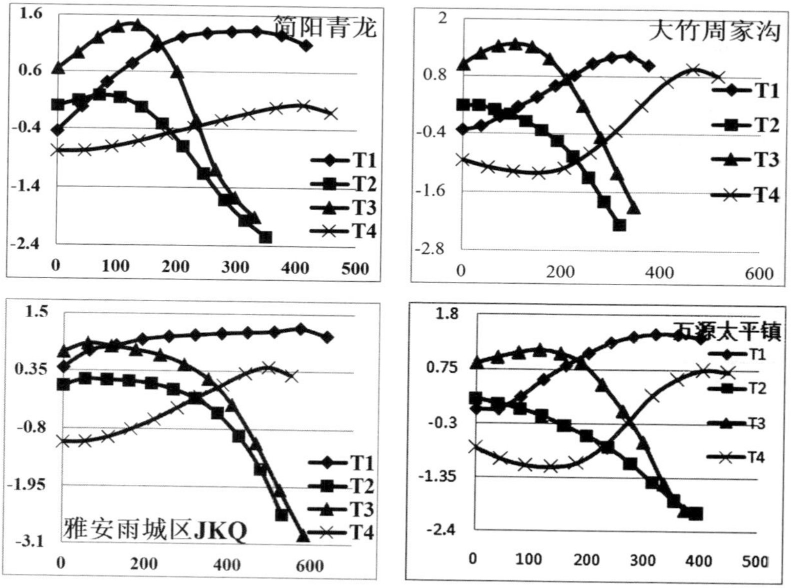

① 本文声调图中，横坐标为声调时长，单位为毫秒，纵坐标为基频归一化数值。

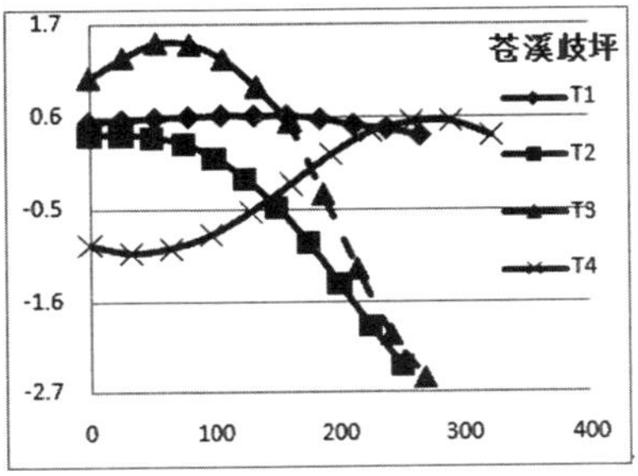
苍溪歧坪
T1
T2
T3
T4
1.7
0.6
-0.5
-1.6
-2.7
0
100
200
300
400

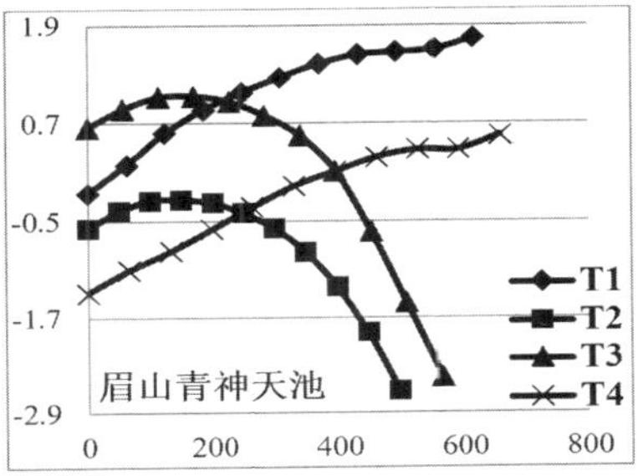
眉山青神天池
T1
T2
T3
T4
1.9
0.7
-0.5
-1.7
-2.9
0
200
400
600
800

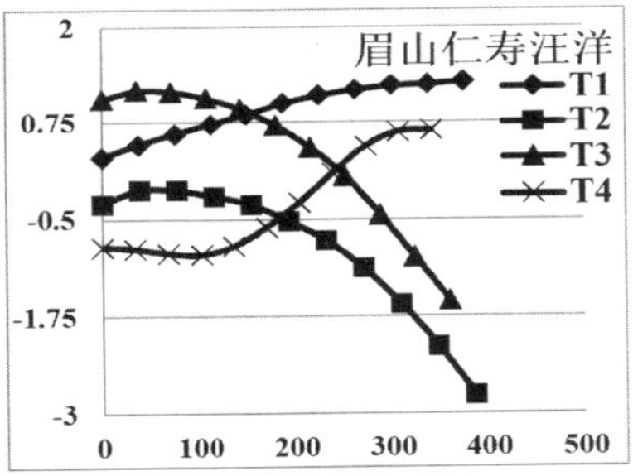
眉山仁寿汪洋
T1
T2
T3
T4
2
0.75
-0.5
-1.75
-3
0
100
200
300
400
500

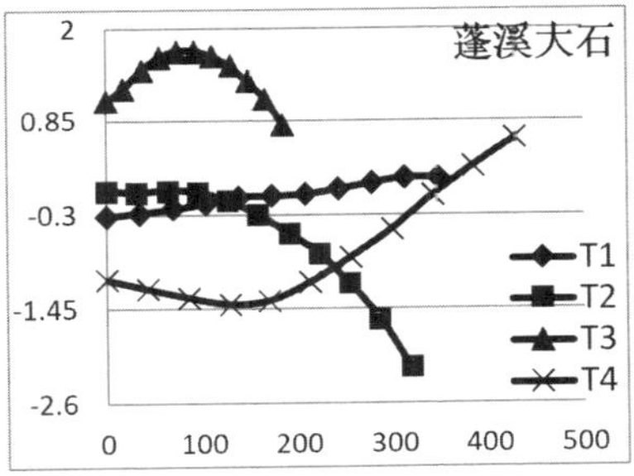
蓬溪大石
T1
T2
T3
T4
2
0.85
-0.3
-1.45
-2.6
0
100
200
300
400
500

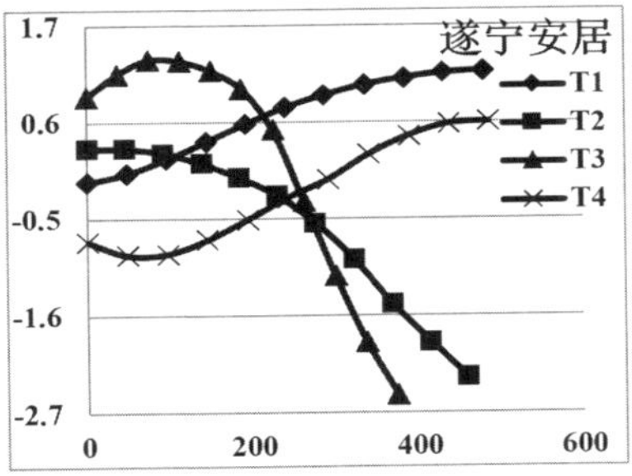
遂宁安居
T1
T2
T3
T4
1.7
0.6
-0.5
-1.6
-2.7
0
200
400
600

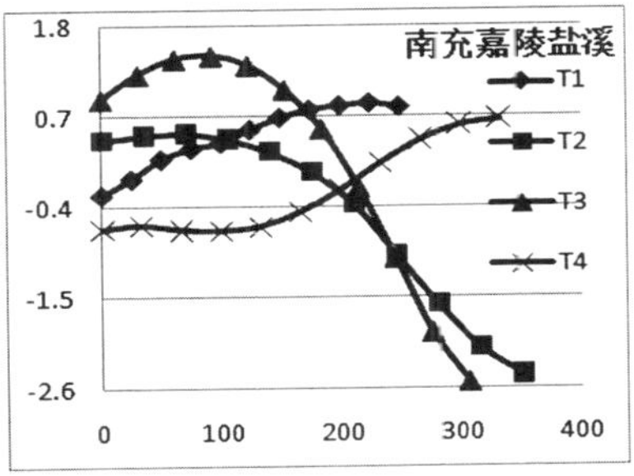
南充嘉陵盐溪
T1
T2
T3
T4
1.8
0.7
-0.4
-1.5
-2.6
0
100
200
300
400

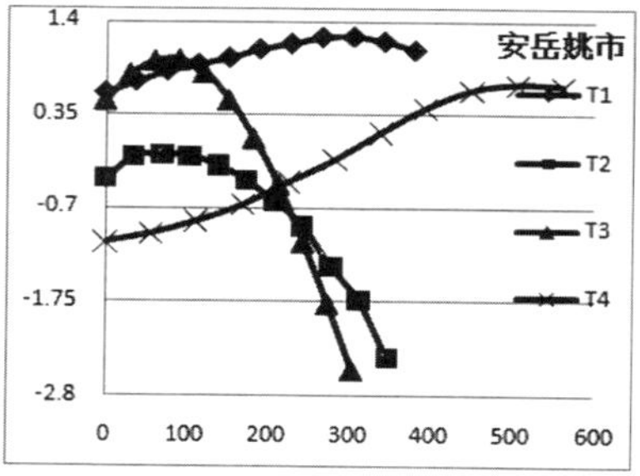
安岳姚市
1.4
0.35
-0.7
-1.75
-2.8
0
100
200
300
400
500
600
T1
T2
T3
T4

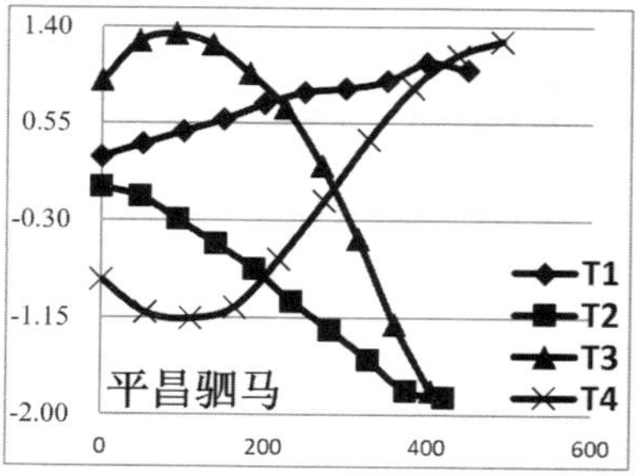
平昌驷马
1.40
0.55
-0.30
-1.15
-2.00
0
200
400
600
T1
T2
T3
T4

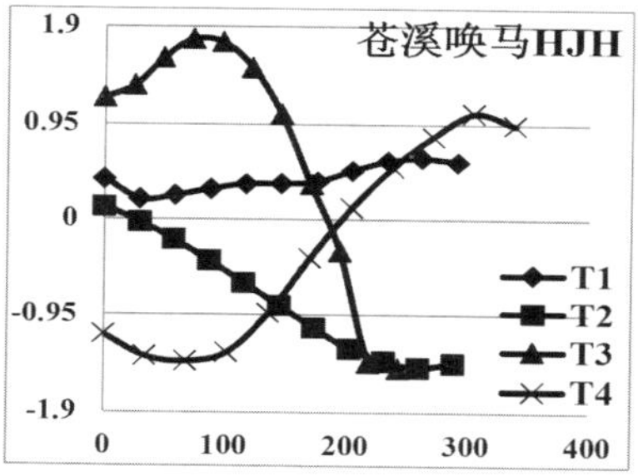
苍溪唤马HJH
1.9
0.95
0
-0.95
-1.9
0
100
200
300
400
T1
T2
T3
T4

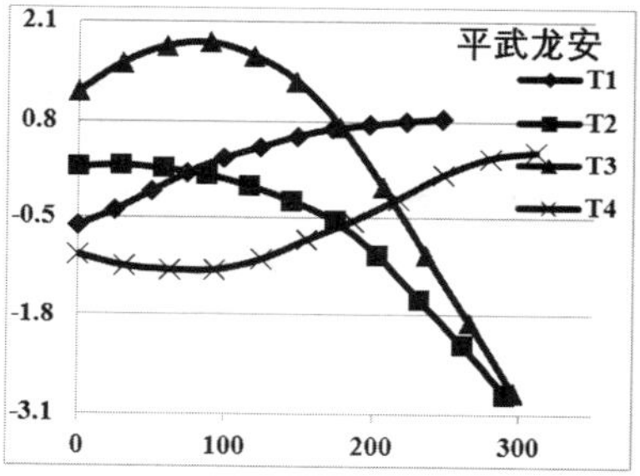
平武龙安
2.1
0.8
-0.5
-1.8
-3.1
0
100
200
300
T1
T2
T3
T4

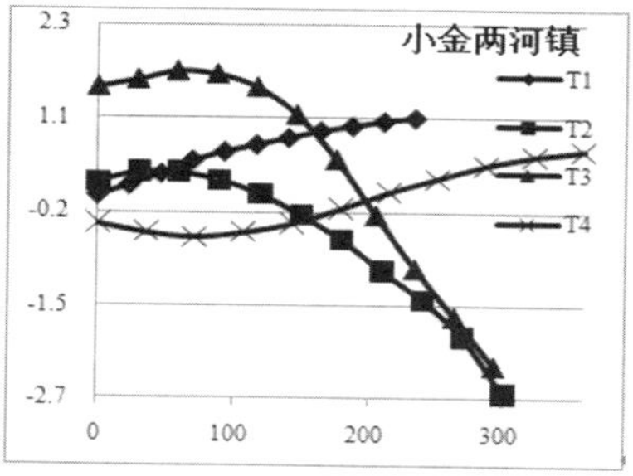
小金两河镇
2.3
1.1
-0.2
-1.5
-2.7
0
100
200
300
T1
T2
T3
T4

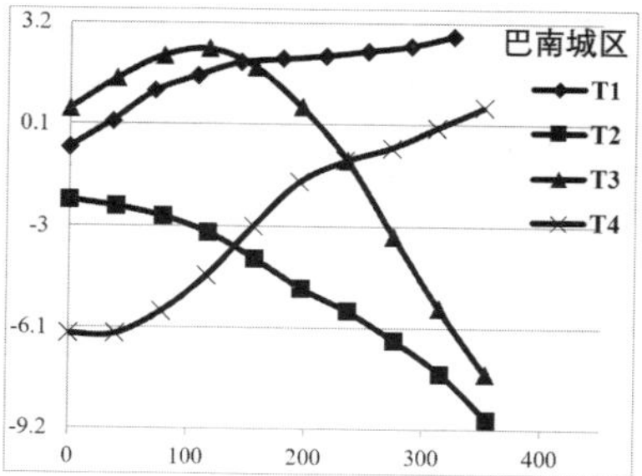
巴南城区
3.2
0.1
-3
-6.1
-9.2
0
100
200
300
400
T1
T2
T3
T4

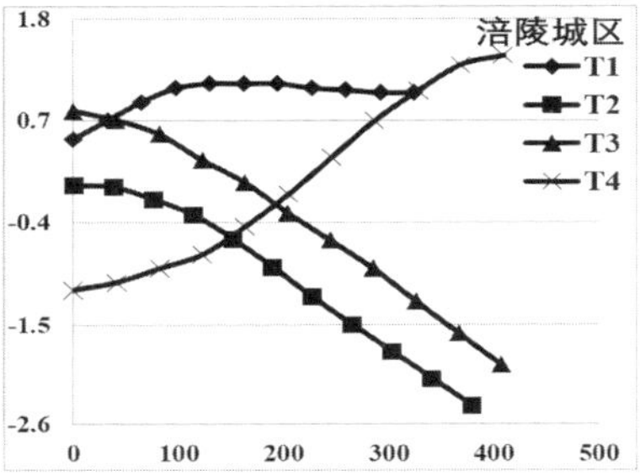

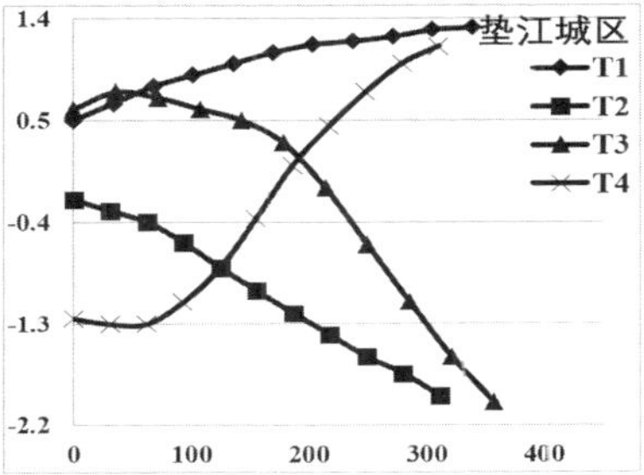

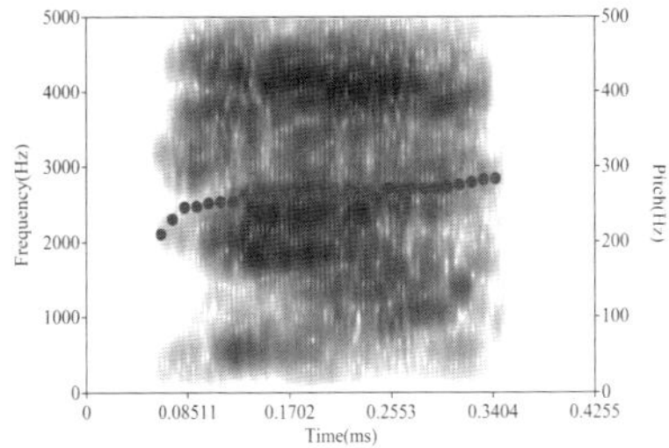

（语图为蓬溪大石“拣［tɕiɛn^{55}］”）

“降降平升”模式阴平是一个平调，有中平{44}和高平{55/45}三项变体，高微升时有点凸调特点，调体后部斜率要小不少。阳平一律为中弯降，作{442}，但平昌驷马、苍溪唤马 HJH① 和万源太平的阳平已经趋向一个中直降了。上声的“降”大部分为高弯降，实现为{552/553}，简阳青龙、大竹周家沟、天全城厢、雅安雨城区、万源太平、苍溪岐坪、青神天池都是{552}，眉山仁寿为{53}；蓬溪大石的上声调体整体在5

① 如果一个县或镇有两个声调类型不相同的发音人，我们在地名后加上发音人姓名全拼大写首字母。

度，调尾刚进入4度，时长较短。调体虽然在一度内，但仍保留了高弯降的“弯”的特征，大石这种上声比较少见。要指出的是，蓬溪大石发音人有｛55｝变体，且发音人基频普遍较高，上声最高甚至在300Hz以上。上图中的“拣”的调尾就高达300Hz。“降降平升”模式的去声一般都是微升调，个别点为高升（如北川和驷马）和低升（如唤马HJH）。

川渝地区方言上声和阳平一般以高低起对立作用，但阳平和上声一般又都带有弯拱，这种弯拱是羡余的，不起对立作用。此外，从青神天池到仁寿汪洋，再到资中龙江，到最后的蓬溪大石，可以看出上声调尾“低”的特征的逐步衰减，“高”的特性凸显，有由高降演变到带点“弯”色彩的高平的趋势，经历｛552 > 553 > 554/55｝的过程。

2. “降降升升”模式

安县、梓潼、北川等地为“降降升升”模式。该模式的上声一般是高弯降｛552/553/554｝；阳平是低降｛42｝，部分地方如安县、北川带弯降特征；阴平是跨越两度的高升调｛35｝；去声是微升｛34｝。不过，永川、万盛去声调头轻微降势，特别是万盛，其去声已经接近前凹调｛^{3}24｝了。“降降升升”实际上是“降降平升”的进一步变化。

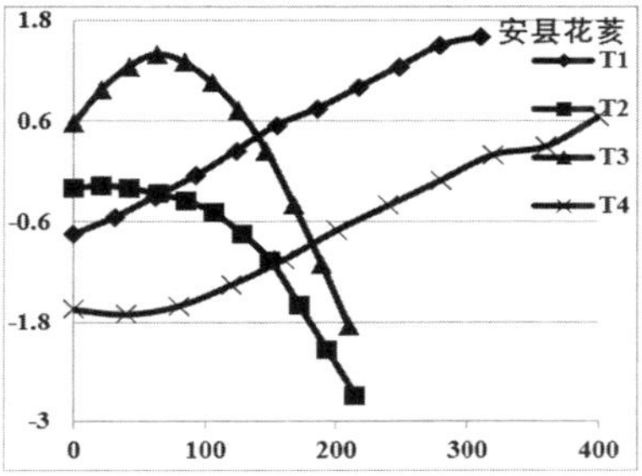

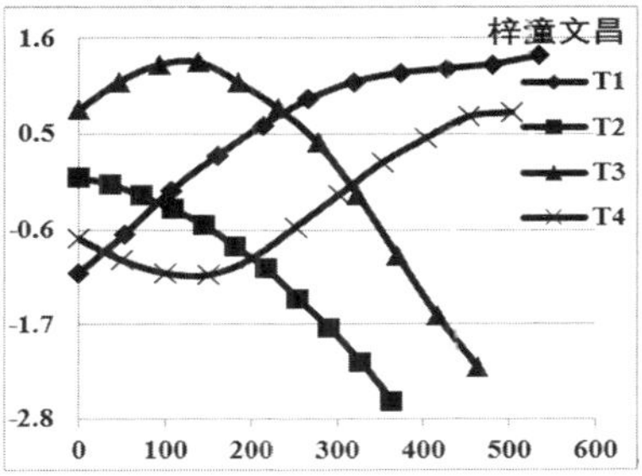

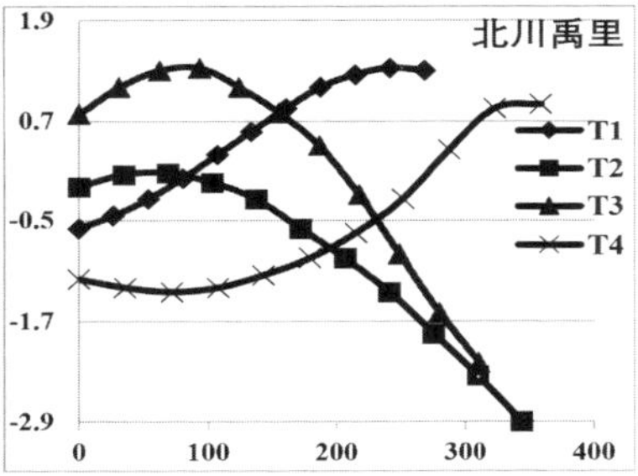

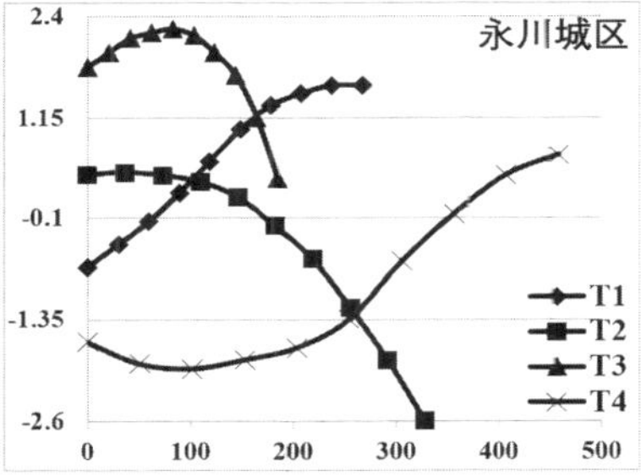

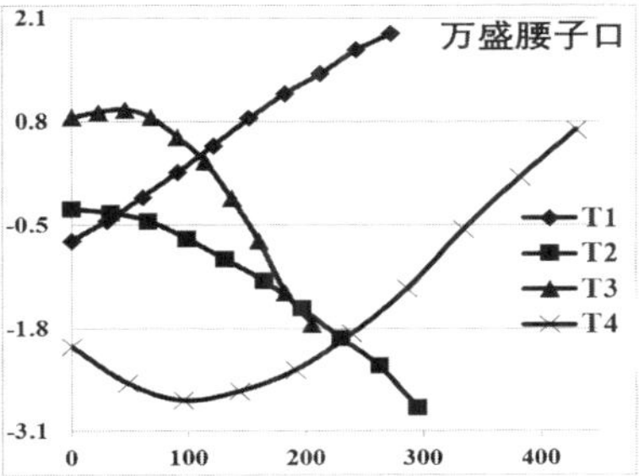

3. “降降升凹”模式

绵阳、泸县鱼寺、富顺、成都锦江、自贡、茂县等地属于“降降升凹”模式，其上声和阳平分别为高弯降｛552｝和低弯降｛442｝（部分点的阳平偏直降，如自贡沿滩）。绵阳、泸县鱼寺、富顺等地的“降降升凹”可以看作是阆中对应“降降平凹”的一个模式变体。据《地图集》，泸县鱼寺、富顺牛佛、自贡沿滩属仁富小片，绵阳、成都锦江、茂县属成渝片方言。

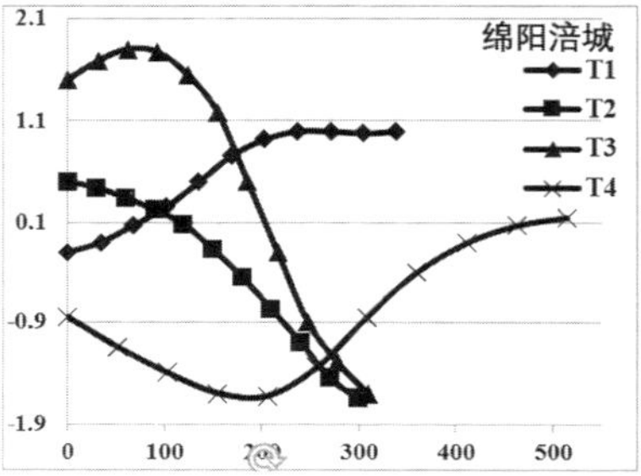

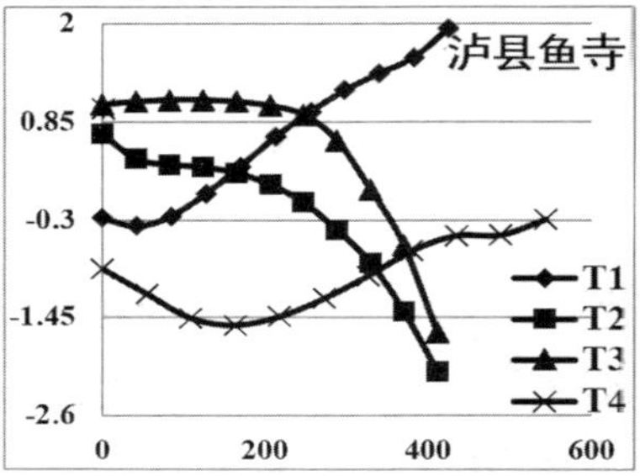

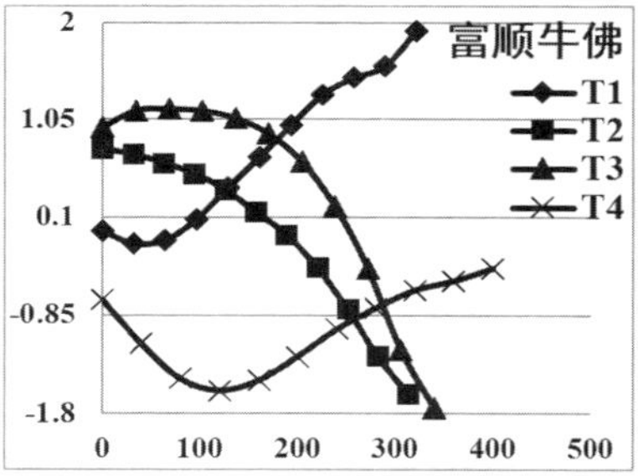

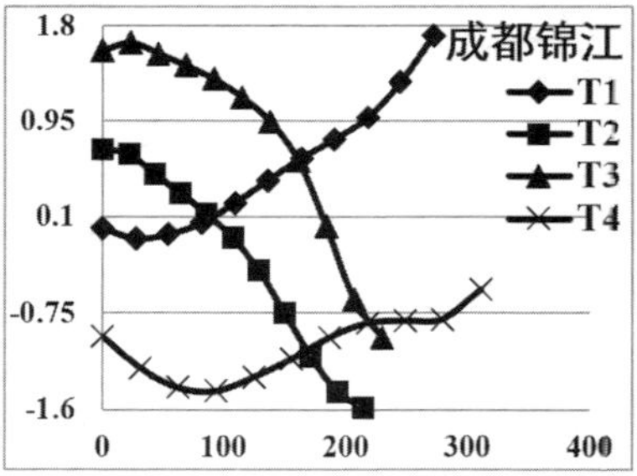

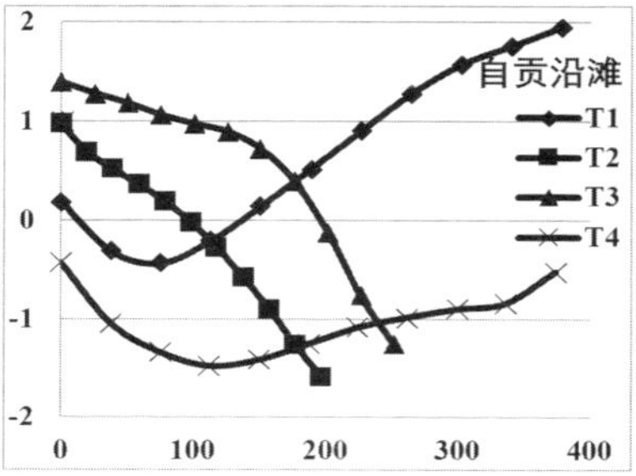

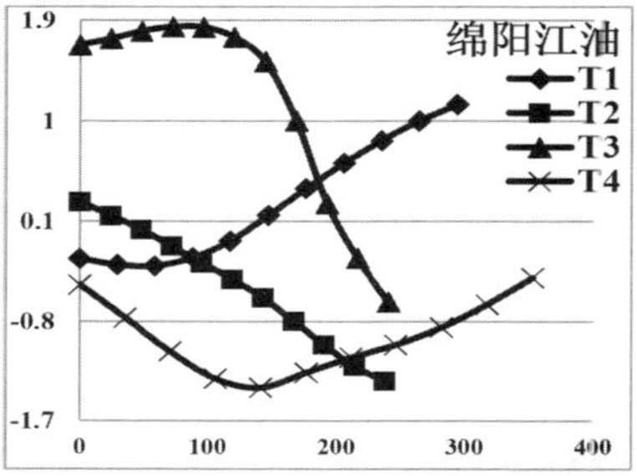

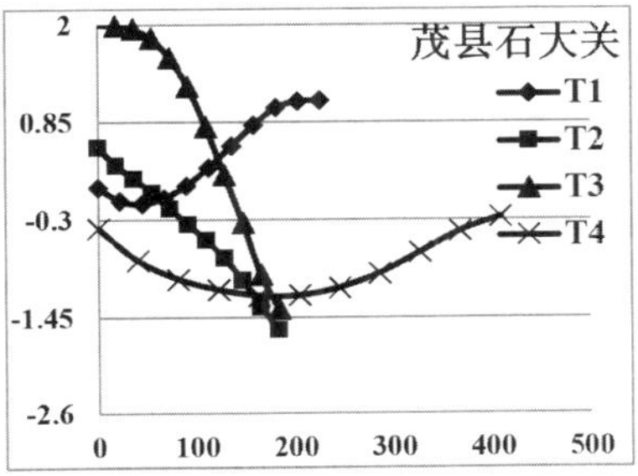

寸熙、朱晓农[1]认为成渝话有“高低升降”（重庆）和“高低降降”（成都）两种类型。此处的“降降升低”可以看作是“高低降降”模式，去声央凹作为纯低调。这种“成都模式”只是我们分析的众多类型中的一种，而且不占主要。

4. “降降平平”模式

“降降平平”模式同“降降平升”模式接近，只是前者去声较为平缓，大致在一度以内，我们将其视为平调。不过，井研与天全的去声更倾向于一个微升，而资阳、筠连凹感更强，筠连塘坝的去声在3度，是一个带点凹调色彩的低平调｛33｝。井研对应的声调模式是“降降平平”。据《地图集》，井研、筠连属灌赤片仁富小片，天全属雅棉小片，资阳则为成渝片方言。

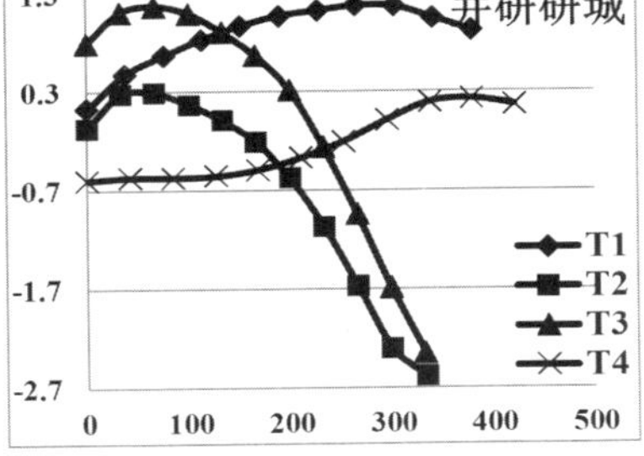

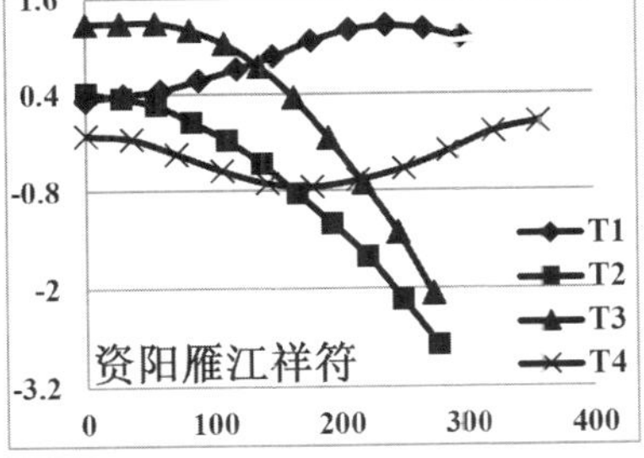

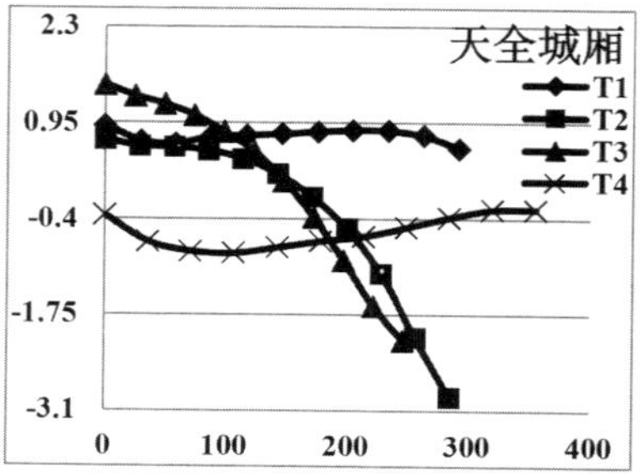

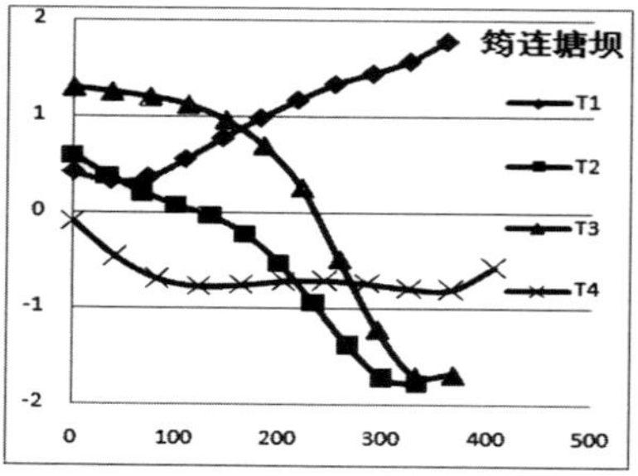

5. “降降平凹”模式

宣汉、资中、重庆江北、蓬安、松潘等地为“降降平凹”模式。阴平皆为高微升｛45｝，作为高平调的一个变体形式。阳平都是低直降｛42｝。上声皆为高弯降，不过资中龙江和蓬安河舒的上声调尾调值较高，作｛553｝；宣汉胡家镇的上声和阳平则有形成直降和弯降对立的倾向，处理上可以比较灵活，作｛442｝也可以，但上声调体整体还是要高于阳平，这里我们看成高低降之间的对立。资中龙江的上声后段有漏气现象，虽然基频体现为高平特征，但这种漏气会造成调尾的低调听感。四地中，蓬安河舒镇的去声接近央凹。从宣汉胡家到资中龙江，再到蓬安河舒，去声有从前凹向央凹演变的倾向。大竹、万源的“降降平升”模式同宣汉等地的模式很接近，可以看出“降降平升”模式向“降降平凹”模式的转变倾向。

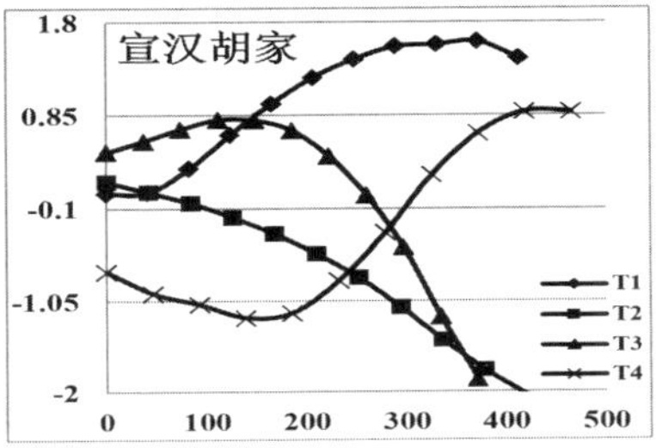

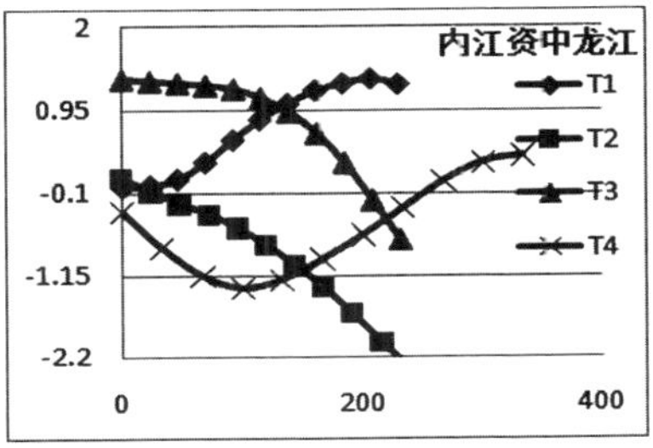

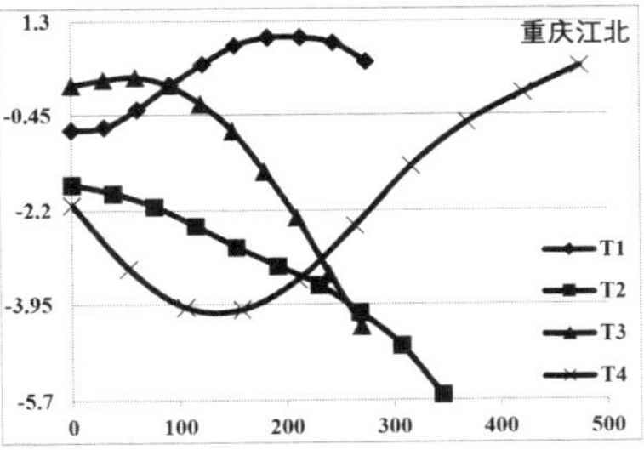

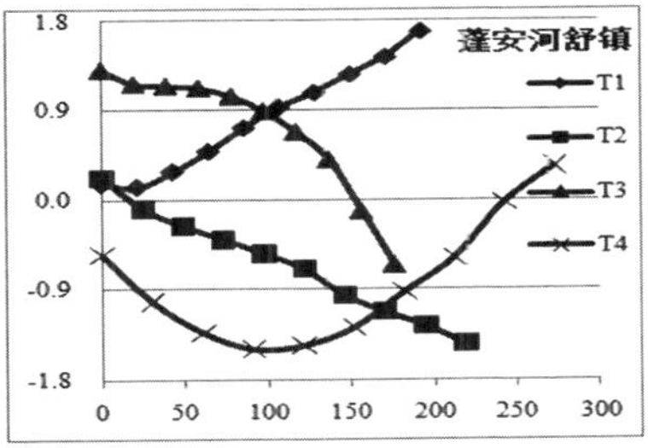

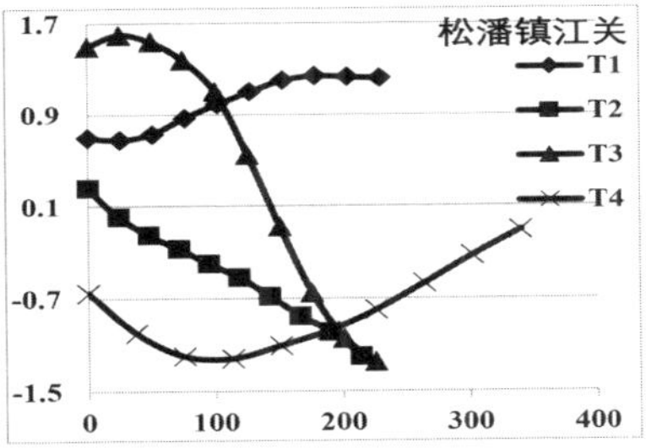

阆中、邻水和武胜三地的情况同宣汉等地基本相同，但有一点点变异，其去声更倾向表现为央凹调，接近纯低。我们的调查中武胜的去声中段基本都有嘎裂现象，其声调也可以记作{404}。武胜的女发音人 GLX 的部分阳平和上声调尾也有嘎裂段。阆中的去声，女性发音人 ZXB 的部分例字（见语图）有嘎裂，存在{404}的变体。阴平皆为平调变体高微升{45}。邻水去声虽无嘎裂，但拱形接近纯低的央凹变体｛323｝调。

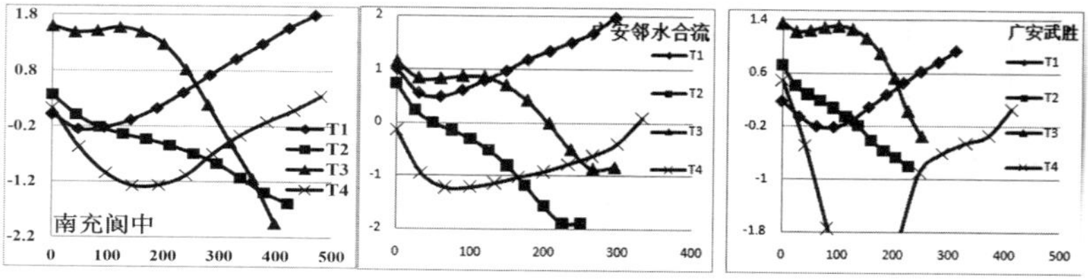

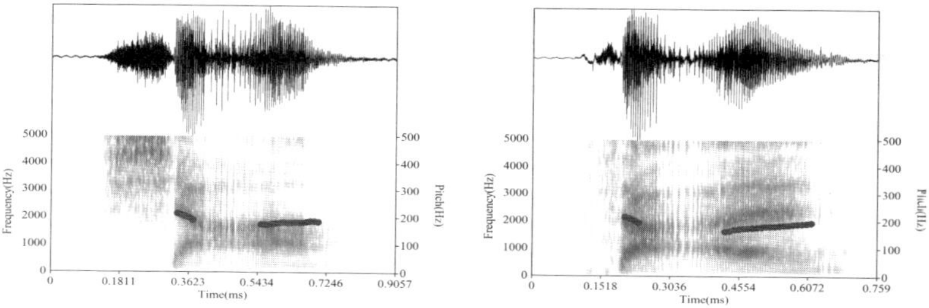

（语图从左至右为阆中的“下［çia^{403}］”“在［tsai^{403}］”）

（二）“降低”模式

“降低”模式可分为降低平凹、降低平升两种，前者有5个点，后者有7个点。

1. “降低平凹”模式

开江长田、雅安雨城YJ的阳平调头下压，低降｛42｝变为最低降（纯低调）｛32｝。在声调类型中，这种跨越1度的降调不是真正的降调，它是纯低调的变体形式。纯低调是不以拱度作为区别特征的调型，也就是说｛32｝从本质上来说是/22/，是个低调，之所以有下降的调头是因为发音本来就是从3度的底伏（default）状态开始的，声调类型中少见纯粹的｛22｝调[15]。二者去声都为凹调。梁平、营山、三台阴平带升调性质，上声和阳平仍是“降低”，上声是个高弯降。这三地的声调模式有从“降低平凹”向“降低升凹”转变的趋势。这两点可以看作是宣汉模式的变体形式。据《地图集》，开江长田属成渝片，雅安雨城区 YJ 属雅棉小片。

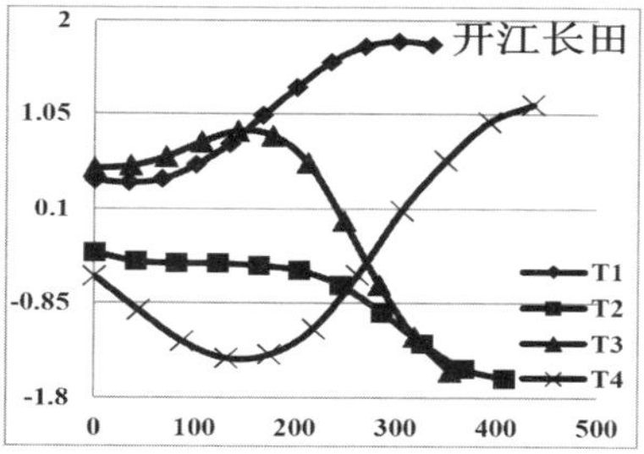

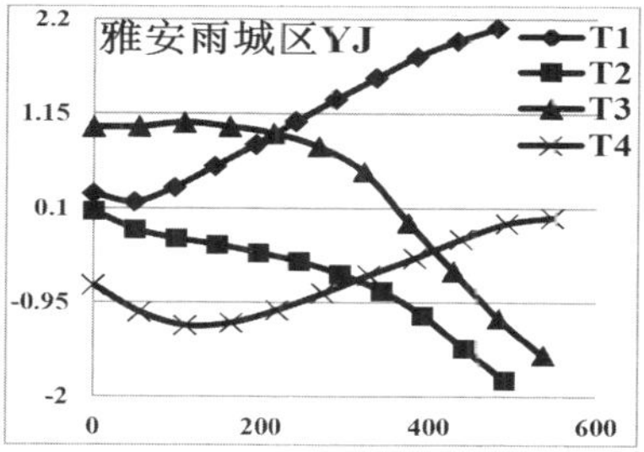

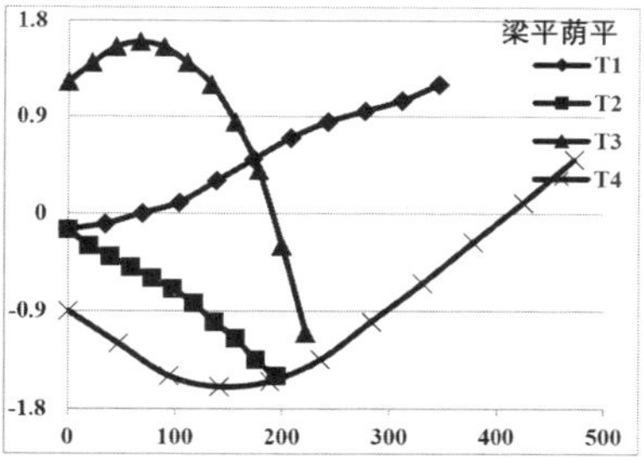

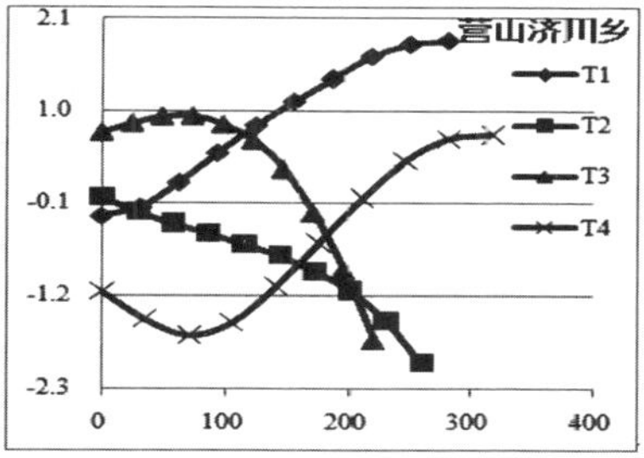

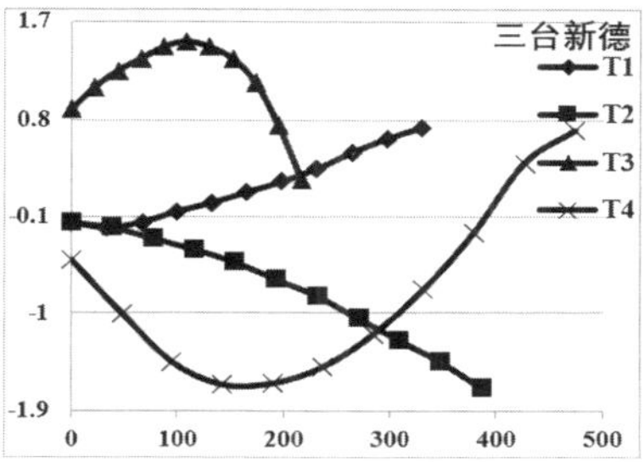

2. “降低平升”模式

重庆渝中区、仪陇、资中、长寿、苍溪永宁等地属于“降低平升”模式。这种模式的平、上、去三声同简阳等地的“降降平升”一样。只是阳平由跨越三度的低降调｛42｝变成了跨越两度最低降的｛32｝。这些点中，南充顺庆、仪陇、苍溪永宁都有跨越三度的倾向，是“降降平升”的一个重要的演变方向。据《地图集》，这些方言点除自贡自流井属的灌赤片仁富小片外，皆属成渝片方言。

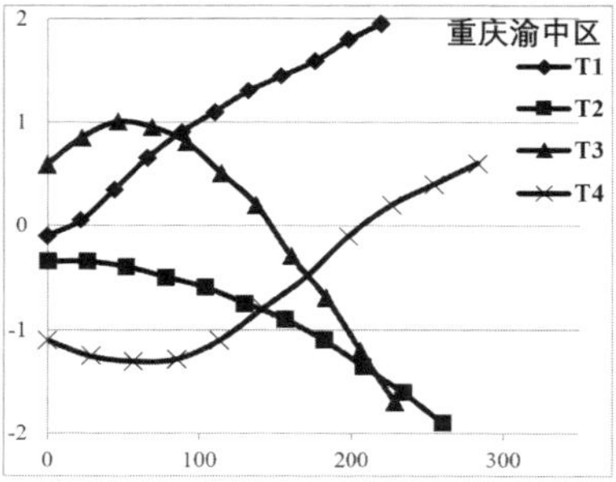

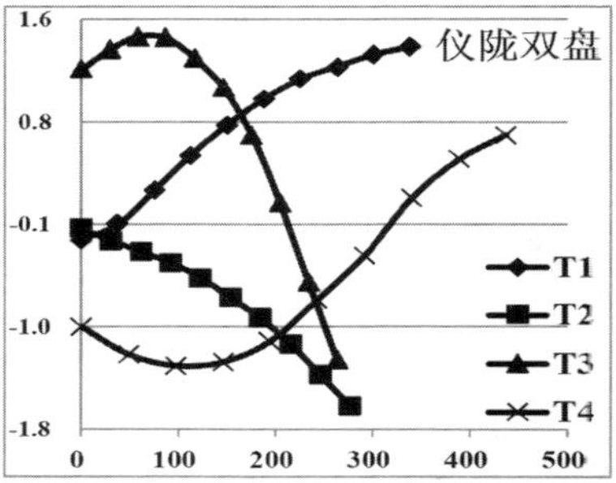

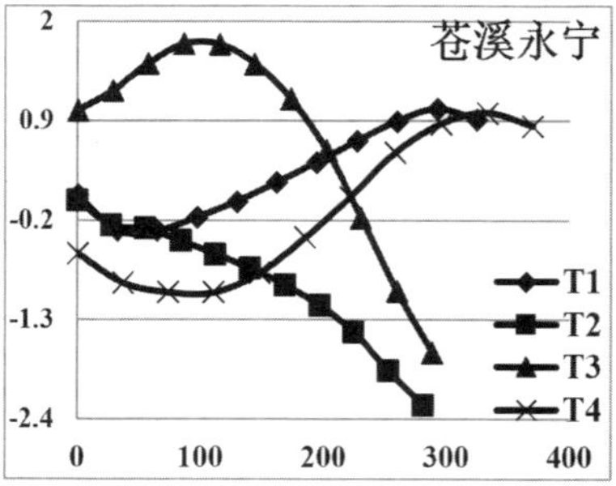

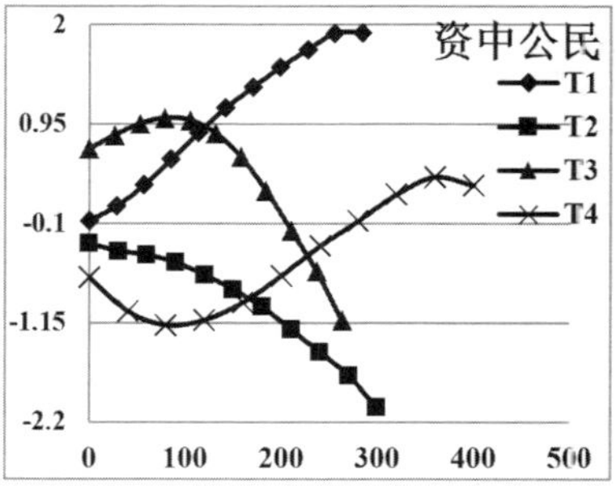

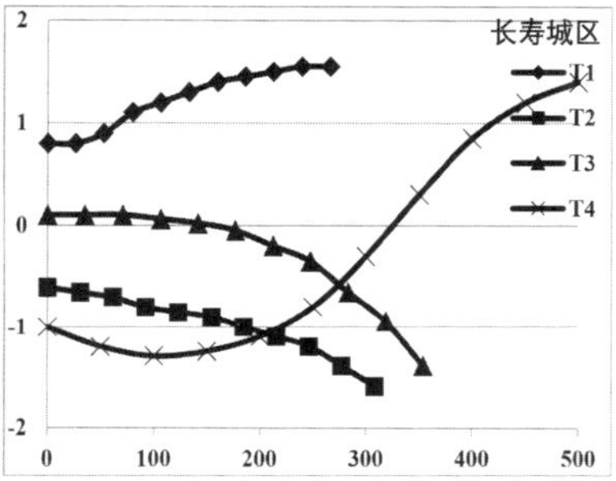

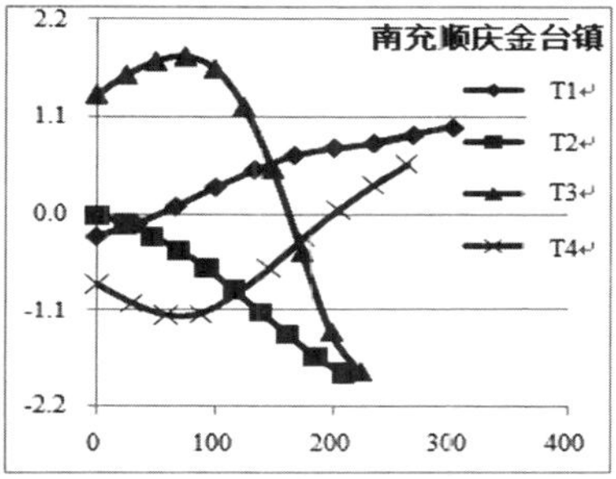

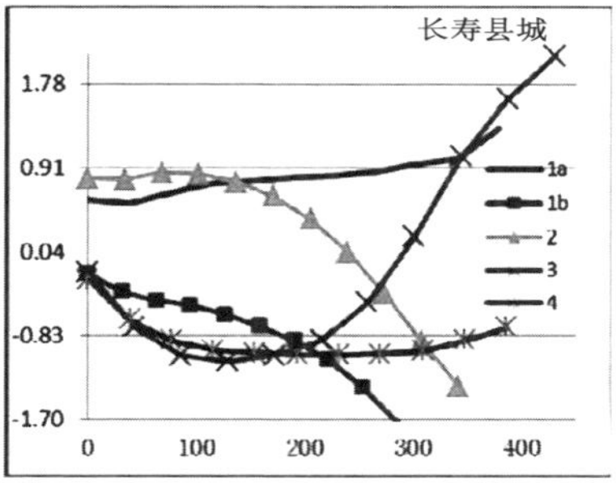

此处的“降低平升”模式同寸熙、朱晓农[1]提出的“高低升降”的重庆型模式是一致的。实际上，在我们的数据中，这类“高低升降”重庆型虽然都存在于靠近重庆的川东地区，但在整个川渝地区占比比较少，不是主要的类型。同时，重庆周围也存在不少其他类型。杨时逢[11]记录的长寿点“入归阳平”，阳平为｛213｝（宽式为｛313｝），是凹调。如果转换为四度制，大约是｛323｝。这表明早期的长寿阳平是低凹调｛323｝。本文长寿城区的语音材料来自周亚欧[21]，阳平全部读作｛32｝，和一般的重庆话阳平低降调无甚差别。这是因为长寿的阳平受重庆话影响，调值从｛323｝改变为｛32｝了。

寸熙、朱晓农[1]认为长寿县城 LYY① 点有入声迹象，证据是其入声基频和阳平基频不同。入声是带凹调特征的｛322｝，阳平为带点弯降色彩的｛32｝调，但入声和阳平没有对立。该文中所谓的入声凹调和当年杨时逢[11]记录的阳平调值几乎完全相同。我们怀疑，实际上这个｛32｝和｛332｝只是阳平的变体形式，而非入声遗迹，而且这种变体的出现和长寿方言长期与重庆话接触有关。只是发音人年纪大（此发音人为 90 岁），还保存了阳平凹调｛322｝的痕迹，未完全变为类似重庆的低降｛32｝调。至于为何入声和阳平刚好有｛322｝和｛32｝的区别，完全可能是样本过少造成的偶然，因为寸、朱文中每个声类的字只调查了15～20 个单字。况且，即便这 20 个左右入声字，读法也不稳定。据文章交代，在第二遍读音时，该发音人将一半都念作｛32｝了，这表明强势方言重庆话的阳平低降调拱，在影响着他。

（三）“降平平升”模式

前两小节所讨论的模式中，阳平皆为降调（部分模式的最低降作纯低调了）。重庆丰都、忠县、渠县、达州等地比较特别，形成“降平平升”模式。这种模式阴、上、去三调同“降降平升”一样。阴平为高平调｛55｝及其变体｛45｝调；上声为中降｛442｝或高降｛552｝；去声为高升｛35/335｝；阳平为平调，一般为低平｛33｝或中平｛44｝。但阳平调拱往往不是平直的，都带点前凹或央凹的色彩。我们的案例中，丰都和忠县为低平，渠县和达州为中平。达州的阳平比较平直，中段微凹。渠县前半段调体

① 寸熙、朱晓农（2013）原文声调图中图例 1a、1b、2、3、4 分别表示阴平、阳平、上声、去声、入声。

在 3、4 度之间，较为平直，调体后段微微上翘，有点升感。忠县的阳平中部开始进入 2 度，有凹感，严式也可作｛$3^2 3$｝。

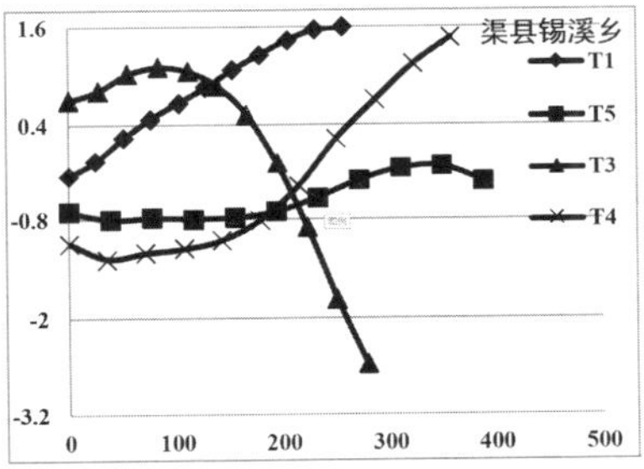

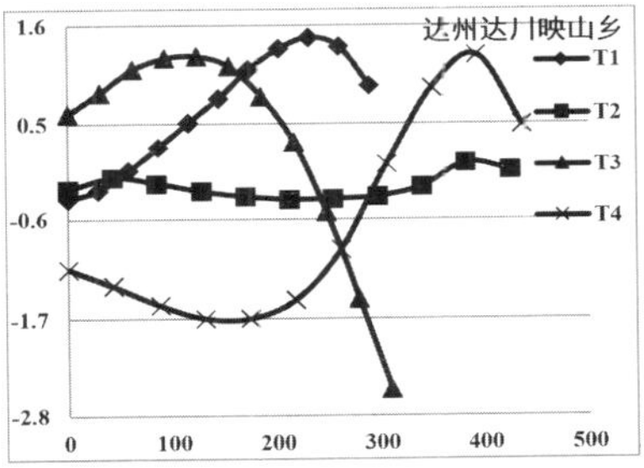

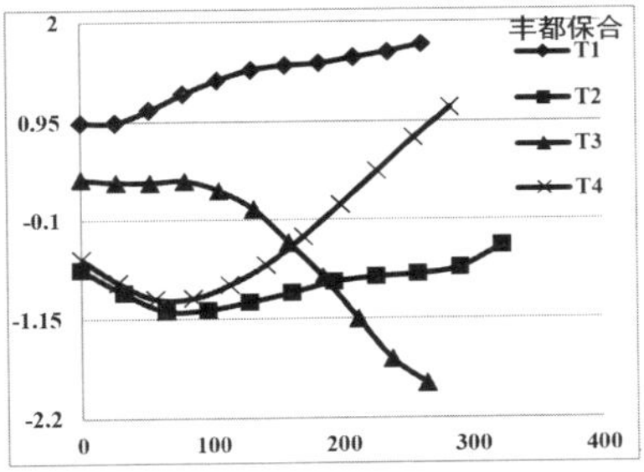

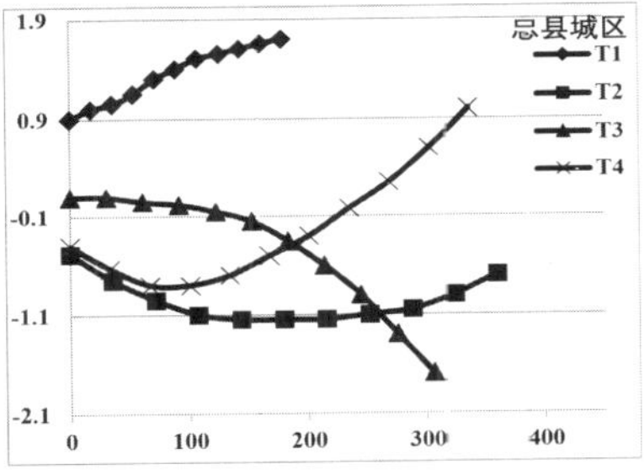

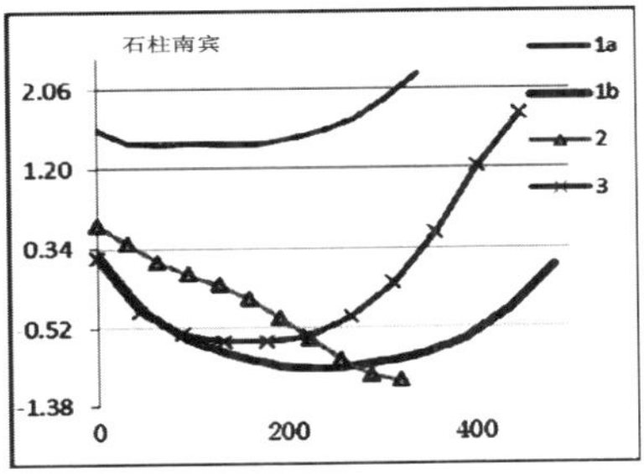

寸熙、朱晓农[1]报道的重庆石柱阳平实现为典型的央凹｛323｝，作纯低调。石柱在地理上紧邻长寿、忠县、三都三县，

其凹调应是从长寿的｛322｝或忠县的｛$3^2 3$｝演变而来。当然，从｛33｝调也可以进一步演变为渠县、达州的中平调｛44｝。所以，如果以长寿为起点，我们可以构拟一个四川盆地东部地区阳平调的历史演变路径：

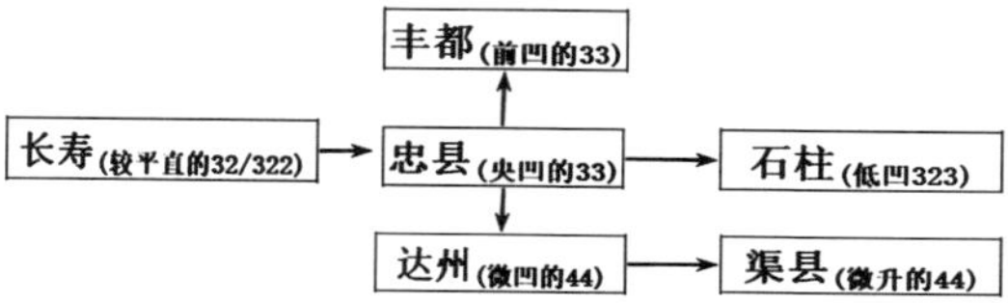

这样，我们可以解释川东一大片地区阳平调调拱特异的原因。寸熙、朱晓农[1]认为石柱发音人中古入声调（实际调查例字为20字左右）一半读低凹，一半读低降（接近上声），是由于原来阳平低降拱形的遗留或受周边入声影响渗透。我们认为，这个低凹调是石柱本来的阳平，而它读低降是由于近年来受上游强势重庆方言“入归阳平（低降）”的影响，是区域方言内部方言接触的结果。这与长寿的情形是完全一样的。

（四）“平低升凹”模式

“平低升凹”模式比“降平平升”模式还不常见，目前只发现两个点，分别为广安和岳池。整个川渝地区，上声多数实现为高降。广安、岳池的特点在于上声系统读作高平｛55｝及其变体｛45｝。该模式中阴平为高升｛35｝，阳平为纯低｛32｝，去声为凹调｛324｝，不过岳池的凹调特征不似广安明显①。

① 根据朱晓农《语言学》一书（278页），凹点在20%处一般看作是升调，在40%处视为凹调。岳池花园去声调头在1、2度分界上，最低点在30%处，我们暂作凹调处理。

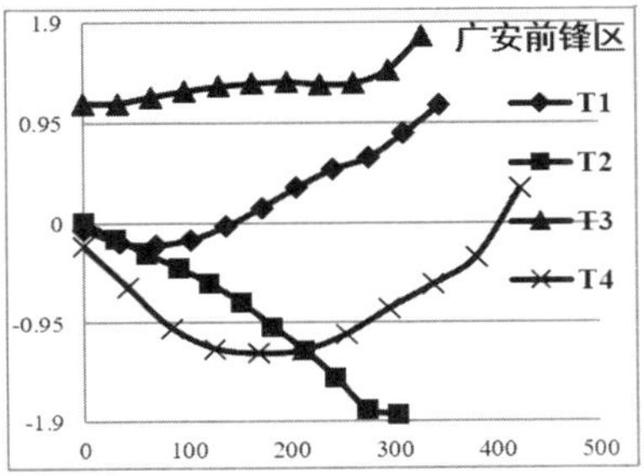

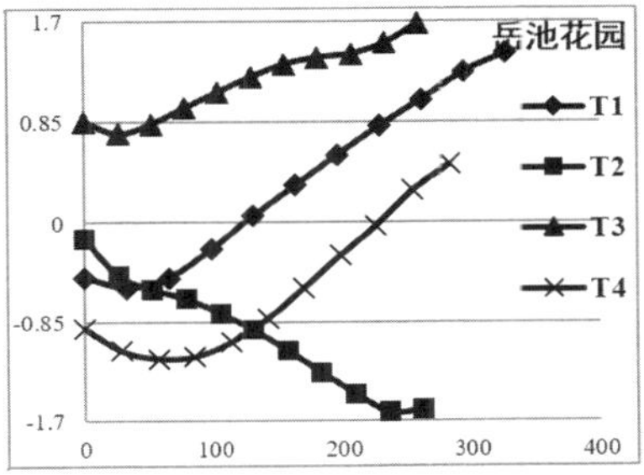

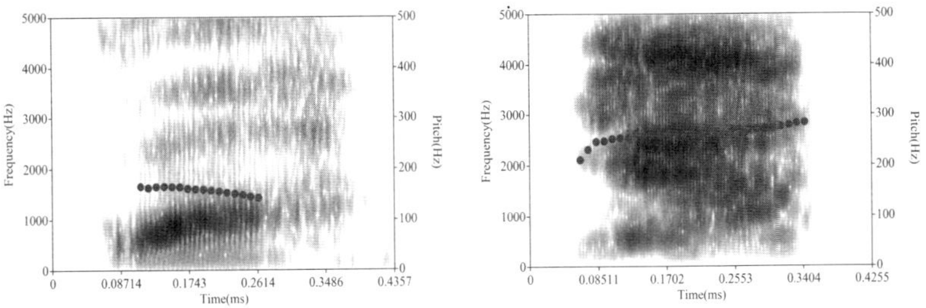

（语图左为资中龙江“寡［kua^{55}］”，右为蓬溪大石“拣［tɕiɛn^{55}］”）

上声读高平的现象虽然少见，但仔细考察整个川渝地区的上声表现后可以发现，这类现象可以用四川方言的内部演变来解释。上声在四川方言一般表现为高降｛52｝或中降｛42｝，但很多地方上声尾在抬升，形成高微降｛53/54｝变体，特别是在川东地区。如前文讨论，青神天池、仁寿汪洋、资中龙江、蓬溪大石（见“拣”字语图），上声调尾都有不同程度的抬升。川东的蓬溪大石甚至形成了高微降｛554｝或｛55｝变体。同在川东的广安地区更进了一步，形成高平｛55｝或微升的｛45｝调。在广安地区，原来仅作为高降或高微降变体形式存在的高平扩散到整个系统当中，成为系统性特征。参照川渝地区其他地方上声的共时表现，川东高平上声演变路径可构拟为：

青神(高弯降552) → 资中(高弯降553) → 蓬溪(高微降554) → 广安(高平55) → 岳池(微升高平45)

三、五声系统

在我们所有的材料中，五声系统 31 个，占比 34%（31/90）。相较于四声系统的四大类模式，五声系统只有“双降”和“降低”两种模式，不过五声模式中的“双降”和“降低”加入了入声。五声模式中的声调拱度组合模式详见下表。

表 3　五声系统声调模式表

拱度模式	例点	数量	降	降	平	平	升	低	凹	阴	阳	上	去	入
降降平升平	犍为	13	上	阳	阴	入	去			平	降	降	升	平
	夹江	1	上	阳	入	阴	去			平	降	降	升	平
降降平凹平	射洪	9	上	阳	阴	入			去	平	降	降	凹	平
降低平凹平	南江	3	上		阴	入		阳	去	平	低	降	凹	平
降低平升平	西充	3	上		阴	入	去	阳		平	低	降	升	平
	仁寿	2	上		阴	去	入	阳		平	低	降	平	升

（一）“双降”模式

五声中的双降模式共有 23 个点，占比 74%，内部又分“降降平升平”和“降降平凹平”两者，以前者为主。下面分别讨论。

1. “降降平升平”模式

“降降平升平”模式是五声调格局的主要模式，50% 的方言点都实现为这种模式，包括犍为、蓬溪、乐山、南部、新都、井研、巴中、苍溪、夹江、大邑、茂县、长宁等县市。这类模式一般有两个降调，对应上声和阳平，分别为高降｛552｝和中降｛442｝。阴平是平调，可以为高平，有高平｛55｝（如乐山土主）和高微升｛45｝（如犍为、文井）两个变体；也可以为中平｛44｝（如苍溪）。去声是升调，一般为微升｛34｝（如犍为、文井、乐山），部分调头处有下倾；但也有作高升｛35｝（如南部）和低升｛24｝（如巴中巴州）的例子。入声统一为平调，但有｛45｝调变体。犍为的入声平调｛44｝是比较平直；乐山土主和南部升钟调尾有点抬升，有往升调发展的趋势；新都的入声整体虽在4度内，但调尾下倾；井研和巴州前进一步，调尾已经下倾到3度了，不过由于中平调有｛43｝的变体，这种微微下倾的调可以视作中平变体；苍溪唤马KJD入声完全舒化，在系统中调长是最长的，且由于阴平占据了中平，入声被压迫为低平｛33｝，但调尾仍有抬升，进入4度，有点往微升调发展的趋势。苍溪另一个方言点云峰的声调系统有些特别，阴、阳、上、去同唤马KJD无异（只是阳平调头下倾了点），入声保留了调长较长的性质，调体前70%保持了唤马KJD的平调，调尾的30%急速下降，记作｛332｝，看作是低平/33/的变体。长宁的入声有些特别，我们调查了三个镇，其阴、阳、上、去四声同其他地方是一样的，入声有些差异；长宁旭红的入声整体还是在4度，看作高平变体。不过调体较新民发生了松动，调体斜率增大，调头和调尾都有进入邻度的情况；相岭镇入声变得完全和阴平同度了，只不过还保留了入声调体为直线的特征；长宁镇更甚，连直线特征都消失了，变成和阴平一样的带点弯调色彩的高调，调尾完全重合，只是调头仍比阴平低那么一点点，不过也都在一度以内。这展示了入声向阴平合并的过程，而入声归阴平的现象是西南官话雅棉小片的特色。

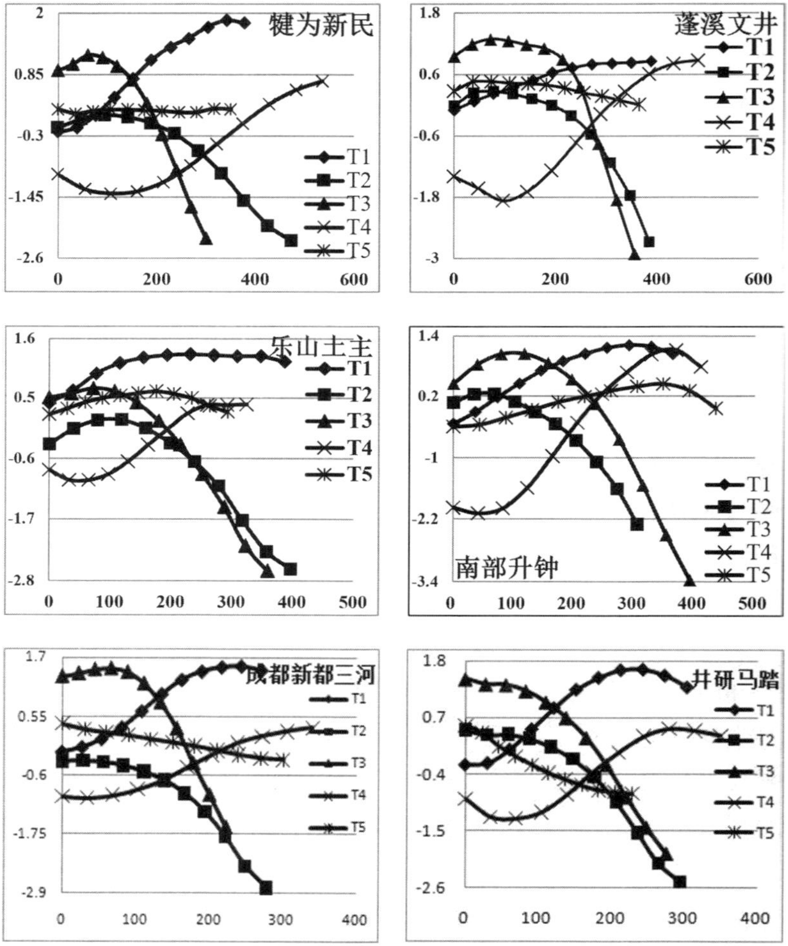

犍为新民
2
0.85
-0.3
-1.45
-2.6
0
200
400
600
T1
T2
T3
T4
T5
蓬溪文井
1.8
0.6
-0.6
-1.8
-3
0
200
400
600
T1
T2
T3
T4
T5
乐山土主
1.6
0.5
-0.6
-1.7
-2.8
0
100
200
300
400
500
T1
T2
T3
T4
T5
南部升钟
1.4
0.2
-1
-2.2
-3.4
0
100
200
300
400
500
T1
T2
T3
T4
T5
成都新都三河
1.7
0.55
-0.6
-1.75
-2.9
0
100
200
300
400
T1
T2
T3
T4
T5
井研马踏
1.8
0.7
-0.4
-1.5
-2.6
0
100
200
300
400
T1
T2
T3
T4
T5

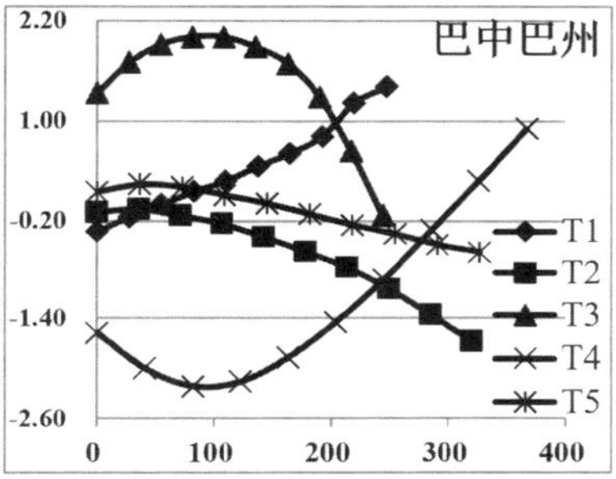
巴中巴州
2.20
1.00
-0.20
-1.40
-2.60
0
100
200
300
400
T1
T2
T3
T4
T5

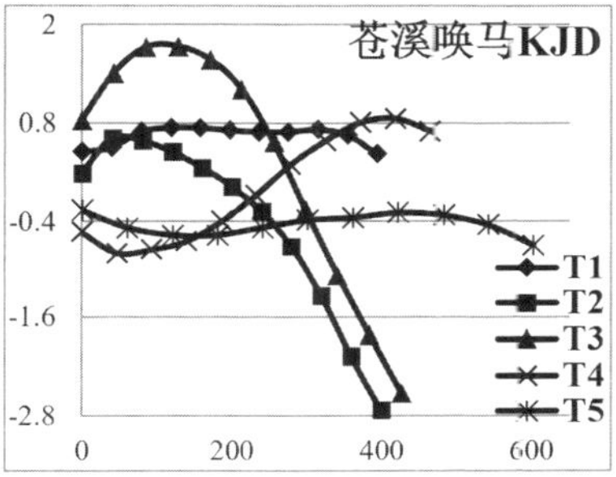
苍溪唤马KJD
2
0.8
-0.4
-1.6
-2.8
0
200
400
600
T1
T2
T3
T4
T5

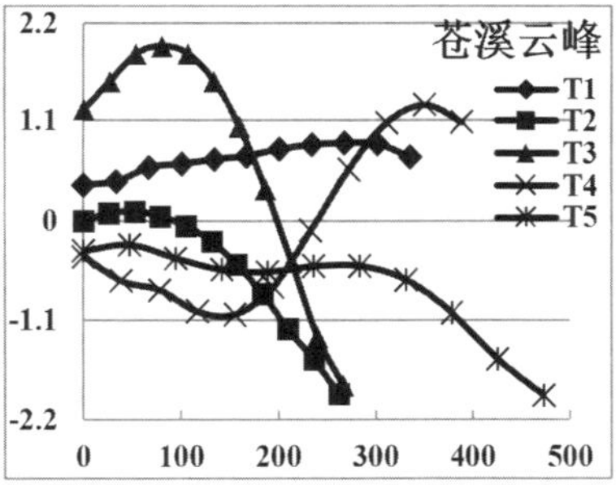
苍溪云峰
2.2
1.1
0
-1.1
-2.2
0
100
200
300
400
500
T1
T2
T3
T4
T5

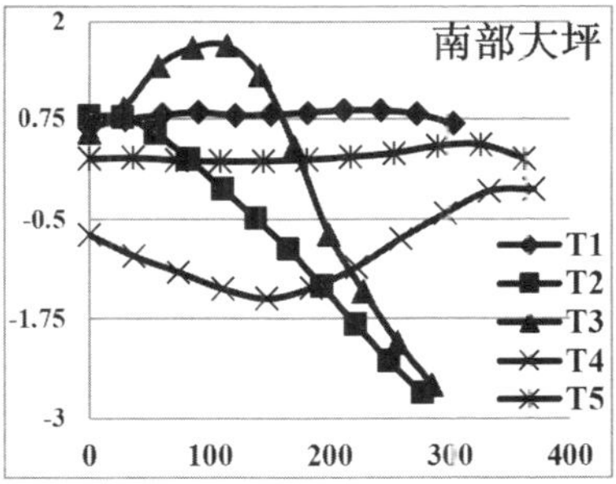
南部大坪
2
0.75
-0.5
-1.75
-3
0
100
200
300
400
T1
T2
T3
T4
T5

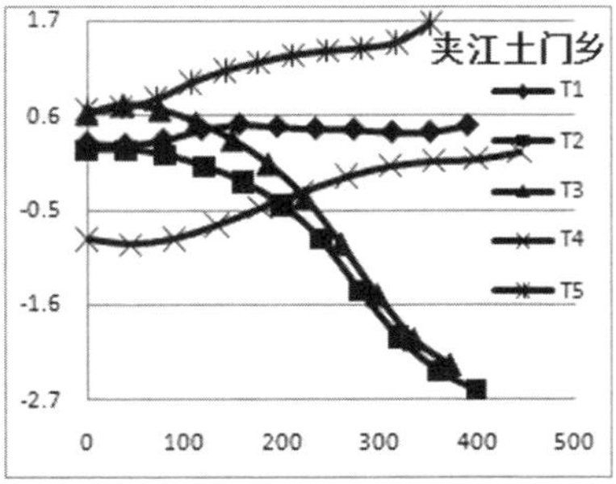
夹江土门乡
1.7
0.6
-0.5
-1.6
-2.7
0
100
200
300
400
500
T1
T2
T3
T4
T5

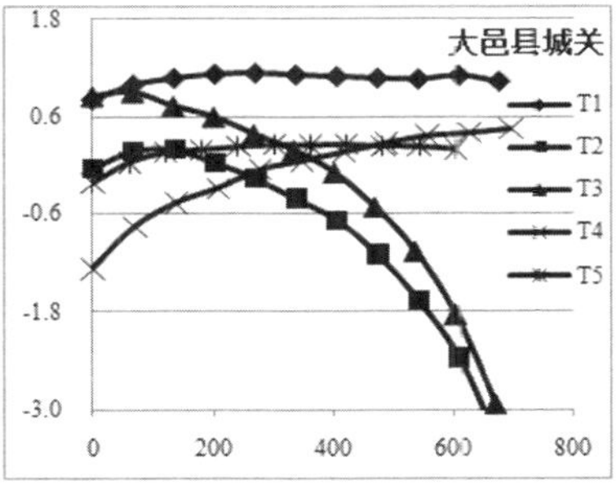
大邑县城关
1.8
0.6
-0.6
-1.8
-3.0
0
200
400
600
800
T1
T2
T3
T4
T5

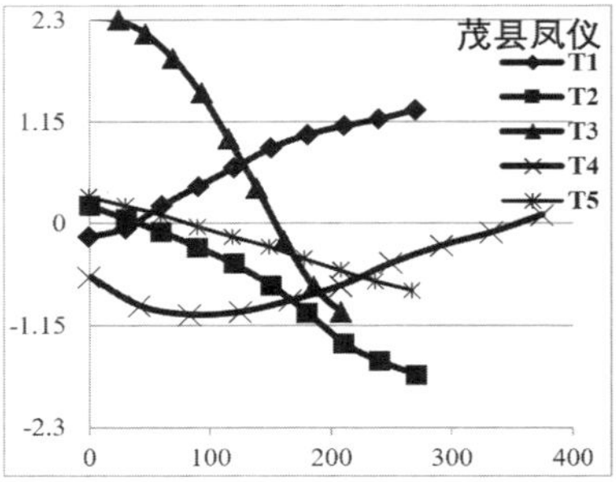

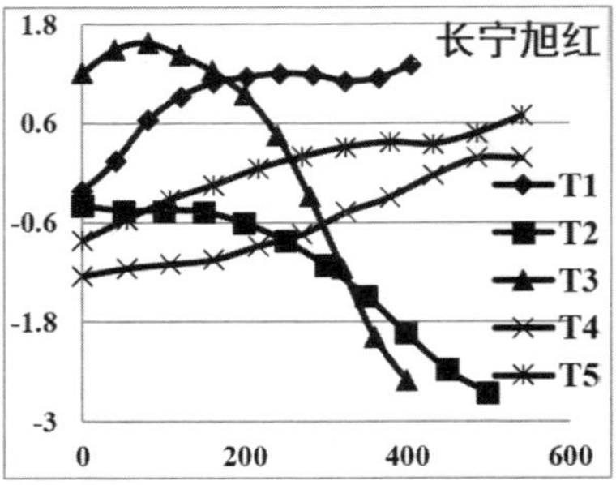

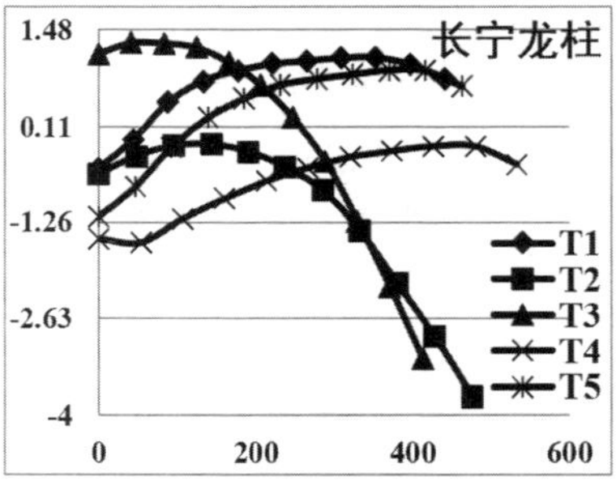

需要注意的是，犍为、文井、乐山、井研的入声在声调系统中调长明显较短，这些地方的入声还保留了短调痕迹，说明相比其他点，这些点（特别是井研马踏）的入声喉塞尾消失可能是比较晚近的事情。这里的点除了犍为、乐山、夹江、长宁、大邑和井研马踏属于岷江小片方言，其余的都是散落在成渝片内的入声模式方言点。

犍为对应只是“降降平升平”模式其中一种，“降降平升平”另有夹江对应。无论在四声或五声的其他情况中，阴平的度总是高于其他所有声调，而夹江刚好相反，入声为｛55｝，阴平为｛44｝。

2. “降降平凹平”模式

达县、射洪、江津、三台等地为“降降平凹平”模式，以达县为代表。这种模式的阴、上、去、入四声同通江模式是一致的。达县和射洪的阴平都是{45}；去声皆为前凹调{324/325}，射洪的去声调尾要高些；入声皆为中平调{44}。上声多为弯降，达县的上声为高弯降{552}；射洪上声为一个拱调，调尾很高，听起来有降感，为高微降{554}，但部分变体调头和调尾基频相同（如“饼”）。江津上声则表现为高直降。另外，虽然射洪的去声均线图反映出来为前凹，但男性发音人有不少例字出现{224}和{323}变体，后者是央凹调（见语图）。

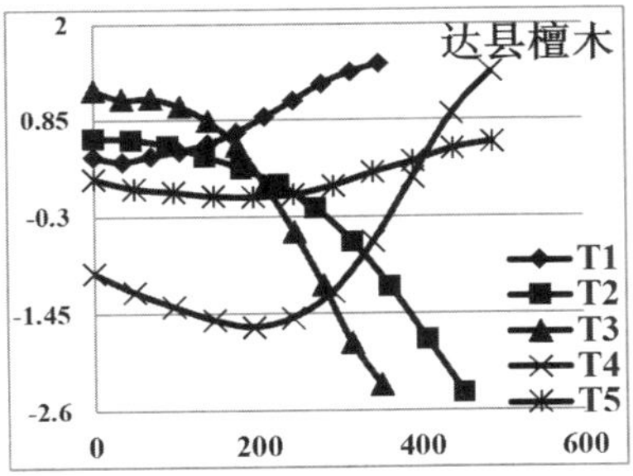

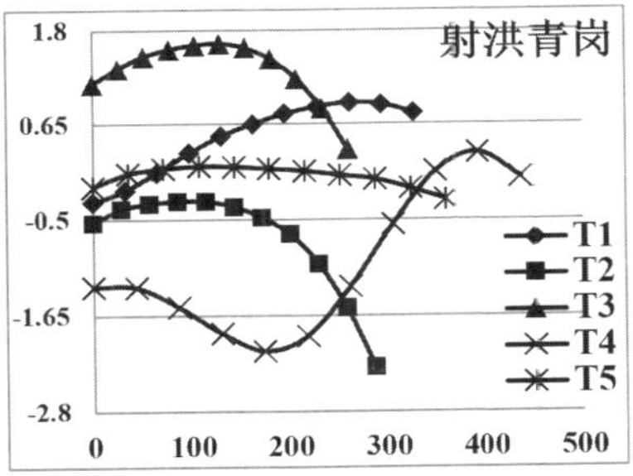

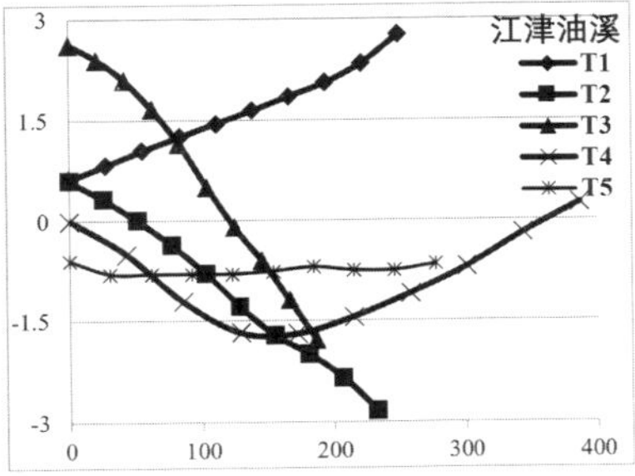

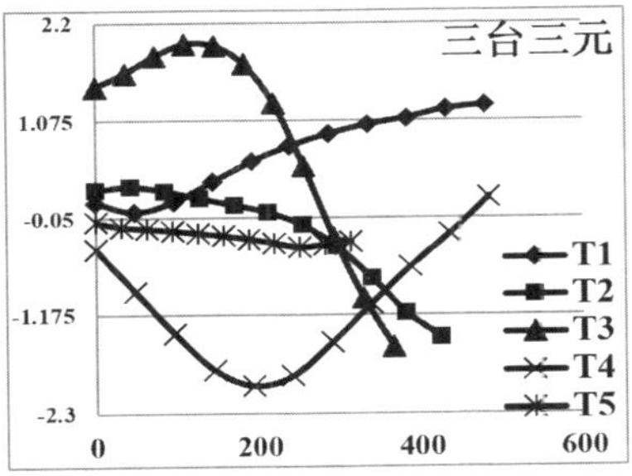

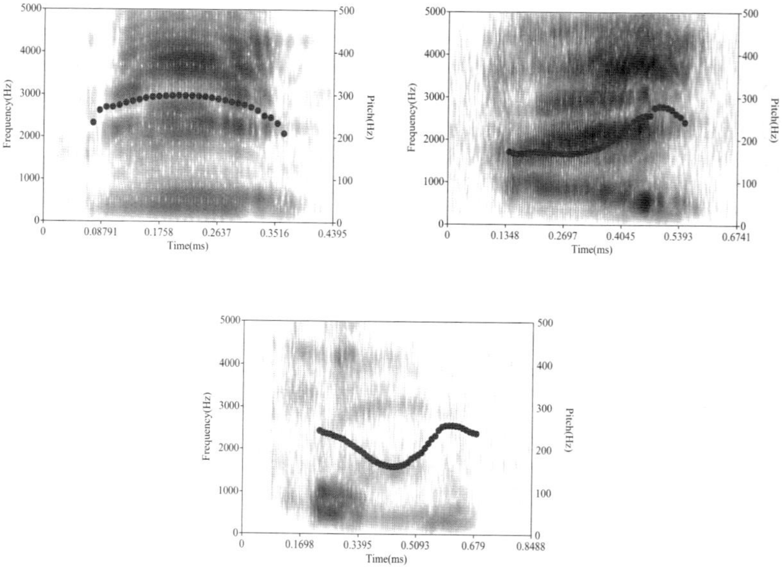

（语图从左至右：射洪“饼［pin^{554}］”“配［phei^{224}］”“碰［poŋ^{323}］”）

达县模式是五声模式中占主流地位的犍为模式的进一步演化，原来的升调演变为前凹调，且凹点有进一步向往后移动的倾向。相较于达县和射洪，江津和三台的去声调头抬升，调尾下降，且凹点后移，有向“降降平低平”模式演变的倾向。

成都温江、宜宾市区、合江等地也属于“降降平凹平”模式，但此“凹”为央凹。各地的阴平基本都是平调拱的微升变体｛45｝；阳平是中直降｛42｝；上声是高弯降｛552｝；入声为平调，温江、双流的入声为平调微直降变体｛43｝，宜宾的入声下降到3度内，为低平｛33｝，且有个微降的调头；去声主要为凹调，温江、宜宾是｛323｝，合江调头更低。双流和泸县有些变化，其去声也有明显凹感，调尾有明显抬升，但总体在 2 度，更倾向于实现为纯低调的变体｛322｝。

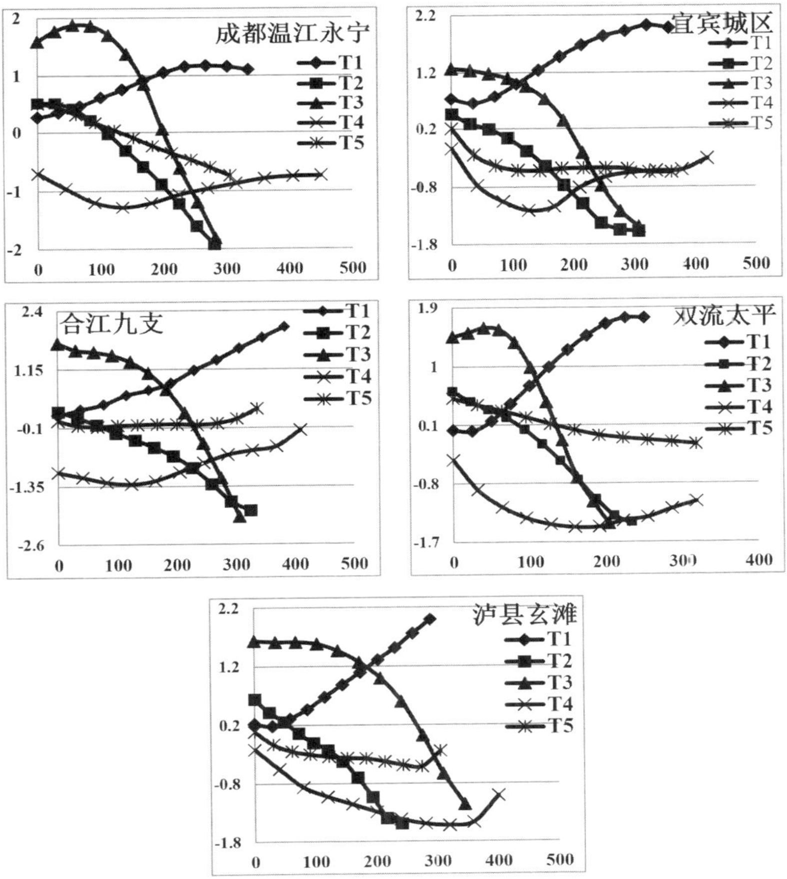

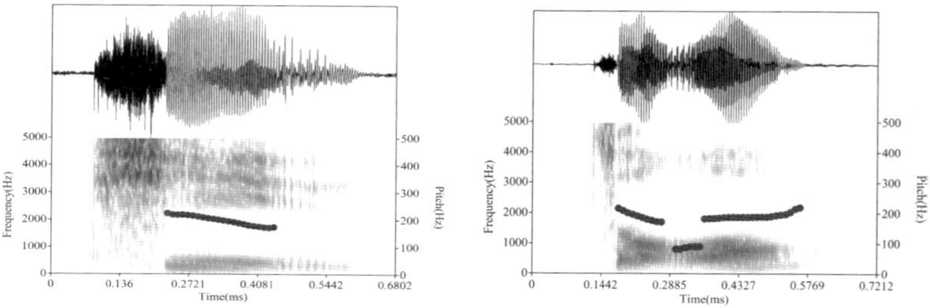

（语图从左至右：宜宾“提［thi⁴⁰］”“坐［tso³⁰³］”）

宜宾和三台的部分例字有僵声类特征，宜宾翠屏区的女发音人 WQ 的部分阳平调尾约有 20% ~30% 的僵声嘎裂段，阳平有{40}变体（见“提”字二维频谱图）；同时该女性发音人的去声部分字中段（约 30% ~40% 处）有喉堵段，段内声调被截断（见“坐”二维频谱图）。三元女发音人 YJ 的上声调尾和去声调头有嘎裂（分别约占总数 20% 和 40%）。不论是宜宾还是三台三元，易出现僵声类的元音一般都为后元音或低元音。总的来说，发声态起的是辅助作用。上述方言点中，除达县、三台在《中国语言地图集》（第一版）位于成渝片内，其余皆在岷江小片内。

综合犍为、达县、三台、宜宾、双流的案例，可以看出川渝地区方言五声调方言内部有从“降降平升平”到“降降平凹平”类型演变的倾向，泸县的去声变成纯低调，整个声调模式变成“高低降降平”模式，如果入声消失，那么就变成“高低降降”的成都模式。

（二）“降低”模式

1. “降低平凹平”模式

通江、南江、南充嘉陵等地为“降低平凹平”模式。通江的阴平为{45}，阳平为纯低调{32}，上声为高弯降{53}，去声是个前凹调{325}（最低点在约30%处），入声完全舒化是个平调{33}。南江的阴平更平直些，记作{44}，阳平和去声同通江，不过南江的去声调尾低些，不到5度。两点的入声虽说都为平调，但通江调尾上翘，部分已经进入了4度，有往微升调发展的倾向，可记作{33^{4}}；而南江调头则下倾，往阳平方向靠拢，作{$^{4}33$}，入声的记音是比较模棱两可的，此处看作是平调变体。通江与达县模式的差别在于阳平是否作为纯低调，如果达县模式中阳平的调头下降，就会发展成为通江对应的"降低平凹平"模式。

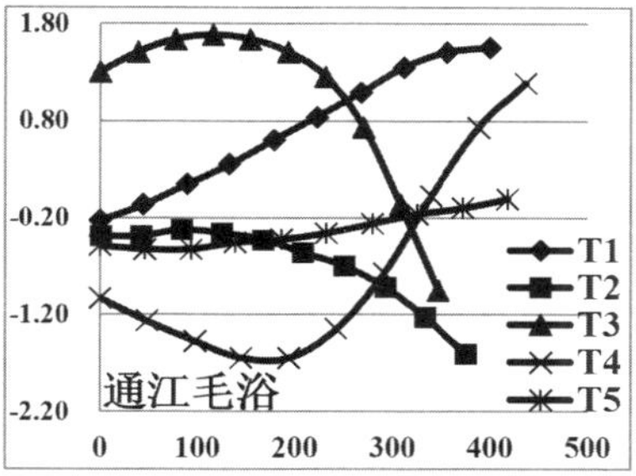

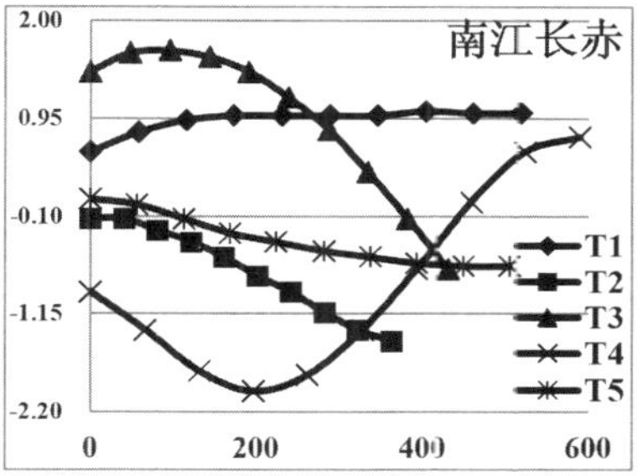

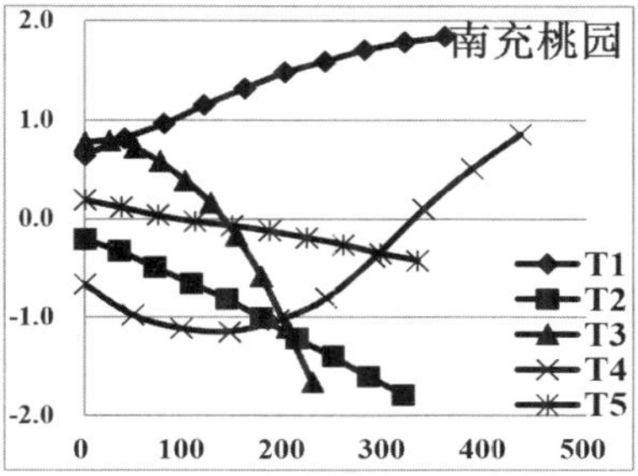

2. “降低平升平” 模式

仁寿、眉山、西充等地属“降低平升平”模式。其上声是有个高弯降｛552｝，阳平为纯低调｛32｝。阴平和去声为平调，阴平为高微升｛45｝和高平｛55｝，去声为低平｛33｝，仁寿龙正的去声调尾抬升，有升感，而眉山的去声则后部略平，听感上有凹感，同入声接近。两地入声皆为微升调｛34｝，不过仁寿调头没有下降，而眉山调头下倾产生明显凹感。两地的入声和去声在听感上都很接近，并且调长接近，但仁寿的去入前无细微的“凹”的部分，而眉山皆有。我们调查的眉山 40 个去声例字中约有 15 个字已经完全读到入声里面去了，但入声基本不会跑到去声去。仁寿龙正也有去入相混的情况。要注意的是，这个模式有两种对应：仁寿的“升平”分别对应入声、去声调类，而西充的“升平”分别对应去声、入声调类。我们猜测，早前仁寿、眉山的声调模式应该同西充青狮相同，后来入声慢慢演变为升调（四川很多入声都有微升变体），将原本的去声往下挤压。正如前文泸县玄滩带凹感的入声占据了｛33｝调，将原本也带凹感的去声推向｛322｝调一样（去声为｛322｝调在四川极少发现）。

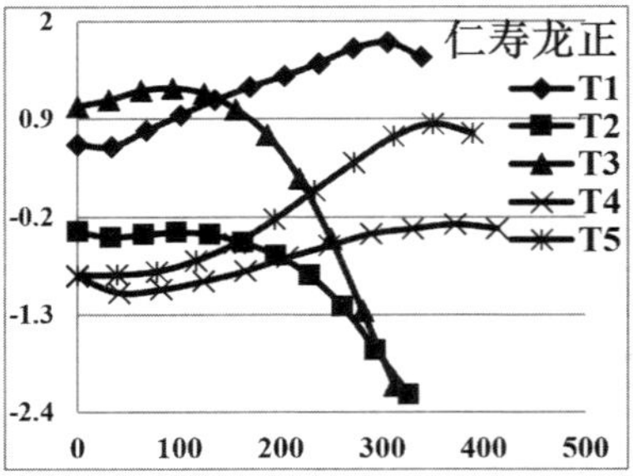

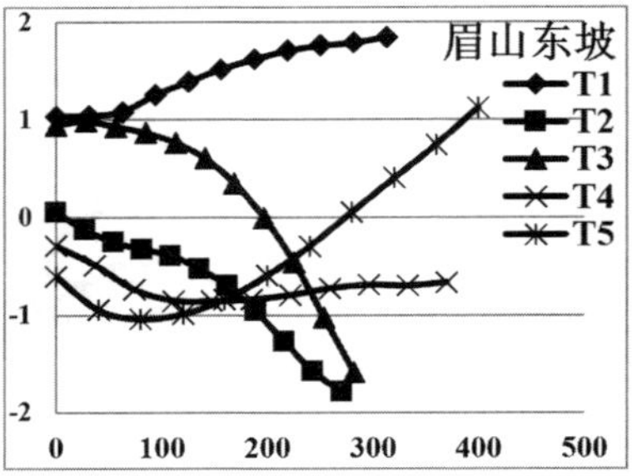

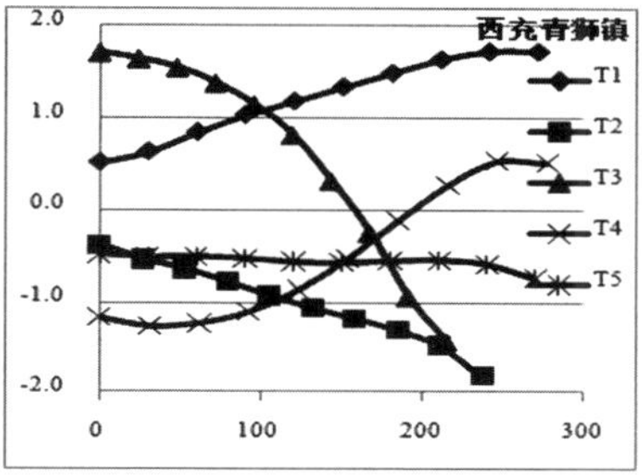

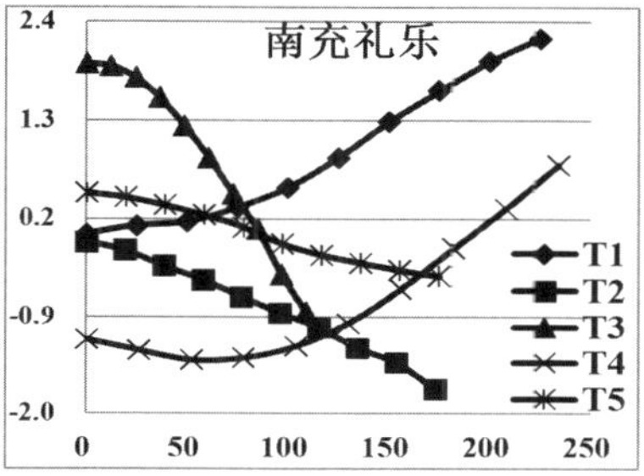

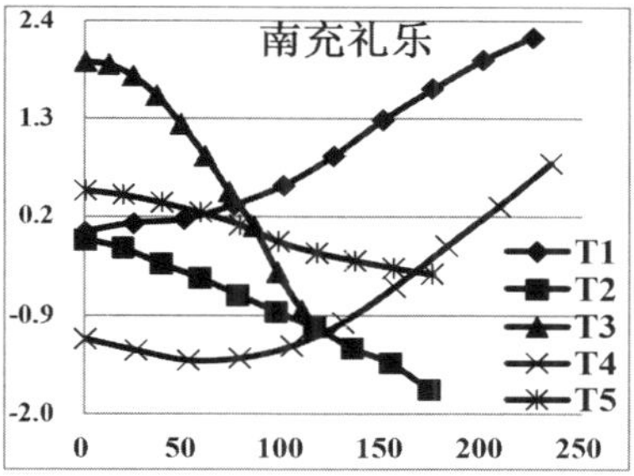

南充礼乐乡的有点变化，其阴平调头下压，可记作｛35｝，开始向“降低升升平”模式靠近，是向西充的进一步变化。

四、讨论

本文在考察川渝地区 90 个方言点声调系统的基础上，全面总结了川渝地区西南官话的声调类型。四声和五声系统皆以“双降”模式为主。寸熙、朱晓农[1]通过 16 个成渝官话方言点，总结得出成渝官话两类声调格局：成都格局和重庆格局。前者为“高低降降”模式，以凹拱作为纯低调；后者为“高低升降”，以阳平作为纯低调。但就四声系统而言，当我们将样本扩大时，得出的结论和寸熙、朱晓农有差异。我们发现：

（1）所谓“成都格局”（“高低降降”模式）和“重庆格局”（“高低升降”模式）只是本文众多类型中的两种而已。

（2）成都格局和重庆格局分别和本文的“降降升凹”“降低平升”模式基本吻合。但在我们的样本中，这两者却不占绝对优势。

（3）四声系统中主要是“降降平升”模式，而非“高低降降”或“高低升降”模式。

可见，类型研究的结论随着样本的增加会出现很大的差异，在类似的研究中，我们应该尽量扩大样本量，以得到更为客观、全面的观察。

为了反映川渝地区调拱与调类的关系，我们将上述章节涉及的各方言点声调系统的调类和调拱归纳总结如下表。

表 4　川渝地区调类与调拱关系表

		降	平	低	升	凹	总数
四声	阴	*	45	*	14	*	59
	阳	41	4	14	*	*	59
	上	57	2	*	*	*	59
	去	*	4	*	35	20	59
四声总计		98	55	14	49	20	236
五声	阴	*	31	*	*	*	31
	阳	23	*	8	*	*	31
	上	31	*	*	*	*	31
	去	*	*	*	19	12	31
	入	*	29	*	2	*	31
五声总计		54	60	8	21	12	155
总数		152	115	22	70	32	391

从调类来看，四声系统中阴平只有平升两种拱型，平拱占绝对优势，有 45 个点，升拱只有 14 个点，平拱多表现为高微升变

体，升拱全部为高升。阳平以降拱为主，有41个点，纯低调和平拱较少，分别为14个和4个点，阳平多为中弯降，少部分为低直降。上声有57个点为降拱，只有2个点为平拱，降拱占绝对优势。上声绝大部分为高弯降，部分降尾不彻底，形成高微降，并向平调演化。去声以升拱为主，有35个点，部分为平、凹拱形，方言点分别为4个、20个，升拱中绝大部分为微升拱形。五声系统中的阴平全为高平调，并且多实现为高微升变体，有31个点。阳平以降调为主，有23个点，低调较少只有8个点。上声31个点全部为降调。去声只有升、凹两种形式，但以升调为主，有19个点。入声绝大部分为平调，部分表现为微降变体｛43｝。五声系统多了入声平调，类型模式不但没有增加，反而有所减少。这可能是由于平调入声，制约了其他声调的变异类型。

从拱型来看，四声系统中降拱主要出现在上声和阳平两个调，上声为降的点要多些。平调四声皆有出现，不过阴平占绝对优势，为45个点。纯低主要是阳平。升调大部分出现在去声，少量出现在阴平。凹调（前凹）只出现在去声，只有20个点。四声系统共236个声调，拱形的数量关系为：降98（42%）＞平55（23%）＞升49（21%）＞凹20（8%）＞低14（6%）。可见，降调在川渝地区四调官话中占主要地位。五声调系的调拱在调类上的分布格局同四声调系是基本相同的，降拱只出现在阳平和上声。平拱只出现在阴平和入声。纯低主要在阳平。升拱只出现在去声和入声，不再出现在阴平。凹调也只出现在去声。五声系统有155个声调，拱形的数量关系为：平60（57%）＞降54（51%）＞升21（20%）＞凹12（11%）＞低8（8%）。可见，五声系统中由于加入了入声，平调占据了主要地位，这是五声系统和四声系统在调拱分布上的差异。此外，就调长而言，川渝地区降调（上声和阳平）较短，平调次之，升调（一般为去声）一般最长。

周及徐[17][19]将川渝地区方言分为南路话（同本文五声系统一致）和湖广话（同本文四声系统一致），认为南路话是宋元方言的遗留，而湖广话是明清以来的移民方言，二者音系内部结构不相包容。周及徐还认为“南路话几乎不受外来移民的影响”。我们的研究表明，在拱形和调类关系上，如果不考虑入声，四声系统与五声系统存在一致性。前文我们谈到，四声系统有 9 种声调模式，而五声系统只有 4 种声调模式。如果我们不考虑五声系统中的入声调（基本都为平调），五声区的其他四个调有“降降平升□”“降降平凹□”“降低平凹□”“降低平升□”这几类模式。而这些模式是完全包含在四声系统的各类模式中的。四声系统最常见的是“降降平升”（17 个点）和“降降平凹”（8 个点），而五声系统最常见的也是“降降平升□”（14 个点）和“降降平凹□”（9 个点）。五声系统中入声的消失，为其他四个声调带来了更多的游移空间。这使得阴平、阳平、上声、去声四调在四声区类型更为多样。就声调系统而言，五声区和四声区在类型上应该是有继承发展关系的。在研究中，即使南路话和湖广话在某些音系特征上有差异，也不应忽略声调系统上这种演变上的继承性。

参考文献：

[1] 寸熙，朱晓农．成渝官话的声调类型［J］．语言研究，2013（4）．

[2] 段京雨. 四川松潘县和九寨沟县汉语方言音系调查研究 [D]. 成都：四川师范大学硕士论文，2017.

[3] 何婉. 成都方言语音历史层次研究 [D]. 成都：四川师范大学博士论文，2016.

[4] 李蓝. 西南官话的分区 [J]. 方言，2009 (1).

[5] 罗燕. 四川达州地区方言调查研究 [D]. 成都：四川师范大学硕士论文，2015.

[6] 李敏. 四川南充地区方言音系调查研究 [D]. 成都：四川师范大学硕士论文，2017.

[7] 瞿静. 阿坝小金县方言音系调查研究 [D]. 成都：四川师范大学硕士论文，2017.

[8] 四川方言调查小组. 四川音系 [J]. 四川大学学报，1960 (8).

[9] 万霞. 重庆永川等六区县方言调查研究 [D]. 成都：四川师范大学硕士论文，2018.

[10] 吴朝玉. 四川茂县汉语方言语音调查研究 [D]. 成都：四川师范大学硕士论文，2018.

[11] 杨时逢. 四川方言调查报告 [M]. 台北："中央研究院"历史语言研究所，1984.

[12] 杨波. 四川巴中地区方言音系调查研究 [D]. 成都：四川师范大学硕士论文，2016.

[13] 中国社会科学院和澳大利亚人文科学院. 中国语言地图集 [M]，香港：朗文出版社，1987.

[14] 朱晓农. 语音学 [M]. 北京：商务印书馆，2010.

[15] 朱晓农. 降调的种类 [J]. 语言研究，2012 (2).

[16] 朱晓农. 声调类型学大要——对调型的研究 [J]. 方言，2014 (3).

[17] 周及徐. 南路话和湖广话的语音特点——兼论四川两大方言的历史关系 [J]. 语言研究，2012 (3).

［18］周及徐．从语音特征看四川重庆“湖广话”的来源——成渝方言与湖北官话代表点音系特点比较［J］．四川师范大学学报，2012（3）．

［19］周及徐．从移民史和方言分布看四川方言的历史——兼论“南路话”与“湖广话”的区别［J］．语言研究，2013（1）．

［20］周颖异．四川绵阳地区方言音系实验语音学分析及方言地理学研究［D］．成都：四川师范大学硕士论文，2014．

［21］周亚欧．重庆中部七县方言调查研究，四川师范大学硕士论文［D］．成都：四川师范大学硕士论文，2018．

附表： **各调查点调值及发音人信息表**①

模式	方言点调值							发音人信息					
	方言片	方言点	阴	阳	上	去	入	姓名	性别	年龄	职业	学历	调查者
四声系统（59）													
降降平升	成渝	简阳青龙镇	455	442	552	34		LMH	男	68	农民	初中	何治春
	成渝	大竹周家沟	45	442	552	334		WTY	男	54	农民	小学	罗燕
	雅棉	雅安雨城区	55	442	552	34		JKQ	男	60	政府职员	高中	何治春
	成渝	苍溪歧坪镇	44	42	552	34		LYG	男	62	教师	本科	何治春
	成渝	万源太平镇	455	42	552	334		CBY	男	65	政府职员	小学	罗燕
	仁富	青神天池乡	45	442	552	34		ZTL	男	64	农民	初中	郑敏
	仁富	仁寿汪洋镇	45	442	553	334		LSG	男	62	教师	高中	郑敏
	成渝	蓬溪大石镇	44	442	554	334		CSQ	男	64	教师	大专	张强
	成渝	遂宁安居镇	45	442	552	34		WQG	男	62	教师	中专	张强
	成渝	南充盐溪镇	45	442	552	334		CYH	男	69	教师	中师	张强
	成渝	平武龙安镇	45	442	552	334		ZAM	男	61	农民	小学	周颖异
	成渝	安岳姚市镇	45	442	552	35		PHL	男	68	农民	小学	张强
	成渝	平昌驷马镇	45	42	552	335		HGS	男	76	农民	小学	杨波
	成渝	苍溪唤马 HJH	44	42	552	225		HJH	男	60	教师	中师	何治春
	成渝	小金两河口	44	442	552	34		WQF	男	70	农民	小学	瞿静
	成渝	垫江城区	55	42	552	35		TRM	男	79	教师	大专	周亚欧
	成渝	巴南城区	455	42	552	34		YXL	男	75	教师	高中	万霞
	成渝	涪陵城区	455	42	53	35		JJF	男	75	政府职员	初中	周亚欧

① 本表方言片划分根据《中国语言地图集》（1987）。“五声系统”中部分保存入声调的方言点是新调查材料。部分方言点《中国语言地图集》中并未划入岷江小片，如巴中巴州区、苍溪唤马、达县檀木镇，本文根据其入声独立的特征划入岷江小片内。

续表

模式	方言点调值							发音人信息					
	方言片	方言点	阴	阳	上	去	入	姓名	性别	年龄	职业	学历	调查者
降降升凹	成渝	绵阳江油	35	42	553	323		LH	女	23	学生	本科	何治春
	成渝	绵阳涪城镇	34	42	552	323		PCS	男	65	企业职员	大专	周颖异
	仁富	泸县鱼寺镇	35	442	552	323		ZM	女	26	学生	硕士	何治春
	仁富	富顺牛佛镇	35	42	552	323		CZX	女	25	学生	硕士	何治春
	成渝	成都锦江区	35	42	52	$^{3}23$		ZYO	女	25	学生	硕士	何治春
	成渝	茂县石大关	34	42	52	323		YCM	男	26	学生	硕士	何治春
	仁富	自贡沿滩区	35	42	52	323		CL	女	26	学生	硕士	何治春
降降升升	成渝	安县花荄镇	35	442	552	34		WJ	男	62	农民	小学	周颖异
	成渝	梓潼文昌镇	355	42	552	35		TGW	男	66	企业职员	初中	周颖异
	成渝	北川禹里镇	45	442	552	35		YCJ	男	69	政府职员	中专	周颖异
	成渝	永川城区	35	442	554	224		TSM	男	69	工人	初中	万霞
	成渝	万盛腰子口	35	42	53	24		HMJ	男	57	编剧	大专	万霞
降降平平	仁富	井研研城镇	$^{4}55$	442	552	44		XYQ	男	80	商户	初中	郑敏
	成渝	资阳雁江区	45	42	52	44		CDM	男	75	教师	中专	何治春
	雅棉	天全城厢镇	44	442	52	33		MXQ	男	70	教师	高中	何治春
	仁富	筠连塘坝镇	45	442	552	33		LBJ	女	24	学生	硕士	何治春
降降平凹	成渝	资中龙江镇	45	42	553	324		WLC	男	69	教师	高中	何治春
	成渝	宣汉胡家镇	45	42	442	324		CJX	男	67	农民	小学	罗燕
	成渝	重庆江北	45	42	552	325		LQH	男	78	教师	中师	万霞
	成渝	蓬安河舒镇	45	42	553	324		HBG	男	75	教师	初中	李敏
	成渝	松潘镇江关	45	42	552	323		SSQ	男	63	农民	小学	段京雨
	成渝	南充阆中市	45	42	552	424		ZXB	女	23	学生	硕士	何治春
	成渝	邻水合流镇	45	42	43	323		LJL	女	19	学生	本科	何治春
	成渝	广安武胜县	45	43	553	404		GLX	女	21	学生	本科	何治春

续表

模式	方言点调值							发音人信息					
	方言片	方言点	阴	阳	上	去	入	姓名	性别	年龄	职业	学历	调查者
降低平凹	成渝	达州开江县	45	32	442	324		LZM	男	54	政府职员	高中	罗燕
	雅棉	雅安雨城	45	32	442	324		YJ	男	66	政府职员	本科	何治春
	成渝	梁平荫平镇	44	32	52	324		ZDG	男	66	农民	初中	周亚欧
	成渝	营山济川乡	45	32	42	324		GJZ	男	62	农民	初中	李敏
	成渝	三台新德镇	44	32	554	324		LXL	男	50	工人	初中	周颖异
降低平升	成渝	重庆渝中区	45	32	442	224		HCZ	男	55	厨师	初中	周亚欧
	成渝	仪陇双盘乡	45	32	552	224		HRQ	男	66	政府职员	初中	李敏
	成渝	长寿城区	45	32	553	225		WYL	男	61	教师	高中	周亚欧
	成渝	南充金台镇	$^{3}44$	32	552	324		ZSQ	男	69	医生	初中	李敏
	成渝	苍溪永宁镇	44	32	552	334		XGQ	男	68	教师	高中	何治春
	仁富	资中公民镇	45	32	442	334		DSY	男	73	教师	教师	何治春
	仁富	自贡自流井	45	32	442	34		WXY	男	24	学生	硕士	何治春
降平平升	成渝	达州达川区	45	44	552	335		JST	男	67	企业职员	初中	罗燕
	成渝	渠县锡溪乡	45	$^{3}44$	552	335		ZXG	男	72	教师	高中	罗燕
	成渝	丰都保合镇	45	33	442	335		LZX	男	25	学生	硕士	何治春
	成渝	忠县城区	55	33	42	335		LMS	男	71	政府职员	初中	周亚欧
平低升升	成渝	广安前锋区	35	32	55	24		CSY	女	19	学生	本科	何治春
	成渝	岳池花园镇	35	32	55	24		LSL	男	18	学生	本科	何治春

续表

模式	方言点调值							发音人信息					
	方言片	方言点	阴	阳	上	去	入	姓名	性别	年龄	职业	学历	调查者
五声系统（31）													
降降平升平	岷江	犍为新民镇	45	442	552	34	44	HCG	男	75	农民	小学	何治春
	岷江	蓬溪文井镇	45	442	552	34	44	CQX	男	77	政府职员	小学	张强
	岷江	乐山土主镇	45	442	552	34	44	YB	男	26	学生	硕士	何治春
	岷江	南部升钟镇	45	442	552	35	44^{5}	WWS	男	69	教师	初中	梁浩
	岷江	南部大坪镇	55	42	452	34	44	JXC	男	70	农民	小学	梁浩
	岷江	新都三河镇	45	442	552	34	44	YWC	男	63	农民	初中	何婉
	岷江	井研马踏镇	455	442	552	34	43	TZN	男	63	农民	小学	郑敏
	岷江	巴中巴州区	45	42	553	24	43	PGX	男	76	农民	初中	杨波
	岷江	苍溪唤马 KJD	44	442	552	34	33	KJD	男	61	个体户	初中	何治春
	岷江	苍溪云峰镇	44	442	552	35	332	YCQ	男	77	教师	高中	何治春
	岷江	长宁老翁镇	455	442	552	34	$^{3}44^{5}$	ZSL	男	71	农民	高中	何治春
	岷江	夹江土门乡	44	442	552	34	55	ZY	女	24	学生	本科	何治春
	岷江	大邑城关镇	55	442	552	34	44	LYM	男	62	教师	高中	周亚欧
	岷江	茂县凤仪镇	$^{3}44$	42	53	334	43	LMD	男	71	农民	初中	吴朝玉
降降平凹平	岷江	达县檀木镇	45	442	552	324	44	LDS	男	54	农民	初中	罗燕
	岷江	射洪青岗镇	45	442	554	324	44	RZJ	男	74	教师	中专	张强
	岷江	江津油溪镇	45	42	52	324	33	HGZ	男	70	农民	小学	万霞
	岷江	三台三元镇	45	442	552	323	33	YJ	女	23	学生	硕士	何治春
	岷江	温江永宁镇	45	42	552	323	43	LZQ	男	67	教师	大专	何婉
	岷江	双流太平镇	45	42	552	322	43	RJY	男	65	商户	初中	郑敏
	岷江	宜宾翠屏区	45	42	52	323	33	WQ	女	24	学生	硕士	何治春
	岷江	合江九支镇	45	42	52	33^{4}	44	HYP	女	25	学生	硕士	何治春
	岷江	泸县玄滩镇	45	42	552	322	33	WX	女	25	学生	硕士	何治春

续表

模式	方言点调值							发音人信息					
	方言片	方言点	阴	阳	上	去	入	姓名	性别	年龄	职业	学历	调查者
降低平凹平	岷江	通江毛浴乡	45	32	553	325	33^{4}	ZGS	男	66	农民	初中	杨波
	岷江	南江长赤镇	44	32	553	324	$^{4}33$	YBR	男	65	教师	中师	杨波
	岷江	南充桃园乡	45	32	552	324	43	XGM	男	67	农民	初中	李敏
降低平升平	岷江	眉山东坡区	55	32	52	33	34	ZL	女	24	学生	本科	何治春
	岷江	仁寿龙正镇	45	32	552	33^{4}	34	XQC	男	64	商户	中专	郑敏
	岷江	南充礼乐乡	35	32	52	224	43	LSL	男	67	农民	初中	李敏
	岷江	西充青狮镇	45	32	552	224	33	PDC	男	74	农民	初中	李敏
	岷江	綦江城区	44	32	52	34	44	ZHD	男	76	教师	中专	万霞

云南泸西中枢镇话音系[①]

李阿亮　郭亚杰[②]

摘　要　泸西县位于云南省红河哈尼族彝族自治州北部，历史悠久。泸西方言是云南方言即西南官话的一个重要组成部分，是典型的西南官话。泸西方言属于云南方言滇中小片，语音特点明显，具有研究价值。本文记录了泸西中枢镇话的音系，归纳了其语音特点，可为西南官话的研究提供一份可靠的材料。

关键词　泸西；中枢镇；音系；音韵特点

---

① 本研究得到教育部课题“民族语言调查 · 云南新平彝语南部方言山苏话”（YB2110A010）资助。

② 李阿亮，男，哈尼族，云南民族大学南亚东南亚语言文化学院硕士研究生。郭亚杰，男，中央民族大学中国少数民族语言文学学院博士研究生，研究方向：汉语及民族语方言。

一、概说

泸西县地处云贵高原东南部，东北与师宗县接壤，西北与路南、陆良县接界，西南与弥勒市毗邻，东南与丘北县相望。境域东 103°30′—104°03′，北纬 24°15′—24°46′之间[3]1。行政区域面积 1647 平方公里，泸西县辖 5 个镇、3 个乡、477 个村民小组，户籍总人口约 44. 05 万人（截至 2016 年）[2]，县治中枢镇。世居汉族、彝族、回族、傣族、壮族、苗族 6 种民族。

泸西历史悠久，建置较早。自西汉元鼎六年（前 111）设漏江县，属益州牂牁郡。一说因城西有泸源洞而得名；一说因城西有泸川而得名。自三国以来，泸西的系属一直多变，未有较为稳定的上级管辖。1960 年 9 月 13 日，国务院批准撤销泸西县，将原泸西县的行政区域并归弥勒县，改属红河州。1962 年 3 月 27 日，国务院批准恢复泸西县，隶属红河州。

根据《中国语言地图集（第 2 版）》，泸西方言属西南官话云南片滇中小片[4]86。泸西方言内部又有一定的地域差异，可以根据语音标准划分为三个小区：中部方言，以中枢镇为代表；北部方言，金马、旧城、午街铺、白水等镇为代表；南部方言，以向阳、三塘、永宁等乡为代表。

本次记录的是县城中枢镇老派方言。主要发音合作人：何建祥，男，1955 年生，在中枢镇读小学、泸西县于城乡读初中，毕业后一直在中枢镇生活，从事农业生产活动。

二、泸西方言的声韵调

（一）声母23个，包括零声母在内

p 布步别八	pʰ 平怕盘胖	m 门麻埋名	f 飞符胡放	v 闻五午武
t 得到道大	tʰ 太同他头	n 女难哪拿	l 路兰连来	
ts 资糟增做	tsʰ擦仓从粗		s 散苏丝三	
tʂ 者招主蒸	tʂʰ出初除锄	ʂ 书税声扇		ʐ 日认然软
tɕ 讲经节焦	tɕʰ齐趣枪穷		ɕ 希休旋虚	
k 故贵干国	kʰ开看可快		x 黑话灰化	
Ø 恩遇而言				

说明：

（1）［pʰ］［kʰ］声母发音时比汉语普通话清送气塞音要强很多，略带舌根摩擦音［x］。

（2）［tʂ］［tʂʰ］［ʂ］声母基本上与普通话一致，有时读得似乎要靠前，偏舌叶音［ʧ］［ʧʰ］［ʃ］。

（3）［x］声母舌位较后，在韵母［ə］前变作喉擦音［h］。

（4）［ʐ］声母在韵母［ɿ］前读作舌尖前浊擦音［z］。

（5）零声母在开口呼韵母前，往往带有前喉塞音［ʔ］或舌根擦音［ɣ］，不具有音位性质。

（二）韵母31个

ɿ 私子自紫	ʅ 日知只直	i 衣第也月	u 枯古布读
			iu 育
ᴀ 巴爬辣马		iᴀ 鸦夹架牙	uᴀ 挖刮花瓜
o 波哥多合		io 确药削觉	

ə 而耳色蛇	iəu 流休有油	əu 斗丑手收
æ 盖介楷才		uæ 怪乖坏
au 饱桃保高		iau 条跳妖笑
ei 倍妹北贝	ie 灭姐别列	uei 贵桂危围
ãn 含半三伞		uãn 短断团算
ẽn 根坟本分	ĩen 连间见脸	ũen 温魂昏春
ĩn 紧林零灵		
aŋ 放桑张长	iaŋ 良讲强羊	
oŋ 动东翁红	ioŋ 穷胸永用	
uaŋ 床霜双狂		

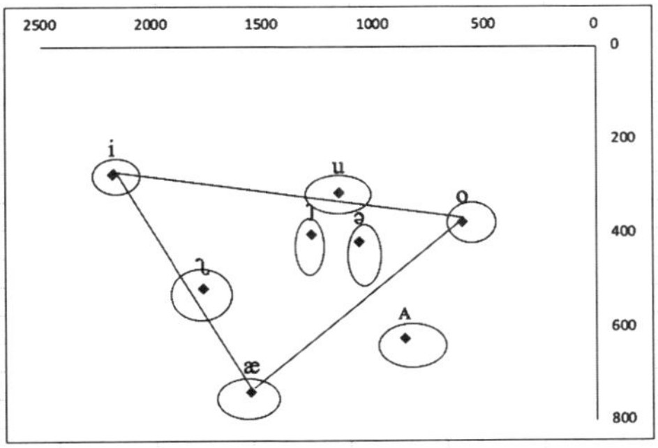

图 1　中枢镇话元音格局图

说明：

（1）［m］［v］有时自成音节，实际发音为［m̩］［v̩］。

（2）［A］韵舌位略高和靠后，开口略大，但未到后元音［ɑ］的位置。

（3）［i］韵有时带有摩擦成分，在［p］［pʰ］［t］［tʰ］后发音略松，［tɕ］［tɕʰ］后发音较紧。

（4）［ə］有时读作［e］，单独做一个音节时保持不变。

（5）［ie］［ei］［uei］三韵中的［e］开口略大，［uei］中的［e］和［i］发音较短，实际音值为［uɪ］。

（6）［au］［iau］二韵中的［a］舌位略靠后，实际音值为［ɑ］，［au］韵有时可读作［ɔ］。

（7）［əu］［iəu］二韵中的［u］实际音值为［ʊ］。

（8）［uẽn］［iẽn］二韵的［e］开口略大，［iẽn］韵的［e］的实际音值为［ɛ］。

（9）［i̇n］韵中的［n］有时读作［ŋ］。

（三）单字调 4 个

阴平　44 梯天方初

阳平　31 八棉拔石

上声　53 等米远有

去声　213 面见救怕

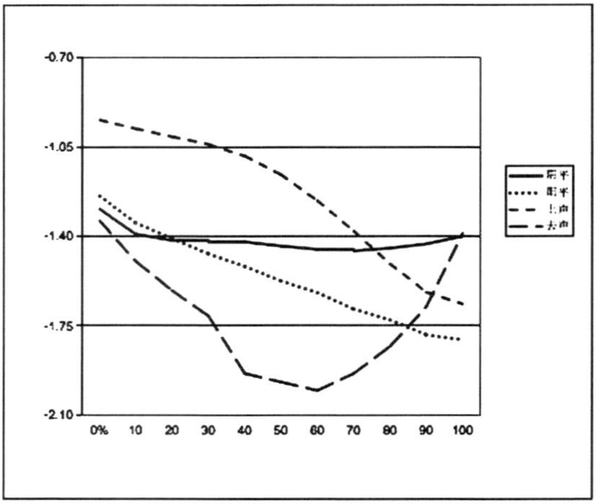

图 2　中枢镇话声调格局图

说明：

（1）阴平 44 是半高平调，实际为［33］。

（2）阳平 31 属于半高降至低，有时似低平调［11］。

（3）去声 213 升的部分不太明显，有时是半上，近似［13］，全上的时候往往带有喉塞音［ʔ］或轻微的嘎裂化现象。

三、泸西方言的音韵特点

（一）声母的特点

1. 古全浊声母今全部清化，逢塞音、塞擦音时，平声送气，仄声不送气，例如：爬［p^{h}A^{31}］｜把［pA^{53}］｜驮［t^{h}o^{31}］｜大［tA^{213}］｜从［ts^{h}oŋ^{31}］｜做［tso^{213}］｜穷［tɕ^{h}ioŋ^{31}］｜节［tɕie^{31}］｜长［tʂ^{h}aŋ^{31}］｜张［tʂaŋ^{44}］等字；有些仄声字读成送气声母，例如：破［p^{h}o^{213}］｜塔［t^{h}A^{31}］｜扯［tʂ^{h}ə^{53}］｜气［tɕ^{h}i^{213}］等字。古从母通摄合口一等入声字“族”、效摄开口一等字“造”白读为［ts^{h}］声母，文读为［ts］声母，例如：族民~［ts^{h}u^{31}］/族~别［tsu^{31}］｜造改~［ts^{h}au^{213}］/造建~［tsau^{213}］。古禅母止摄开口三等字“瑞”白读为［s］声母，文读为［ʐ］声母，例如：瑞~日［suei^{213}］/瑞祥~［ʐuei^{213}］；遇摄合口三等字“薯白~”白读为［tʂ^{h}］声母，文读为［ʂ］声母，例如：薯红~［tʂ^{h}u^{31}］/薯马铃~［ʂu^{53}］。

2. 古泥来母字今读音不混，洪细音全分，例如：男［nãn^{31}］｜兰［lãn^{31}］｜你［ni^{53}］｜里［li^{53}］｜努［nu^{53}］｜卤［lu^{53}］。

3. 不分尖团。古精组字和见晓组字今逢细音读音均读作

[tɕ] [tɕʰ] [ɕ] 声母，例如：将 [tɕiaŋ⁴⁴] | 姜 [tɕiaŋ⁴⁴] | 清 [tɕʰi̇n⁴⁴] | 轻 [tɕʰi̇n⁴⁴] | 须 [ɕi⁴⁴] | 虚 [ɕi⁴⁴]。

4. 古精组洪音字今均读为 [ts] [tsʰ] [s] 声母，例如：足 [tsu³¹] | 存 [tsʰuẽn³¹] | 扫 [sau⁵³]。

5. 古章组洪音字今均读作 [tʂ] [tʂʰ] [ʂ] 声母，例如：章 [tʂaŋ⁴⁴] | 春 [tʂʰuẽn⁴⁴] | 世 [ʂʅ²¹³]。

6. 古知组字梗摄合口二等韵字读 [ts] [tsʰ] [s] 声母，例如：撑 [tsʰẽn⁴⁴] | 橙 [tsʰẽn³¹]；其他全读作 [tʂ] [tʂʰ] [ʂ] 声母，例如：中 [tʂoŋ⁴⁴] | 重 [tʂʰoŋ³¹]。古审母遇摄合口三等字"鼠"白读为 [tʂʰu] 声母，文读为 [ʂ] 声母，例如：鼠老~ [tʂʰu⁵³] /鼠~目寸光 [ʂu⁵³]。

7. 古庄组字止摄合口均读作 [tʂ] [tʂʰ] [ʂ] 声母，例如：揣 [tʂʰuæ²¹³] | 帅 [ʂuæ²¹³]；其他都读作 [ts] [tsʰ] [s] 声母，例如：初 [tsʰu⁴⁴] | 所 [so⁵³]。

8. 古日母字主要读作 [ʐ] 声母，例如：惹 [ʐə⁵³] | 如 [ʐu³¹] | 人 [ʐẽn³¹] 等字；止摄开口日母个别字读作零声母字，例如：儿 [ə³¹] | 而 [ə⁵³] | 二 [ə²¹³] | 耳 [ə⁵³]。

9. 古疑母字今逢洪音韵母读零声母；今逢细音韵母多读 [n] 声母，少数读零声母。例如：我 [o⁵³] | 瓦 [ua⁵³] | 五 [v̩⁵³] | 牙 [ia³¹] | 业 [nie²¹³] | 宜 [ni³¹] | 银 [i̇n³¹] | 义 [i²¹³]。疑母止摄开口三等字"疑"、咸摄开口三等字"业"白读为 [n] 声母，文读为零声母 [Ø]，例如：疑怀~ [ni³¹] /疑~似 [i³¹] | 业作~ [ni³¹] /业~绩 [i²¹³]。

10. 古晓匣母字遇摄合口一等模韵，均读作 [f] 声母，例如：呼 [fv̩⁴⁴] | 虎 [fv̩⁵³] | 胡~子 [fv̩³¹]；晓母遇摄合口三等

鱼韵均读作［ç］声母，例如：虚［çi^{44}］| 许［çi^{53}］；与其他韵相拼一般读作［x］声母，例如：海［xæ^{53}］| 害［xæ^{213}］| 鞋［xæ^{31}］。

11. 古见系蟹摄开口二等字（除佳字）和梗摄二等入声字不发生腭化，例如：介［kae^{213}］| 届［kae^{213}］| 楷［k^{h}æ^{53}］；宕江两摄舒声字腭化与否不太确定，例如：讲［tɕiaŋ^{53}］| 确［tɕ^{h}io^{31}］| 幸［çĩn^{213}］| 亨［xẽn^{44}］| 项［xaŋ^{213}］其他一般读作［tɕ］［tɕ^{h}］［ç］，例如：见［tɕiẽn^{213}］| 求［tɕ^{h}iu^{31}］| 限［çiẽn^{213}］。古见母蟹摄开口一等字“概”“溉”白读为［k^{h}］声母，文读为［k］声母，例如：概大～［k^{h}æ^{213}］/概～述［kæ^{213}］| 溉浇～［k^{h}æ^{213}］/灌～溉［kæ^{213}］。

12. 其他：端见两系合口细音全读开口，例如：虚［çi^{44}］| 军［tɕĩn^{44}］| 犬［tɕ^{h}iẽn^{53}］。

（二）韵母的特点

1. 古果摄开合口一等字今多读为［o］韵母，例如：多［to^{44}］| 罗［lo^{31}］| 搓［ts^{h}o^{44}］| 可［k^{h}o^{53}］| 个～人，一～［ko^{213}］| 河［xo^{31}］| 婆［p^{h}o^{31}］| 菠～菜［po^{44}］| 朵［to^{53}］| 椭～圆［t^{h}o^{53}］| 螺～蛳［lo^{31}］| 糯～米［no^{213}］| 坐［tso^{213}］| 果［ko^{53}］| 棵［k^{h}o^{44}］；开口一等端组、泥组字部分读为［A］韵母，例如：哪～个［nA^{53}］| 他［t^{h}A^{44}］| 大［tA^{213}］。果摄开合口三等字今全读为［ie］韵母，例如：茄～子［tɕ^{h}ie^{31}］| 靴［çie^{44}］。

2. 古假摄开口二等帮组、知组、庄组今读为［A］韵母（与果摄开口一等部分字合流），例如：爬［p^{h}A^{53}］| 茶［tʂA^{31}］| 沙［ʂA^{44}］；开口二等见组、晓组、影组今读为［iA］韵母，

例如：家［tɕiA⁴⁴］| 虾鱼～［ɕiA⁴⁴］| 鸦［iA⁴⁴］；二等晓母部分字读为［ə］韵母，例如：吓～一跳［xə²¹³］。假摄开口三等精组、影组今都读为［ie］韵母，例如：些［ɕie⁴⁴］| 姐［tɕie⁵³］| 夜［ie²¹³］；开口三等章组、日母字今读为［ə］韵母，例如：车［tʂʰə⁴⁴］| 者［tʂə⁵³］| 惹［ʐə⁵³］；部分照母字读为［ʅ］韵母，例如：蔗［tʂʅ²¹³］。合口二等见组、晓组、影组今读为［uA］韵母，例如：瓜［kuA⁴⁴］| 花［xuA⁴⁴］| 蛙［uA⁴⁴］。

3. 古遇摄字今主要读为［u］［i］韵母，例如：布［pu²¹³］| 煮［tʂu⁵³］| 雨［i⁵³］；部分一等见组、晓组、影组字和三等帮组字今读为［v̩］韵母，例如：五［v̩⁵³］| 虎［fv̩⁵³］| 恶可～［v̩²¹³］| 符［fv̩³¹］；部分三等审母字今读为［o］韵母，例如：梳～头［so⁴⁴］| 所［so⁵³］。

4. 古蟹摄开口三、四等字（知、章组字除外），止摄开口三等字（帮组部分字、精、知、庄、章组字除外）今读为［i］韵母，例如：米［mi⁵³］| 泥［ni⁵³］| 计［tɕi²¹³］| 奇［tɕʰi³¹］| 几茶～［tɕi⁴⁴］| 记［tɕi²¹³］。古蟹摄合口一、三等、部分止摄开口三等帮组字今读为［ei］韵母，例如：杯［pei⁴⁴］| 肺［fei²¹³］| 被～子［pei²¹³］| 美［mei⁵³］。古蟹摄合口一等字（帮组字除外），合口三、四等字（帮组字除外），止摄合口三、四等字（帮、庄组字除外）今读为［uei］韵母，例如：推［tʰuei⁴⁴］| 脆［tsʰuei²¹³］| 桂［kuei²¹³］| 吹［tʂʰuei⁴⁴］| 水［ʂuei⁵³］| 鬼［kuei⁵³］。古蟹摄合口二等大部分字、止摄合口三等庄组字今读为［uae］韵母，例如：怪［kuæ²¹³］| 乖［kuæ⁴⁴］| 帅［ʂuae²¹³］。古蟹摄开口三等知章组字、止摄开口三等知章组字今读为［ʅ］韵母，例如：滞停～［tʂʅ²¹³］| 世［ʂʅ²¹³］|

蜘～蛛［tʂʅ^{44}］| 只～有［tʂʅ^{53}］| 示［ʂʅ^{213}］| 诗［ʂʅ^{44}］。

古蟹摄开口一、二等字今主要读为［æ］韵母，例如：来［læ^{31}］| 楷［kʰæ^{53}］| 鞋［xæ^{31}］；开口一、帮组字、二等见组部分字今读为［ei］［iᴀ］韵母，例如：贝［pei^{213}］| 佳［tɕiᴀ^{44}］。古蟹摄合口二等匣母字“画”“话”今读为［uᴀ］韵母。

古止摄开口三、四等知庄组字今读为［ɿ］韵母，例如：紫［tsɿ^{53}］| 刺［tsʰɿ^{213}］| 次［tsʰɿ^{213}］| 师［sɿ^{44}］| 子［tsɿ^{53}］| 事［sɿ^{213}］；开口三等日组字今读为［ə］韵母，例如：儿［ə^{53}］| 二［ə^{213}］| 而［ə^{53}］| 耳［ə^{53}］。古止摄合口三、四等庄组字今读为［uæ］韵母，例如：揣［tʂʰuæ^{53}］| 衰［ʂuæ^{44}］。

5. 古效摄开口今主要读为［au］韵母（二等部分见组字，三、四等帮组、端组、见组字除外），例如：毛［mau^{31}］| 刀［tau^{44}］| 高［kau^{44}］| 跑［pʰau^{53}］| 炒［tʂʰau^{53}］| 超［tʂʰau^{44}］| 烧［ʂau^{44}］| 绕［ʐau^{213}］；开口二等部分见组字，三、四等帮组、端组、见组字今读为［iau］韵母，例如：交［tɕiau^{44}］| 表［piau^{53}］| 鸟［niau^{53}］| 浇［tɕiau^{44}］。

6. 古流摄开口今主要读为［əu］韵母（帮组部分字、三等见组字除外），例如：偷［tʰəu^{44}］| 狗［kəu^{53}］| 抽［tʂʰəu^{44}］| 瘦［ʂəu^{213}］| 手［ʂəu^{53}］| 揉［ʐəu^{53}］；开口三等见组字今读为［iəu］韵母，例如：牛［niəu^{31}］| 九［tɕiəu^{53}］| 休［ɕiəu^{44}］| 有［iəu^{53}］；开口一等帮组字的读音有点复杂，今读为［əu］［v̩］［o］［m̩］韵母，例如：某［məu^{53}］| 戊［v̩^{213}］| 剖［pʰo^{44}］| 母［m̩］；开口三等帮组字今读为［əu］［v̩］韵母，例如：否［fəu^{53}］| 妇［fv̩^{213}］| 富［fv̩^{213}］。

7. 古咸摄、山摄舒声字今读为［ãn］［iẽn］［uãn］韵母，例如：感［kãn^{53}］｜班［pãn^{44}］｜尖［tɕiẽn^{44}］｜钱［tɕ^{h}iẽn^{31}］｜短［tuãn^{53}］｜算［suãn］。

古咸摄、山摄入声开口一、二等字今主要读为［A］［iA］韵母，例如：答［tA^{44}］｜达［tA^{31}］｜夹［tɕiA^{31}］｜瞎［ɕiA^{44}］；部分开口一等字读为［o］韵母，例如：喝～酒［xo^{44}］｜磕［k^{h}o^{44}］｜渴［k^{h}o^{53}］；开口三、四等字今主要读为［ie］［ə］韵母，例如：接［tɕie^{44}］｜别区～［pie^{31}］｜褶～子［tʂə^{53}］｜热［ʐə^{213}］｜舌［ʂə^{31}］。

古咸摄入声合口三等帮组字今读为［A］韵母，例如：法方～［fA^{31}］。

古山摄入声合口一等字、三等知章组字今读为［o］韵母，例如：脱［t^{h}o^{44}］｜括包～［k^{h}o^{213}］｜活［xo^{31}］｜说～话［ʂo^{31}］；合口二等庄组、见组字，部分三等帮组字读为［uA］韵母，例如：刷［ʂuA^{44}］｜刮［kuA^{31}］｜；合口三、四等泥组、精组、见组字读为［ie］韵母，例如：劣［lie^{213}］｜雪［ɕie^{31}］｜月［ie^{31}］｜血［ɕie^{31}］；合口三等帮组部分字读为［A］韵母，例如：发头～［fA^{44}］｜发［fA^{44}］。

8. 古深摄、臻摄舒声字今读为［ĩn］［ẽn］［uẽn］韵母，例如：林［lĩn^{31}］｜贫［p^{h}ĩn^{31}］｜深［ʂẽn^{44}］｜根［kẽn^{44}］｜吞［t^{h}uẽn^{44}］｜昆［k^{h}uẽn^{44}］。

古深摄、臻摄入声开口三等字（庄组、知章组和日母字除外）今读为［i］韵母，例如：立［li^{213}］｜七［tɕ^{h}i^{44}］｜习［ɕi^{31}］；庄组字读为［ə］韵母，例如：涩［sə^{213}］；知章组、日母字读为［ʅ］韵母，例如：十［ʂʅ^{31}］｜失［ʂʅ^{44}］｜日

[ʐʅ^{213}] | 秩 [tʂʅ^{213}]；深摄日母字读为 [u] 韵母，例如：入 [ʐu^{213}]。

古臻摄入声合口一、三等字今主要读为 [u] 韵母，例如：不 [pu^{213}] | 突 [t^{h}u^{44}] | 出 [tʂ^{h}u^{44}]；合口一等晓母字"忽"、三等帮组字"物"读为 [v̩] 韵母；庄组合口三等字"率～领蟀"读为 [uae] 韵母。

9. 古宕摄、江摄舒声字今主要读为 [aŋ] [uaŋ] [iaŋ] 韵母，例如：帮 [paŋ^{44}] | 胖 [p^{h}aŋ^{213}] | 床 [tʂ^{h}uaŋ^{31}] | 双 [ʂuaŋ^{44}] | 两 [liaŋ^{53}] | 江 [tɕiaŋ^{44}]。

古宕摄、江摄入声开口一、三等字（三等见组字除外）今主要读为 [o] 韵母，例如：勺～子 [ʂo^{31}] | 剥 [po^{44}] | 桌 [tʂo^{44}]；开口三等见组、影组读为 [io] 韵母，例如：脚 [tɕio^{53}] | 却 [tɕ^{h}io^{213}] | 药 [io^{213}] | 约 [io^{44}] | 确 [tɕ^{h}io^{213}] | 学 [ɕio^{31}]；个别字读为 [au] [iau] 韵母，例如：雹 [pau^{213}] | 饺～子 [tɕiau^{53}]。宕摄合口一等见组字读为 [o] 韵母，例如：郭 [ko^{44}] | 藿～香 [xo^{213}]。

10. 古曾摄、梗摄舒声字今主要读为 [ẽn] [ɨ̃n] 韵母，例如：等 [tẽn^{53}] | 冷 [lẽn^{53}] | 应～当 [ɨ̃n^{44}] | 行～为 [ɕɨ̃n^{53}]；曾摄开、合口一等帮组、匣母字，梗摄开口二等帮组字读为 [oŋ] 韵母，例如：朋 [p^{h}oŋ^{31}] | 弘 [xoŋ^{31}] | 猛 [moŋ^{53}] | 棚 [p^{h}oŋ^{53}]；梗摄合口二等见组字"矿"读为 [uaŋ] 韵母；梗摄合口三等晓组、影组个别字读为 [ioŋ] 韵母，例如：兄 [ɕioŋ^{44}] | 永 [ioŋ^{53}] | 泳 [ioŋ^{53}]。

古曾摄、梗摄入声开口一、二等字今主要读为 [ə] 韵母，例如：北 [pə^{53}] | 黑 [xə^{44}] | 摘 [tʂə^{44}] | 责 [tsə^{31}]；开口

三、四等字（知、章组字除外）读为［i］韵母，例如：力［li^{213}］| 息［ɕi^{44}］| 积［tɕi^{44}］| 惜［ɕi^{44}］；知、章组字读为［ʅ］韵母，例如：直［tʂʅ^{31}］| 识［ʂʅ^{31}］| 石［ʂʅ^{31}］| 尺［tʂhʅ^{53}］；曾摄、梗摄合口见、晓组字“国或获”读为［o］韵母；曾摄合口一等影组字读为［iu］韵母，例如：域［iu^{213}］；梗摄合口三等影组字读为［i］韵母，例如：役［i^{213}］。

11. 古通摄舒声合口字今读为［oŋ］韵母，例如：东［toŋ^{44}］| 宋［ʂoŋ^{213}］| 中当～［tʂoŋ^{44}］| 重～复［tʂ^{h}oŋ^{31}］；部分三等晓组、影组字读为［ioŋ］韵母，例如：雄［ɕioŋ^{31}］| 胸［ɕioŋ^{44}］| 凶吉～［ɕioŋ^{44}］| 用［ioŋ^{213}］。

古通摄入声合口绝大部分读为［u］韵母，例如：毒［tu^{31}］| 熟煮～［ʂu^{31}］| 绿［lu^{213}］；一、三等明母字自成音节读为［m̩］韵母，例如：木［m̩^{213}］| 目［m̩^{213}］；三等帮系部分字读为［v̩］韵母，例如：福［fv̩^{53}］| 服［fv̩^{31}］| 复～原［fv̩^{213}］；三等见组、晓组、影组字读为［iu］韵母，例如：菊［tɕiu^{31}］| 曲歌～［tɕ^{h}iu^{53}］| 蓄储～［ɕiu^{213}］| 局［tɕiu^{213}］| 育［iu^{213}］| 欲［iu^{213}］。

（三）声调的特点

1. 古平声按古声母清浊分为阴平、阳平。古清声母平声字为阴平［44］，例如：泡［p^{h}au^{44}］| 山［ʂãn^{44}］| 偷［t^{h}əu^{44}］| 飞［fei^{44}］；古浊声母平声字为阳平［31］，例如：茶［tʂ^{h}ᴀ^{31}］| 徒［t^{h}u^{31}］| 扶［fv̩^{31}］| 抬［t^{h}ae^{31}］；部分清平、浊平字读为上声［53］、去声［213］，例如：跑［p^{h}au^{53}］| 跳［t^{h}iau^{213}］| 看［k^{h}ãn^{213}］。

2. 古清上、次浊上声今大都读为上声［53］，例如：女

[ni^{53}] | 所 [so^{53}] | 苦 [k^{h}u^{53}] | 旅 [li^{53}]；部分清上字读为阴平 [44]，这些基本上为书面语，口语不常见，例如：纠 [tɕiu^{44}] | 剖 [p^{h}əu^{44}] | 堪~探 [k^{h}ãn^{44}]；部分清上、次浊上声字读为去声 [213]，例如：贿 [xuei^{213}] | 斗 [təu^{213}] | 暗 [ãn^{213}]；个别清上字读为阳平 [31]，例如：矩规~ [tɕi^{53}]。

古全浊上声字今绝大部分读为去声 [213]，例如：社 [ʂə^{213}] | 肚腹~ [tu^{213}] | 聚 [tɕi^{213}]；但也有少数例外，一小部分全浊上声字读为上声 [53]，例如：窘 [tɕioŋ^{53}] | 很 [xẽn^{53}] | 辅 [fv̩^{53}]；还有个别全浊上声字读为阴平 [44]，例如：下底~ [ɕiᴀ^{213}]。

3. 古去声字今绝大部分读为去声 [213]，例如：大 [tᴀ^{213}] | 课 [k^{h}o^{213}] | 化 [xuᴀ^{213}] | 布 [pu^{213}]；一部分清去声字读为阴平 [44]，例如：听 [t^{h}in^{44}] | 思 [sɿ^{44}] | 荷薄~ [xo^{44}]；部分浊去字读为阳平 [31]，例如：疗 [liau^{31}]。

4. 古清入声字今主要读为上声 [53]，例如：北 [pə^{53}] | 法 [fᴀ^{53}] | 尺 [tʂ^{h}ʅ^{53}]；有一小部分清入字读为阴平 [44]、阳平 [31]、去声 [213]；例如：八 [pᴀ^{44}] | 积 [tɕi^{44}] | 福 [fv̩^{31}] | 得 [tə^{31}] | 阔 [k^{h}o^{213}] | 玉 [i^{213}]。次浊入声字读为去声 [213]，例如：热 [ʐə^{213}] | 辣 [lᴀ^{213}] | 灭 [mie^{213}]；部分字读为阴平 [44]，例如：拉 [lᴀ^{44}] | 拍~打 [p^{h}ae^{44}]。

古全浊入声字今读为阳平 [31]，例如：读 [tu^{31}] | 夺 [to^{31}] | 习 [ɕi^{31}] | 舌 [ʂə^{31}]；其他小部分字变读为阴平 [44]、去声 [213]，例如：突 [t^{h}u^{44}] | 寂 [tɕi^{213}]。

表 1　泸西方言声调与中古声调比较表

中古声调	中古声母	泸西声调	例字	例外字	
平	清	阴平 44	泡山偷飞	\	\
	浊	阳平 31	茶徒扶抬	上声 53	跑而
				去声 213	跳
上	清	上声 53	女所苦旅	阴平 44	纠堪
				阳平 31	矩
				去声 213	贿斗暗
	全浊	去声 213	下社肚聚	阴平 31	菌聚
				上声 53	很窘辅
去	清	去声 213	慢化布站	阴平 44	听思经
	浊			阳平 31	课过疗蔗
入	清	上声 53	笔脚	阳平 31	福得答塔
				去声 213	质
	次浊	去声 213	立悦	阴平 44	拉拍
				阳平 31	六陆目列
	全浊	阳平 31	读十习舌	去声 213	寂射

四、中枢镇话与云南官话的比较

《中国语言地图集（第 2 版）》根据声调类型把云南官话区分成三个小片：滇中小片、滇南小片和滇西小片。滇中小片以昆明方言为代表，滇南小片以开远方言为代表，而滇西方言以保山方言为代表。滇中小片多数方言有卷舌音声母；鼻音边音不混，超过一半的方言点不分［an］［aŋ］、没有撮口呼韵母；部分地区有入声调。滇中小片与滇西小片的部分方言点保留入声调，这是区别于滇南小片的显著特征。滇南小片的部分方言点无卷舌音声母，与滇中小片的多数方言有区别，但不分［an］［aŋ］是一致的。陈希认为："明代大规模的军籍移民对云南官话的形成起了很大作用，通过统计历史记载的明初云南八个卫所军籍移民的籍贯情况，可以看出来自明朝南京地区的军官在所有移民中占大多数。云南官话与明代南直隶地区的语言密切相关。"[1]108—109

本文以昆明话为滇中小片的代表，腾冲话为滇西小片的代表，开远话为滇南小片的代表，辅之以成都话为西南官话次方言的代表，以及南京话即云南官话源头的代表，将中枢镇话与昆明话、腾冲话、开远话、成都话和南京话比较。比较的对象来源于陈希[1]总结的12条云南官话特征，具体如下：

表2　中枢镇话与云南官话比较表

声韵调特点	中枢镇话	昆明话	腾冲话	开远话	成都话	南京话
1. 分尖团	—	—	+	—	—	+
2. 泥来洪音不混	+	+	+	+	—	—
3. ［f］｜［x］不混	—/+	—/+	+	—/+	—	+
4. 日母字读音类型	ʐ/ø	ʐ/ø	ʐ/ø	z/ø	z/	ʐ

续表

声韵调特点	中枢镇话	昆明话	腾冲话	开远话	成都话	南京话
5. 影疑母开口洪音	ø	ø	ŋ	ø	ŋ	ø
6. 知章庄类型	南京型	南京型	似南京型	南京型	全读 ts	南京型
7. 有撮口呼	—	—	—	—	+	—/+
8. 分前后鼻音	—	—	—/+	—	—/+	—
9. 中古山摄合口一二等对立	+	—	—	—	—	—
10. 有鼻化韵	+	+	—	—	—/+	—
11. 有入声韵尾	—	—	—	—	—	+
12. 古入声字今读入声调	—	—	—	—	—	+

泸西县中枢镇话与昆明话相同的有 11 项，与腾冲话相同的只有 5 项，与开远话相同的有 9 项，与成都话相同的只有 3 项，与南京话相同的有 3 项。从这些特征比较的结果可知，泸西话属于西南官话滇中小片。但泸西话也有自己的特点，如中古山摄合口一二等对立。同时，在鼻化韵方面与四川方言成都话一致，说明这是西南官话典型的特征之一。

根据以上各个方言点的声母特点对比，泸西、昆明、腾冲、开远方言的声母特点跟同属西南官话区的四川成都方言相比更加接近南京方言。除去比较晚出现的语音变化：尖团对立消失和［f］|［x］分混之外，泸西方言与南京话的差别主要体现在泥来母的分混上，其他特点均与南京话相同；而成都话与南京话的差别比云南官话几个方言点与南京话的差别更大。泸西话与南京话

的韵母系统除了鼻化韵、中古山摄合口一二等对立的分歧之外，其他均相同。前后鼻音的分混上，泸西话与成都话明显不同，却与南京话一致。周及徐指出：“岷江以东以北四川中东部地区，以成都、重庆话为代表的成渝片‘湖广话’方言，才是明清‘湖广填四川’带来的方言。”[5]因此，从云南官话和四川方言的来源看是不一致的，这也是导致泸西话与成都话虽同属西南官话区，却差异较大的原因。

结　语

云南汉语方言是汉语方言中不可分割的一部分，体现了汉语方言的多样性特征。云南方言属于北部方言，从地域上划分成西南官话的一支。泸西方言是云南方言的一个重要组成部分，虽然泸西方言在行政上虽属红河州，但其方言却系属滇中小片。纵观关于泸西方言的研究，尤其是从音系角度对泸西方言的研究成果较少。基于此，我们通过实地田野调查，翔实记录了泸西方言的音韵调，同时对其进行整理与分析。本文的研究是基于以上调查，通过描写泸西方言的语音系统，分析泸西方言当前的音韵调特点，并与中古汉语做了比较分析，以期为汉语方言的研究，尤其是泸西方言的研究带来一定的参考。此外，本文研究还存在些许不足，例如老派方言与新派方言的差异，还有一些特殊的语音现象，例如儿尾韵等。这些问题值得再深入分析，只能待以后补充说明。

参考文献：

［1］陈希. 云南官话音系源流研究［D］. 天津：南开大学博士论文，2013.

［2］泸西县 2016 年国民经济和社会发展统计公报［EB/OL］.（2017－06－07）［2021－04－20］http：//www. lx. hh. gov. cn/zfxxgk/fdzdgknr/tjxx_ 16084/202005/t20200515_ 429270. html

［3］云南省泸西县志编纂委员会编纂. 泸西县志［G］. 昆明：云南人民出版社，1992.

［4］中国社会科学院语言研究所、中国社会科学院民族学与人类学研究所、香港城市大学语言资讯科学研究中心编. 中国语言地图集（第 2 版）［M］. 北京：商务印书馆，2012.

［5］周及徐. 从语音特征看四川重庆“湖广话”的来源［J］. 四川师范大学学报，2012（3）.

附录：

泸西方言同音字汇

本字汇根据泸西中枢镇话韵母、声母、声调的次序（见上文）排列。释义、举例在字后用小字表示。在例子里，用“～”代替本字。又读、文白异读等一字多音的现象在字的右下角用数码表示，一般用“1”表示最常用或最口语化的读音，“2”次之，依此类推；字下加“—”表示白读音。

ɿ

ts ［44］资兹［53］子［213］自字

tsʰ ［31］辞词［53］此［213］次赐秩

s ［44］狮师思斯［53］死［213］四伺似事寺

ʅ

tʂ ［44］之知支只一～ ［31］执侄质直职［53］纸只～有［213］滞治

tʂʰ ［31］迟赤尺［53］耻齿［213］翅

ʂ ［44］诗施［31］时十实失食试石［53］使始［213］世视示是式饰

ʐ ［31］日

i

p ［31］笔鼻必逼壁碧［53］比彼［213］闭蔽

pʰ ［44］披匹［31］僻［53］鄙

m ［31］秘泌［53］米

t ［44］低［31］的笛［53］底抵［213］帝弟第地

tʰ ［44］梯［31］题提踢［53］体［213］替

n ［31］泥尼疑宜逆溺［53］女你

l ［31］力立离栗律历［53］履李里［213］例丽隶

tɕ ［44］鸡居拘［31］急及吉橘即集极激辑［213］技季妓

tɕʰ ［44］妻区［31］齐旗其奇七乞戚泣［53］取起［213］趣器气

ɕ ［44］西虚溪希［31］徐习息吸媳惜夕席［53］洗许［213］细系序戏

ø ［44］医衣［31］鱼于移一疫译［53］与雨羽以椅［213］遇愚艺义玉

u

p ［31］不［53］补［213］布部步

pʰ ［31］卜扑仆瀑［53］谱普［213］铺

t ［44］都［31］读［53］赌肚₂［213］杜肚₁

tʰ ［31］图

n ［31］奴［213］怒

l ［31］鹿驴六陆绿［213］路

ts ［31］足族₂［53］祖［213］助

tsʰ ［44］粗初［31］锄族₁促［213］醋

s ［44］苏［31］速俗肃［213］素数

tʂ ［44］猪诸［31］竹烛［53］主［213］柱住注

tʂʰ ［31］除出［53］鼠暑

ʂ ［44］书殊［31］术熟赎属［213］树

ʐ ［31］如入肉辱

k ［44］姑孤［31］骨［53］古股［213］故

kʰ ［31］哭酷

iu

tɕ ［31］菊局

tɕʰ ［31］屈曲

ɕ ［31］旭恤

ø ［31］育欲狱

A

p ［44］巴［31］八拔［53］把［213］罢

p^h ［31］爬［213］怕

m ［44］妈［31］麻［53］马

f ［31］法发

t ［31］搭答达［53］打［213］大

t^h ［44］他$_1$［31］塔踏

n ［31］拿纳［53］哪［213］那

l ［44］拉［31］辣

ts ［31］杂

s ［53］撒

tʂ ［31］闸铡炸$_1$［213］炸$_2$

$tʂ^h$ ［31］茶查插察

ʂ ［44］沙［31］杀

ɕ ［213］下

iA

tɕ ［44］家加佳［31］夹甲［53］假$_1$［213］架假$_2$

$tɕ^h$ ［31］恰

ɕ ［44］虾［31］霞斜瞎匣

ø ［44］鸦［31］牙鸭涯

uA

tʂ ［44］抓

ʂ ［31］刷

k ［44］瓜［31］刮［213］挂

x ［44］花［31］滑［213］化画话

ø ［44］蛙挖［31］袜娃［53］瓦

o

p ［44］波菠玻［31］薄剥白$_1$百$_1$

p^h ［44］坡颇［31］婆

m ［31］末莫［53］么

t ［44］多［31］夺［53］朵［213］舵

t^h ［31］脱

l ［31］罗骡洛

ts ［31］作昨［53］左［213］做坐

s ［31］缩［53］所

tʂ ［31］桌捉着

ʂ ［31］说

ʐ ［31］弱若

k ［44］歌哥锅［31］鸽割各角国［53］果［213］个过

k^h ［31］磕阔壳［53］可［213］课

x ［44］喝［31］何河和合活或

ø ［44］窝［31］鹅恶［53］我［213］饿卧

io

n ［31］略虐

tɕ ［31］觉~得爵嚼脚

$tɕ^h$ ［31］怯确却雀

ɕ ［31］学削

ø ［31］岳约药

ə

l ［31］勒

ʦ ［31］则摘责窄贼

ʦʰ ［31］侧测拆策

s ［31］涩色

ʈʂ ［213］这

ʈʂʰ ［44］车［31］撤澈彻［53］扯

ʂ ［31］蛇舌设涉［213］射社

ʐ ［31］热［53］惹

k ［31］革

kʰ ［31］刻客

x ［31］黑核赫

ø ［31］儿而额［53］耳尔［213］二

æ

p ［213］拜败

pʰ ［213］派

m ［53］买

t ［213］待带代

tʰ ［213］太泰

n ［44］奶（祖母）［53］奶乃

l ［31］来［213］赖

ʦ ［213］再在

ʦʰ ［31］才［213］菜蔡

ʈʂ ［44］斋［213］寨债

ʈʂʰ ［31］柴

k ［44］该［53］改解［213］盖介戒

kʰ ［44］开［53］楷［213］概溉

x ［31］鞋孩［213］害

ø ［44］哀［53］矮［213］爱艾

uæ

ʈʂʰ ［53］揣

ʂ ［44］衰［213］帅

k ［213］怪

kʰ ［53］块［213］快

x ［31］怀［213］坏

ø ［44］歪［213］外

ei

p ［44］卑悲碑［31］北百$_2$白$_2$［213］贝倍备

pʰ ［31］拍迫［213］配佩

m ［31］麦梅［213］妹

f ［44］飞非［31］肥［213］肺废费

t ［31］得德

tʰ ［44］他$_2$［31］特

ie

p ［31］别

pʰ ［31］撇

m ［31］灭

t ［44］爹［31］跌

tʰ ［31］贴铁

n ［31］聂业孽捏

l ［31］列劣

tɕ ［31］接杰节结竭

tɕʰ ［31］茄瘸切缺

ɕ ［44］些靴［31］邪协歇雪血［53］写［213］谢

ø ［44］爷［31］叶噎阅月［53］也野［213］夜

uei

t ［213］对兑

tʰ ［213］退

n ［213］内

l ［31］雷［53］吕累屡［213］类

ts ［53］嘴［213］罪最醉

tsʰ ［213］脆翠粹悴

s ［31］谁随［213］岁遂

tʂ ［44］追

tʂʰ ［31］垂

ʂ ［53］水［213］睡税

ʐ ［53］蕊［213］锐

k ［44］归［213］桂贵跪柜

kʰ ［44］亏［31］葵

x ［44］灰徽［31］回［53］毁［213］会慧惠

ø ［44］威［31］桅危围维为$_1$微［53］尾委［213］位卫为$_2$味

au

p ［44］包［53］饱［213］报暴瀑曝

pʰ ［44］泡［31］袍［53］跑

m ［44］猫［31］茅［213］帽貌

t ［44］刀［53］倒［213］到稻道盗

tʰ ［31］桃

n ［53］脑［213］闹

l ［31］牢［53］老

ts ［44］糟［53］早

tsʰ ［31］曹［53］草［213］造糙

s ［53］扫

tʂ ［44］朝招［213］罩赵照

tʂʰ ［44］超［31］巢潮［53］炒

ʂ ［44］烧［53］少［213］绍

ʐ ［31］饶［53］绕

k ［44］高［53］稿搅［213］告

kʰ ［44］敲［53］考［213］靠

x ［31］毫［53］好

ø ［53］袄［213］奥

iau

p ［44］彪

pʰ ［44］飘

m ［213］缪

t ［44］雕［213］钓调吊

tʰ ［31］条［213］跳

n ［53］鸟

l ［31］聊燎［53］了

tɕ ［44］骄［213］教叫轿

tɕʰ ［31］桥

ɕ ［44］消萧器［31］淆肴［53］晓小［213］校笑效孝

ø ［44］妖［31］摇尧［53］咬舀［213］要

əu

m ［31］谋［53］某

f ［53］否

t ［53］斗［213］豆

t^h ［44］偷［31］头［213］透

l ［53］楼［213］漏

ts ［53］走［213］奏

ts^h ［31］愁

s ［213］瘦

tʂ ［44］周

$tʂ^h$ ［31］绸［53］丑

ʂ ［44］收［53］手首［213］兽寿

ʐ ［31］柔

k ［53］狗［213］够

k^h ［53］口

x ［31］侯［213］厚后

ø ［44］欧［53］藕

iəu

n ［31］牛［53］纽

l ［31］流

tɕ ［44］纠［53］九酒［213］就舅救

$tɕ^h$ ［44］秋丘［31］球囚

ɕ ［44］休［213］秀袖

ø ［44］优悠［31］由尤犹［53］有友［213］又右幼

ãn

p ［53］板［213］半办伴

p^h ［31］盘［213］盼判叛

m ［213］慢

f ［44］翻［31］凡［53］反［213］饭犯范贩

t ［44］单［53］胆

t^h ［31］谈潭［213］叹

n ［31］男难南

l ［31］蓝

ts^h ［44］餐［31］蚕［53］惨

s ［44］三［213］散

tʂ ［44］沾［53］斩展［213］站

$tʂ^h$ ［53］产铲

ʂ ［44］衫山删［53］陕闪［213］扇

ʐ ［31］然［53］染

k ［44］干［53］感敢

x ［44］酣［31］含寒［213］汉汗旱

ø ［44］庵安［213］暗岸

uãn

t ［44］端［53］短［213］断

t^h ［31］团

n ［53］暖

l ［213］乱

s ［44］酸［213］算

tʂ ［44］专［213］篆

tʂʰ ［31］船

ʐ ［53］软阮

k ［44］官观关［53］管［213］贯惯

kʰ ［44］宽

x ［31］还环［53］缓［213］换幻

ø ［44］弯［31］玩丸完［53］碗晚［213］万

ẽn

p ［53］本［213］笨

m ［31］门

f ［44］分［53］粉

t ［53］等［213］凳邓

n ［31］能［213］嫩

l ［53］冷

ts ［44］曾增争

tsʰ ［44］撑［213］衬

s ［44］森僧

tʂ ［44］真贞侦征［213］政阵正郑

tʂʰ ［31］陈沉乘承成城［213］趁

ʂ ［44］深身申声［53］审［213］甚剩盛

ʐ ［31］人仍［53］忍［213］认

k ［44］根跟耕更$_1$［213］更$_2$

kʰ ［44］坑［53］肯

x ［44］亨［53］很［213］恨

ø ［44］恩［213］硬

iẽn

p ［44］边［53］贬［213］便辨变

pʰ ［213］遍片

m ［213］面

t ［53］典［213］店

tʰ ［44］天［31］甜

n ［31］年［213］念

l ［31］联连廉［213］恋

tɕ ［44］监间坚奸［53］减检剪［213］渐件健见

tɕʰ ［44］千牵谦铅$_2$［31］钱前全权钳［53］犬

ɕ ［44］仙鲜先宣喧［31］嫌咸闲贤［53］险选［213］限陷现县

ø ［44］腌烟［31］严言缘沿铅元园圆［53］眼演远［213］验厌

uẽn

t ［213］顿

tʰ ［44］吞

l ［31］伦［213］论

ts ［44］尊遵

tsʰ ［31］存

s ［44］孙

tʂʰ ［44］春椿

ʂ ［31］唇纯［213］顺

ʐ ［213］闰

k ［53］滚［213］棍

k^h ［44］坤

x ［44］昏［31］魂

ø ［44］温［31］蚊文［213］问

ĩn

p ［44］冰兵［53］禀［213］病

p^h ［44］拼［31］贫瓶平［53］品

m ［31］民明名［53］敏［213］命

t ［44］丁［53］顶［213］定

t^h ［44］听$_1$［213］听$_2$

l ［31］林邻陵灵零［213］令

tɕ ［44］今金巾津均京经［53］紧［213］进尽近静

$tɕ^h$ ［44］清钦轻［31］秦群［53］请倾顷

ɕ ［44］心新欣星兴［31］寻旬行形

ø ［44］音因英［31］银云盈营［53］引隐尹［213］印运应孕

aŋ

p ［44］帮邦

p^h ［31］旁

f ［44］芳方［31］房防［213］放

t ［44］当$_1$［53］党［213］当$_2$

t^h ［31］唐

n ［31］囊

l ［31］郎［53］朗

ts^h ［44］仓

s ［44］桑

tʂ ［44］张［53］长$_2$掌［213］帐丈

$tʂ^h$ ［44］昌［31］长$_1$常［213］唱

ʂ ［44］商裳

ʐ ［213］让

k ［44］刚纲

k^h ［213］抗亢

x ［31］行［213］巷项

ø ［31］昂

iaŋ

n ［31］娘［53］仰

l ［31］良［53］两［213］亮

tɕ ［44］江姜将［53］讲

$tɕ^h$ ［44］腔［31］强祥详

ɕ ［44］香［53］想［213］像象

ø ［44］央［31］羊阳［213］样

uaŋ

tʂ ［44］庄［213］状

$tʂ^h$ ［44］窗［31］床［53］撞

ʂ ［44］双

k ［44］光

k^h ［44］匡［31］狂［213］矿况

x ［31］黄［53］谎

ø ［44］汪［31］忘王［53］网枉往［213］望旺

oŋ

p ［44］崩

p^h ［31］朋彭棚蓬

m ［31］蒙［213］梦孟

f ［44］风封［31］冯［213］奉

t ［44］东冬［213］动洞

t^h ［44］通［31］同［53］桶统［213］痛

n ［31］农

l ［31］龙隆［31］笼拢

ʦ ［44］宗［53］总

$ʦ^h$ ［31］从崇

s ［44］松嵩［213］送诵宋

ʈʂ ［44］中钟［213］重种

$ʈʂ^h$ ［44］充［31］虫［53］宠

ʐ ［31］绒茸

k ［44］宫公弓供恭［213］共

k^h ［44］空［53］恐

x ［44］轰［31］宏弘红

ø ［44］翁

ioŋ

$ʨ^h$ ［31］穷

ɕ ［44］兄胸［31］熊雄

ø ［31］荣融［53］永［213］用

m̩

m ［44］们我～，你～［31］木目［53］母亩

v̩

f ［44］呼乎［31］狐胡忽扶符福服［53］虎府腐［213］户父妇负

ø ［44］乌［31］无吾握沃屋［53］五午武［213］务

旺苍方言同音字汇[①]

程润峰[②]

摘　要　本文描写四川省旺苍县方言的声韵调系统和音韵特点，并详细记录其同音字汇。

关键词　旺苍方言；四川方言；西南官话；同音字汇；语音系统

旺苍县隶属四川省广元市，位于四川盆地北缘、米仓山南麓。地处东经 105°58′24″—106°46′2″，北纬 31°58′45″—32°42′24″之间。东邻巴中市南江县、巴州区，西靠昭化、利州、朝天三区，南连苍溪县，北接陕西省宁强县、南郑区。2020 年全县面积 2987 平

① 本文系国家社会科学基金项目“现代汉语语气词的句法语用互动研究”(17BYY027）的阶段性成果。

② 程润峰，男，四川广元人，华中师范大学语言与语言教育研究中心硕士研究生。研究方向：方言学、语用学。

方千米，人口超 53 万，下辖东河、嘉川、白水、普济、黄洋、木门、张华、三江、五权、英萃、国华等 21 个镇，以及燕子、檬子两个乡[1]。

《中国语言地图集（第 2 版）》中，旺苍方言属于西南官话区成渝片。李蓝将之归为川黔片成渝小片[2]。周及徐指出，现今的四川方言以岷江为界，可以分为“湖广话”和“南路话”两大部分，前者是移民方言传播的结果，后者是本土方言演化的结果[3]。根据周夏冰的调查，旺苍方言既较多地保留了“古南路话”的底层，也存在不少的“湖广话”特征[4]。程润峰认为，川北地区在空间上的地理交界性，以及本土方言和移民方言所构成的历时层次性，使得旺苍方言呈现出较为复杂的语言面貌[5][6]。

发音合作人：李秀发，男，1949 年出生，小学文化；唐以珍，女，1953 年出生，小学文化。二人一直居住在旺苍县东河镇百丈关社区，长期务农，且无外出经历，只说旺苍话。方音调查时间为 2021 年 6 月 1 日至 7 日。

一、旺苍方言语音系统

（一）声母

1. *声母表*

声母 26 个，包括零声母。

p 八摆背便薄布	p^h 爬牌滂盆坡	m 妈买妹眉		f 发飞风胡
t 大弟豆多在	t^h 他讨土铜腿脱		l 那老努吕	

ts 紫字坐昨蘸借就	ts^h 草粗搓拆初		s 四死素蓑	
tʂ 渣粘张纸侄朱	$tʂ^h$ 茶抄柴扯丑处		ʂ 傻手刷说	ʐ 日热软
tʃ 挤鲫荐姐接居井	$tʃ^h$ 七抢切浸雀确		ʃ 西谢雪靴	
tɕ 鸡加九救晶净	$tɕ^h$ 奇欺悄墙清球	ȵ 严眼年牛女	ɕ 心夏想许	
k 高果共刮角	k^h 开课枯宽跪	ŋ 安熬恩硬我	x 河活花好	
ø 二五万尾药瓦衣椅忧月扔饿蜗沃歪舀网容用勇				

2. 声母音值说明

（1）p^h 逢-i 时，浊擦化倾向明显。

（2）l、n 的对立性不强，洪音前混同，而细音前的来母为 l，故统一记为 l。

（3）细音前的三、四等泥母腭化为 ȵ。

（4）ts、ts^h、s 的舌位较普通话靠后，但与 tʂ 组对立。

（5）tʂ、$tʂ^h$、ʂ、ʐ 的舌位较普通话靠前，但与 ts 组对立[7]。

（6）tʃ、$tʃ^h$、ʃ 为舌叶音，发音部位同时在舌尖和舌面，该组声母应为尖音腭化过程中的过渡性声母[4]。

（二）韵母

1. 韵母表

韵母 38 个，包括自成音节的韵母。

ɿ 此四死丝紫字	i 笛鸡离米泥皮	u 补步苦六木秃	y 雨芋女蛆
ʅ 十师日侄			
ɚ 二儿耳扔			
ɑ 爸那茶沙	iɑ 牙家虾瞎	uɑ 瓦滑瓜刮抓	
	ie 腋北节借	uɛ 国括或获	yɛ 月决缺雪
o 婆多罗脱左	io 药略脚雀学削	uo 饿蜗沃窝	

ɤ 哥个可科颗卧			
ai 猜带开买在		uai 怪快摔	
ei 杯肺美色蛇拆		uei 锤对雷泪水	
ɑu 宝刀老猫讨	iɑu 飘焦挑小笑		
əu 丑豆肉头走	iəu 游丢酒流		
ɑn 班南三山站	iɛn 变点县田	uɑn 晚端官酸	yɛn 远捐犬鲜
ən 本邓炖根门	in 银浸冰明	uən 村蹲笋蚊	yn 润军琼准
ɑŋ 帮房滂唐肠	iɑŋ 降凉响	uɑŋ 床光网	
oŋ 东冬碰痛粽		uoŋ 翁瓮嗡	yoŋ 穷容用勇

2. 韵母音值说明

（1）ɿ、ʅ 的对立性较强，其中 ɿ 接近标准元音，ʅ 的舌位较普通话靠前。-i 逢 p^h 时，舌尖化倾向明显，但不是 ɿ，仍记为 i。

（2）ɑ 在-iɛn、-yɛn 中舌位偏前、偏高，为 ɛ。

（3）e 在-uɛ、-yɛ 中舌位偏低，为 ɛ；在-ən、-uən 中舌位偏央，为 ə。

（4）e 作单元音韵母时，后面经常会跟一个 i 韵尾，即实际上为 ei。

（5）o 在-əu、-iəu 中舌位偏央，为 ə。

（6）ɤ 只出现在零韵尾的单元音韵母。

（7）-ɑn、-iɛn、-uɑn、-yɛn 的鼻音韵尾较弱。

（8）-ən、-in、-uən、-yn、-ɑŋ、-iɑŋ、-uɑŋ、-oŋ、-uoŋ、-yoŋ 的鼻音韵尾较强。

（三）声调

1. 声调表

单字调5个，包括入声，不包括轻声。

调类	阴平	阳平	上声	去声	入声
调值	44	21	52	213	33
例字	菠灯风该粘	门牛皮婆唐	摆懂九买美	坝饭怪快四	鼻插戳侄绿

2. 声调音值说明

（1）上声的降调明显，似乎降调前还有很小幅度的升调，周夏冰记为451[4]，因为这种升调不稳定、难察觉，暂且记为52。

（2）去声先降调后升调，升调的幅度略大于降调的嗝度，故记为213。

（3）入声单念为平调，略低于阴平；在语流中似乎为降调，王丽（2008）记为21。

（四）音韵特点

1. 声母特点

旺苍话部分分平翘舌，部分分尖团音，但却没有声母n。旺苍话还有tʃ、tʃʰ、ʃ三个舌叶音声母。

2. 韵母特点

旺苍话中大部分果摄一等见系的韵母为-ɤ。旺苍话没有零韵尾韵母e，要么变为-ei，如“拆蛇咳”等，要么变为-ie，如“得特”等，要么变为-ɤ，如“阿河哥科”等。旺苍话的鼻音韵尾较为完整。

3. 声调特点

旺苍话阴平、阳平、上声、去声四个调类的调型与成都话①大致相同，但阴平和上声的调值不一样。旺苍话的入声独立，但保留的入声字不多，且呈减少趋势。

二、旺苍方言同音字汇

本字汇按韵母、声母、声调顺序排列，同韵母的字按声母顺序排列，声、韵相同的字按声调顺序排列。有音无字或本字不清的字用方框“□”表示，并用小字注释。例子也是以小字呈现，例子中的波浪线“～”代表原字。若有文白异读的情况，文读字下加双横线“＿”，白读字下加单横线“＿”。

ɿ

ts ［44］资姿咨兹滋［52］紫姊子梓滓［213］自字

tsʰ ［44］疵瑕～差参～［21］雌瓷糍慈磁辞词祠［52］此［213］刺赐次

s ［44］斯厮撕私司丝思［52］死似～乎祀巳［213］四肆伺寺嗣饲

i

p ［44］逼［21］蓖弼璧壁［52］陛彼俾婢鄙比秕笔［213］蔽敝弊毙币闭臂避庇痹篦毕必［33］鼻碧

pʰ ［44］批披丕劈［21］皮疲脾琵枇僻［52］匹［213］譬屁辟

m ［21］迷弥眉［52］米靡［213］谜秘泌密叠音形式为副词，表示某人持续某个动作或状态，暗含不耐烦，比如“你莫把我～～盯倒起”蜜觅

t ［44］低堤～坝滴［21］的目～嫡笛敌狄［52］底抵弟［213］帝第递地

tʰ ［44］梯剔堤河～［21］题提蹄啼踢

① 参见李荣主编，梁德曼、黄尚军编撰的《成都方言词典》（江苏教育出版社，1998年）第8页。其载成都话阴平为55，阳平为21，上声为53，去声为213。

[52]体[213]替涕剃屉

l [21]犁黎倪离篱璃梨厘狸[52]礼李里理鲤拟[213]例厉励丽隶荔利吏立笠粒栗力逆历

tʃ [21]缉辑鲫[52]挤[213]济剂系~鞋带[33]集

tʃʰ [44]妻[21]齐脐七[52]荠[213]砌

ʃ [44]西嬉熙夕[21]习袭席[52]喜[213]婿女~系关~

tɕ [44]鸡稽饥肌基几~乎机讥饥击激[21]急级给供~及疾吉即极戟积迹脊籍藉绩[52]技妓几茶~、~个己纪[213]祭际计继髻寄冀记忌既季寂

tɕʰ [44]欺期漆[21]畦奇骑岐祈鳍其棋旗祈泣戚[52]启企起杞岂乞[213]契器弃气汽

ȵ [21]泥尼匿[52]你[213]腻溺

ɕ [44]栖犀溪奚兮牺希稀吸惜昔锡析[21]悉膝息熄媳[52]洗玺徙[213]细戏

ø [44]伊医衣依揖作~[21]宜仪移夷姨疑饴沂遗乙一逸翼亦易交~[52]蚁倚椅矣已以[213]艺刈缢谊义议易容~肄~业意异毅忆亿益译疫役[33]抑

u

p [21]不卜[52]补部簿[213]布怖步捕埠商~

pʰ [44]铺~盖[21]蒲菩脯胸~、果~朴扑仆[52]谱普浦[213]铺店~曝瀑

m [21]模~子模~范摹~仿[52]牡母拇[213]暮慕墓募幕木目穆牧牟

f [44]夫肤敷孵麸[21]胡湖狐俘符扶芙浮佛仿~缚福幅蝠复~读腹覆服伏[52]府腑俯甫斧抚父釜腐辅妇负阜[213]付赋傅赴讣附富副复~兴

t [44]都成~督[21]独读牍犊牛~笃[52]堵赌肚杜毒[213]妒度渡镀

tʰ [44]突秃[21]徒屠途涂图[52]土吐~痰[213]吐呕~兔

l [21]奴卢炉芦鸬庐[52]努鲁橹虏卤[213]怒路赂露鹭鹿禄六陆录

ts [44]租[21]卒兵~足[52]祖组阻[213]助

tsʰ [44]粗初[21]锄猝~死族家~[52]楚[213]醋促

s [44]苏酥梳疏蔬[21]俗[52]数动词[213]素诉塑疏数名词肃粟

tʂ [44]猪诸诛蛛株朱珠[21]竹筑逐轴烛[52]褚煮柱主嘱[213]著箸~子:筷子驻注住蛀铸祝

tʂʰ [44]出[21]除储厨雏[52]处相～杵拄～拐杖[213]处～所畜～牲触

ʂ [44]书舒枢输殊叔[21]述熟煮～淑赎[52]暑鼠黍竖蜀属[213]庶恕署薯戍树漱术束

ʐ [21]如儒[52]汝乳擩～进去:塞进去辱[213]入褥

k [44]姑孤[21]骨谷[52]古估股鼓[213]故固锢雇顾

kʰ [44]箍枯[21]窟哭[52]苦[213]库裤酷

x [44]呼乎忽[21]胡湖狐壶葫[52]虎浒水～户沪[213]互护瓠

ø [44]乌污巫诬屋[21]吴蜈吾梧无[52]五伍午坞武舞侮鹉[213]误悟恶可～务雾戊物勿

y

l [21]驴律率效～[52]吕旅缕履[213]虑滤屡[33]绿

ts [52]聚

tʃ [44]居车象棋中的一种棋子拘[21]菊[52]举巨拒距[213]据具

tʃʰ [44]蛆黢～黑:很黑

ʃ [44]虚嘘[21]恤速[52]序叙绪

tɕ [44]驹[21]橘剧局[52]矩[213]锯俱句惧

tɕʰ [44]趋区驱屈曲弯～[21]渠瞿[52]取娶曲歌～[213]去～皮趣

ȵ [52]女

ɕ [44]墟须需戌[21]徐[52]许[213]絮续遂隧宿～舍畜～牧蓄续

ø [44]淤迂[21]鱼渔於余馀愚虞娱于盂榆逾愉域[52]语与雨宇禹羽愈[213]御誉预豫遇寓芋喻裕郁育玉狱欲浴

ʅ

tʂ [44]知蜘支枝肢栀脂之多用于谓语前或补语前，表示强调，如"那个场面之龌龊，之吓人""人长得之帅"芝汁织只一～小鸟[21]执秩质稙直值职殖植[52]纸只～有雉旨指痔止趾址[213]滞制智致稚至置治志志痣掷炙[33]侄

tʂʰ [44]痴嗤～笑吃[21]池驰迟持饬赤斥[52]侈耻齿尺[213]翅

ʂ [44]施师狮尸诗湿虱失[21]匙钥～时十什～物拾实室食蚀识式饰适释石[52]豕是氏矢屎士仕柿俟使史驶始市恃[213]世势誓逝豉豆～示视嗜事试侍

ʐ [21]日

ɚ

ø [44]扔[21]儿而[52]尔耳[213]二贰饵

ɑ

p [44]巴芭疤八[21]拔[52]把~握罢[213]霸把带~子:说话不文明;扯~子:说话不靠谱坝爸

p^h [21]爬琶杷[213]怕帕耙放~子:放水,故意保留实力

m [44]妈[21]麻蟆癞蛤~抹~桌子[52]马码[213]骂

f [44]发[21]法乏发伐筏罚

t [44]搭[21]答沓名量词,一~百零券儿达[52]打[213]大

t^h [44]他[21]踏拓~本塔榻塌獭水~

l [44]拉[21]拿纳腊蜡捺辣[52]哪~个[213]那

ts [21]杂

ts^h [44]擦

s [44]撒可作语气词,表示较弱的疑问情态萨[52]洒

ʈʂ [44]渣扎~针[21]眨闸炸轰~札扎~辫子铡~刀[213]诈榨炸~弹乍栅~栏

$ʈʂ^h$ [44]叉杈差~不多[21]茶搽茬查察[213]岔[33]插

ʂ [44]沙纱[21]杀[52]傻洒[213]厦偏~

k [21]噶语气词,表示较弱的疑问情态[213]尬

k^h [52]卡~片胩两腿之间的部分

x [21]蛤癞~蟆[213]吓~一跳下底~

iɑ

t [44]□~起:提到半空中[52]嗲发~

tɕ [44]家加痂嘉佳[21]夹甲"指~"中读 $tɕ^h$iɑ21 胛肩~骨[52]假真~贾[213]假放~架驾嫁稼价

$tɕ^h$ [21]恰掐洽[52]卡发~、~列子

ɕ [44]虾[21]霞瑕遐狭峡匣瞎辖[52]夏姓厦~门[213]下~降夏~天暇

ø [44]鸦丫桠[21]牙芽衙涯鸭押压轧~棉花[52]雅哑[213]砑~平亚

uɑ

ʈʂ [44]抓~子:干什么[21]琢□~梦脚:做梦;~瞌睡:睡觉;~你一脚:踹你一脚[52]爪

ʂ [21]刷[52]耍~朋友:谈恋爱

k [44]瓜[21]刮程度副词[52]寡剐[213]挂卦

k^h [44]夸[52]垮[213]跨挎动词,提起来,如"把裤子~一下"

x [44]花[21]华中~划~船滑猾[213]化华~山桦画话划计~

ø [44]蛙洼挖[21]袜[52]瓦

ie

p [44]鳖憋[21]别北百柏伯白日~:

撒谎

pʰ [44]撇~捺、~开;"~嘴""嘴巴~起"中读 piɑ52[21]迫拍魄

m [21]灭篾墨默□小。~娃儿:小孩子

t [44]爹[21]跌叠牒蝶谍得德[33]碟

tʰ [21]帖贴铁[213]特

l [21]猎列占~子:排队;卡(tɕʰiɑ52)~子:插队裂肋"~巴骨"中读 liɑ21 勒[33]烈

ts [44]皆[213]借

tsʰ [52]且

tʃ [21]接[52]姐[213]芥届戒械

tʃʰ [21]茄妾切

ʃ [44]些[21]邪斜谐[52]写[213]泻卸谢

tɕ [44]揭阶~梯街~道[21]捷劫杰节截结洁[52]解~释[213]介~意界~定

tɕʰ [21]怯[213]去~哪儿

ȵ [21]聂蹑~手~脚的:形容一个人行动不方便或者体态猥琐业做作~孽[33]镊~子捏

ɕ [44]歇蝎[21]携胁协泄鞋~后跟[213]懈

ø [44]噎[21]耶爷叶页曳摇~[52]也野[213]夜液腋

uɛ

k [44]郭[21]国

kʰ [21]括阔廓扩

x [21]豁霍藿~香正气液惑[213]或获

yɛ

l [21]虐疟

tʃ [21]绝

tʃʰ [21]瘸~子却

ʃ [44]靴[21]雪

tɕ [21]厥蹶脾气~掘决~人:骂人,此时读 tʃyɛ21 诀倔~强觉知~

tɕʰ [44]缺

ɕ [21]薛屑血穴

ø [44]曰约[21]悦阅月[213]越粤岳

o

p [44]波菠玻钵拨剥[21]勃饽博薄刻~泊驳帛[52]跛簸~一~[213]簸~箕薄~荷

pʰ [44]坡泼[21]婆[52]剖[213]破

m [44]摸[21]魔~鬼磨~刀摩馍末沫抹没沉~莫膜寞[213]磨石~陌[33]魔~芋

f [21]佛乐山大~

t [44]多掇拾~手[21]夺铎踱[52]舵朵躲惰垛[213]剁

tʰ [44]拖托[21]驼驮脱[52]妥椭[213]唾

l [44]啰捋~袖子[21]挪罗锣箩骡螺脶~或~~专指同心圆状的手指文诺落烙骆酪洛络乐快~[52]裸瘰[213]糯摞~起来

ts [21]作工~凿昨[52]左坐[213]佐~料座做

tsʰ [44]搓撮一~米[21]矬错犯~[213]锉莝~草措错~误

s [44]蓑梭唆莎~草缩[21]索[52]锁琐所

tʂ [44]拙桌捉[21]着酌卓琢镯

tʂʰ [21]绰~~有余浊浑~、混~;黑~~:很黑[33]戳可作完成体标记,比如"吃~""睡~"

ʂ [44]说~话[21]朔

ʐ [21]若弱

k [21]各胳~膊[52]角牛~

kʰ [21]搁壳

ŋ [21]恶~人[52]我

x [21]和~气禾活[52]火伙祸[213]货和~面

io

l [21]劣略掠

tʃ [21]爵脚

tʃʰ [21]瞧雀鹊确

ʃ [21]削学

ø [21]药钥~匙[213]乐音~

uo

ø [44]倭窝蜗[21]握沃[213]饿

ɤ

k [44]歌哥锅戈割[21]蛤鸽葛[52]果裹[213]个过

kʰ [44]科窠棵[21]磕渴[52]可颗[213]课

ŋ [44]阿~胶[21]蛾鹅俄讹鄂额扼[213]卧

x [44]喝~酒、吆~[21]河何荷~花合盒核鹤赫[213]荷薄~

ai

p [44]掰用手~开[52]摆[213]拜败

pʰ [21]排牌[213]派

m [21]埋麦脉[52]买□~子:动量词,表示速度较快、用时较短,暗含催促[213]卖迈

t [44]呆[52]待怠殆在[213]戴贷代袋带大~夫

tʰ [44]胎[21]台苔青~抬[213]态太泰

l [21]来[52]乃奶[213]耐奈赖癞

ts [44]灾栽[52]宰载一年半~[213]再载~重、满~而归

tsʰ [44]猜[21]才材财裁[52]彩采睬[213]菜蔡

s [44]腮鳃[213]赛

tʂ [44]斋[21]宅窄[213]债寨

tʂʰ [44]钗差出~[21]豺柴

ʂ [44]筛[213]晒

k [44]该阶街[52]改解~手:上厕所[213]盖丐介~绍一下

kʰ [44]开揩[52]凯楷[213]概溉慨

ŋ [44]哀埃挨~得很近[21]崖挨~打[52]矮[213]碍爱艾蔼和~隘

x [21]孩鞋~子还[52]海亥骇蟹螃~[213]害

uai

tʂ [44]拽好~:形容人很神气、很嚣张[213]拽拉

tʂʰ [52]揣喘

ʂ [44]衰摔[21]率~领蟀[213]帅率~性

k [44]乖[52]拐[213]怪

kʰ [213]块会~计快筷

x [21]怀槐淮[213]坏

ø [44]踒脚~了歪也可以形容一个人脾气很大[213]外

ei

p [44]杯碑卑悲[52]倍被~子:铺盖[213]贝辈背焙被~迫备

pʰ [44]胚坯[21]陪赔裴[52]培[213]沛配佩

m [21]梅枚媒煤楣霉[52]每美[213]妹昧媚寐

f [44]非飞妃[21]肥[52]匪[213]废肺吠痱~子费翡

l [52]累~积[213]累连~

ts [21]责

tsʰ [21]则否~侧测拆~迁泽沼~择策册[213]厕

s [44]噻语气词,表示较弱的疑问情态[21]涩瑟塞色啬

tʂ [44]遮摘[21]褶蛰哲蜇辙折浙[52]者[213]蔗

tʂʰ [44]车轿~[21]彻撤[52]扯

ʂ [44]奢赊[21]蛇摄涉舌在"~头"中读作 ʂɑ21 设折筷子~了射[52]舍四~五入社[213]射麝赦舍宿~

ʐ [21]热[52]惹

k [21]阁格革隔

kʰ [21]刻时~克客[213]咳

x [21]黑核[213]贺吓~人

uei

t [44]堆[213]对队兑

tʰ [44]推[52]腿[213]退蜕褪

l [21]雷[52]儡垒[213]内累~人类泪

ts ［21］贼［52］罪嘴［213］最醉

ts^h ［44］催崔姓［213］脆翠粹

s ［44］虽［21］随绥［52］髓［213］碎岁穗

tʂ ［44］追锥［213］缀赘坠

$tʂ^h$ ［44］吹炊［21］垂槌锤

ʂ ［21］谁［52］水［213］税睡

ʐ ［52］蕊［213］芮姓锐瑞

k ［44］圭闺规龟归［52］诡轨鬼［213］鳜～鱼桂柜贵

k^h ［44］盔亏窥［21］魁奎逵葵［52］傀跪癸［213］溃刽愧

x ［44］恢灰麾挥辉徽［21］回茴～香［52］贿悔汇毁［213］晦桧会绘秽惠慧讳汇

ø ［44］煨危萎微威［21］桅为作～维惟违围［52］委唯尾伟苇［213］卫伪喂为～啥子位未味魏畏慰纬胃谓猬

ɑu

p ［44］褒包胞雹［52］保堡宝抱饱鲍［213］报暴菢～小鸡豹爆

p^h ［44］泡名量词，撒泡尿；形容词，这个面包是泡的抛［21］袍刨～地狍［52］跑［213］炮泡～在水头刨狗～：一种游泳的姿势

m ［44］猫［21］毛茅锚矛［52］卯［213］冒帽貌茂贸

t ［44］刀叨［52］祷岛倒打～；可作动词的趋向补语，后常跟“起”，如“默倒（起）”“估倒（起）”“阴倒（起）”等［8］道稻［213］到倒～水盗导

t^h ［44］滔掏涛［21］桃逃淘～米陶萄［52］讨［213］套

l ［44］捞［21］劳牢唠铙挠［52］脑恼老［213］涝闹

ts ［44］遭糟［52］早枣蚤澡皂［213］躁灶

ts^h ［44］操［21］曹槽［52］草造［213］糙

s ［44］骚［52］扫～地嫂［213］臊扫～帚

tʂ ［44］朝今～昭招［52］找赵兆沼［213］罩棹桨召照诏

$tʂ^h$ ［44］抄钞超［21］巢朝广元市～天区潮鞡～起棍子焯放到水里～一～［52］炒吵

ʂ ［44］梢捎烧［21］韶勺芍［52］少多～绍［213］稍潲猪食少～年邵

ʐ ［21］饶桡［52］扰绕围～［213］绕～了几圈

k ［44］高膏篙羔糕［52］稿搞［213］告膏

k^h ［44］敲［52］考烤［213］靠犒

ŋ ［21］熬［52］袄懊~恼［213］傲奥懊~悔

x ［44］蒿蓬~薅~羊毛［21］豪壕毫号呼~郝姓［52］好~坏浩［213］好喜~耗号~码

iɑu

p ［44］膘标彪［52］表鳔

pʰ ［44］飘漂~浮［21］瓢嫖［52］漂~白［213］票漂~亮

m ［21］苗描［52］藐渺秒［213］庙妙

t ［44］刁貂雕［213］钓吊掉调声~

tʰ ［44］挑［21］条调~料［213］跳

l ［21］燎野火~原聊辽撩寥［52］燎~眉毛、~头发了~结瞭［213］疗料廖姓

tʃ ［21］嚼

tʃʰ ［213］俏

tɕ ［44］交郊胶教~书焦蕉椒骄娇浇［21］饺［52］角~度绞狡铰搅剿矫缴侥~幸［213］教~育校~对较酵窖觉睡~轿叫

tɕʰ ［44］锹敲［21］樵乔侨桥荞［52］巧悄［213］鞘刀~窍

ȵ ［52］鸟［213］尿

ɕ ［44］消宵霄销嚣萧箫［52］小晓［213］孝效校~长笑

ø ［44］妖邀腰要~求么~舅舅吆~喝［21］肴摇谣窑姚尧跃活~［52］咬舀~水杳~无音信［213］要重~耀鹞

əu

f ［52］否

t ［44］都~是兜［52］斗~篷抖陡［213］斗战~豆逗

tʰ ［44］偷［21］头投［213］透

l ［44］搂~搜：脏乱、不整齐、吝啬［21］楼耧［52］篓搂抱［213］漏陋

ts ［44］邹掫往上~［52］走［213］奏

tsʰ ［213］凑

s ［44］搜飕馊饭~了［52］叟［213］嗽

tʂ ［44］周舟州洲粥［52］肘纣帚［213］昼宙皱绉骤咒

tʂʰ ［44］抽［21］绸稠筹愁仇酬［52］丑瞅［213］臭~味

ʂ ［44］收［52］手首守受［213］瘦兽寿授售

ʐ ［21］柔揉［213］肉

k ［44］勾拉~~钩沟［52］狗苟［213］够构购勾~当

kʰ ［44］抠动作动词，用手指或细小的东西从里面往外挖；形容词，形容吝啬［52］口叩［213］扣寇

ŋ ［44］欧瓯［52］藕偶配~呕殴［213］偶~然沤怄~气

x ［21］侯喉猴［52］吼厚后［213］候

iəu

m ［213］谬

t ［44］丢

l ［21］流刘留榴硫琉［52］柳［213］溜馏

ts ［213］就

tɕ ［44］鬏梳个～～儿鸠阄纠［52］酒九久韭灸舅咎［213］救究旧柩

tɕʰ ［44］秋丘［21］囚泅求球

ȵ ［21］牛［52］纽扭

ɕ ［44］修羞休［52］朽□杵在某个地方不动［213］秀绣宿星～锈袖嗅用鼻子～一下

ø ［44］忧优悠幽［21］尤邮由油游犹［52］有友酉莠诱［213］又右佑柚鼬釉幼

ɑn

p ［44］班斑颁扳般搬［52］板版伴拌［213］扮瓣办半绊

pʰ ［44］攀潘［21］盘［213］盼判叛

m ［21］蛮瞒馒［52］满［213］慢漫幔

f ［44］帆藩翻番［21］凡烦矾繁［52］范犯反［213］泛贩饭

t ［44］耽担丹单［52］胆淡掸鸡毛～子诞［213］担旦但弹子～蛋

tʰ ［44］贪坍滩摊［21］潭谭谈痰檀坛弹～琴［52］毯坦［213］探炭叹

l ［21］南男蓝篮难好～兰拦栏［52］览揽榄懒［213］滥缆难患～烂

ts ［44］簪［52］攒［213］暂錾站～立蘸赞灒

tsʰ ［44］参～加餐［21］蚕惭残［52］惨［213］灿

s ［44］三［52］散鞋带～了伞［213］散分～

tʂ ［44］沾粘瞻占～卜毡［52］斩盏展［213］站车～占～有绽栈战

tʂʰ ［44］搀［21］谗馋蟾～蜍缠蝉禅～宗［52］产［213］颤“打～～”中读 tʂɑn213

ʂ ［44］杉衫山删膻扇动词［52］陕～西闪善［213］扇名词或量词膳单姓禅～让

ʐ ［21］然燃［52］染冉

k ［44］甘柑泔尴干形容词,好～肝竿［52］感敢橄杆秆擀～面赶［213］干～活、～部、树～

kʰ ［44］堪龛看～守刊［52］坎砍［213］勘看～见

ŋ ［44］庵安鞍［52］揞用手～住［213］暗岸按案

x ［44］憨酣鼾扯噗～：睡觉打呼噜［21］含函咸寒韩［52］撼喊罕旱［213］憾汉汗焊翰

iɛn

p [44]鞭编边蝙[52]贬辨辩扁匾辫[213]变汴便方～；副词，～不来：一直不来（虽然最终会来）遍

p^h [44]篇偏[21]便～宜[213]骗片

m [21]绵形容很慢或不按时棉眠[52]免勉娩分～缅渑～池[213]面

t [44]掂颠[52]点簟竹席典[213]店电殿奠佃垫

t^h [44]添天[21]甜田填[52]舔腆～起个肚子

l [21]廉镰帘连联怜莲[52]敛收～脸辇[213]殓练炼恋

ts [44]尖煎[52]剪践[213]箭溅～一身水贱饯～行

s [44]仙～人板板：詈辞，偶尔也用作昵称

tʃ [44]监[52]舰检[213]鉴剑广元市～阁县荐

$tʃ^h$ [44]迁千[21]嵌钱前[52]浅

ʃ [44]先[21]衔

tɕ [44]歼兼搛艰间空～、中～奸犍～子肉笺肩坚[52]减碱渐俭简裥柬拣件键茧[213]间～断谏涧锏建健腱见

$tɕ^h$ [44]签谦牵铅[21]潜钳乾虔掮～客犍～为县[52]遣[213]欠歉

ȵ [44]腌拈蔫食物不新鲜[21]黏严延筵年[52]俨眼碾捻撵[213]验念

ɕ [21]嫌闲涎贤[52]险限[213]陷馅苋～菜线羡宪献现县

ø [44]淹阉焉心不在～蔫花～了烟燕～京[21]岩炎盐阎檐颜言研[52]掩魇演兖[213]厌艳焰盐雁晏谚堰砚燕～子咽宴

uan

t [44]端[52]短断～绝[213]断决～锻段缎椴

t^h [21]团

l [21]鸾[52]暖卵[213]乱

ts [44]钻动词[52]纂编～[213]钻名词

ts^h [213]窜篡

s [44]酸[213]算蒜

ʈʂ [44]专砖[52]转～眼篆[213]赚转～圈圈传～记撰～写

$ʈʂ^h$ [44]川穿[21]传～达椽船[52]铲[213]串

ʂ [44]珊拴[213]涮

ʐ [52]软阮

k [44]官棺观参～冠衣～鳏～寡关[52]管馆[213]贯灌罐观道教的庙宇冠～军惯

k^h [44]宽[52]款

x [44]欢[21]桓还～原环[52]缓[213]唤焕换幻患宦

ø [44]豌剜弯湾[21]完丸顽[52]皖碗晚挽宛[213]玩腕万蔓瓜~子

yɛn

tʃʰ [21]泉

ʃ [44]鲜新~宣[21]旋~转[52]鲜~少癣选[213]旋~吃~做

tɕ [44]捐[52]卷动词，~起圈猪~[213]眷卷名词，文件绢倦

tɕʰ [44]圈~套[21]全拳权颧~骨[52]犬[213]劝券

ɕ [44]轩掀喧[21]弦玄悬[52]显[213]楦眩

ø [44]冤渊[21]圆员缘沿元原源袁辕园援[52]远[213]院願怨

ən

p [44]奔[52]本笨[213]奔

pʰ [44]喷烹□背靠在门或墙上[21]盆彭膨[213]喷~香

m [21]门[213]闷

f [44]分芬纷[21]焚坟[52]粉愤忿[213]粪奋份~子钱

t [44]登灯[52]等[213]顿凳邓澄把水~一~瞪炖~菜

tʰ [44]吞[21]豚腾誊藤疼

l [21]论~文仑能楞[52]冷[213]嫩论议~

ts [44]曾姓增憎[213]赠锃~亮

tsʰ [44]参~差撑[21]岑曾~经层[213]蹭

s [44]森孙僧[52]损

tʂ [44]针斟珍榛臻真征蒸争筝睁贞侦正[52]枕诊疹拯整[213]镇阵振震证症郑正政

tʂʰ [44]称~呼[21]沉陈尘辰晨臣澄~清惩橙乘承丞橙呈程成城诚盛饭~满了[52]逞[213]趁衬秤相~秤一杆~

ʂ [44]参人~深身申伸娠升生牲笙甥声[21]神绳[52]甚沈审婶甚肾省~长[213]渗慎剩胜圣盛茂~

ʐ [21]壬任姓人仁仍[52]忍[213]任责~纫刃认韧

k [44]跟根更~换庚羹耕[52]哽埂梗耿[213]更~加

kʰ [44]坑[52]恳垦肯

ŋ [44]恩[213]硬

x [44]亨[21]痕恒衡横~直[52]很[213]恨横蛮~

in

p [44]彬宾槟冰兵[52]禀丙秉饼并~且[213]殡鬓柄病并合~

pʰ [44]拼[21]贫频凭平坪评瓶屏萍[52]品[213]聘

m　[21]闽民鸣明名铭[52]悯敏抿皿[213]命

t　[44]丁钉名词[52]顶鼎[213]钉动词订定

tʰ　[44]听厅[21]亭停廷庭蜓[52]艇挺

l　[44]拎[21]林淋临邻鳞磷陵凌菱灵零铃伶翎[52]檩领岭[213]吝令另

tʃ　[44]津巾[52]紧～得:副词,一直井颈[213]仅

tʃʰ　[44]亲～人轻青[21]秦[213]浸亲～家

ʃ　[52]省反～[213]衅性姓

tɕ　[44]今金禁～不住襟斤筋粳～米茎京荆惊鲸精晶睛经[52]锦尽谨近境景警静靖[213]禁～止进晋劲有～敬竟镜竞净径经

tɕʰ　[44]侵钦卿清蜻[21]琴禽擒勤芹擎情晴[52]寝请[213]庆

ȵ　[21]凝宁安～[213]赁宁～可佞

ɕ　[44]心辛新薪欣兴～旺星腥馨[21]行～为形型刑[52]杏幸醒[213]信兴高～行品～

ø　[44]音阴因姻殷应～当鹰莺鹦樱英婴缨[21]吟淫银寅蝇迎盈赢营萤[52]饮引隐影颖[213]荫窨印应～对映

uən

t　[44]敦墩蹲[21]饨[52]沌盾[213]钝遁

tʰ　[21]屯臀[52]囤

l　[21]伦沦轮

ts　[44]尊遵

tsʰ　[44]村[21]存[52]忖[213]寸

s　[52]笋榫

tʂ　[44]谆[52]准～备

tʂʰ　[44]椿春[52]蠢

ʂ　[21]唇纯醇酒味很～[213]顺舜

k　[52]滚[213]棍

kʰ　[44]昆坤[52]捆[213]困

x　[44]昏婚荤[21]魂馄浑[52]混

ø　[44]温瘟[21]文纹蚊闻[52]稳吻刎[213]问

yn

tʃ　[21]肫～肝[52]准不～[213]俊

ʃ　[21]巡[213]讯逊～白:很白迅殉

tɕ　[44]皲均钧君军[52]窘菌[213]浚郡

tɕʰ　[44]倾[21]群裙琼[52]顷

ɕ　[44]熏勋薰[21]寻荀旬循[213]训

ø　[21]匀云[52]允尹永[213]润闰熨韵运晕孕咏

ɑŋ

p [44]帮邦[52]榜绑棒蚌[213]谤傍

p^h [44]滂~臭:很臭[21]旁螃~蟹庞[213]胖

m [21]忙芒茫盲[52]莽蟒

f [44]方芳[21]肪妨房防[52]仿效~、~佛纺[213]放访

t [44]当~时[52]党挡荡[213]当~作宕

t^h [44]汤[21]堂棠螳唐糖塘[52]倘躺[213]烫趟~子:动量词,表示赶紧、顺便

l [21]囊郎廊狼螂[52]朗[213]浪

ts [44]赃脏~东西[213]葬藏西~脏心~

ts^h [44]仓苍[21]藏~起来

s [44]桑丧婚~[52]嗓搡[213]丧~失

tʂ [44]张章樟[52]长~大涨丈仗杖掌[213]帐账胀障瘴

$tʂ^h$ [44]昌菖[21]长~短肠场[52]厂[213]畅唱倡

ʂ [44]商伤[21]常尝裳偿[52]赏晌~午上~山[213]饷尚上~面

ʐ [21]瓤穰[52]壤攘嚷[213]让

k [44]冈岗刚纲钢缸[52]港[213]钢动词杠

k^h [44]康糠[21]扛[52]慷[213]抗炕

ŋ [44]肮[21]昂

x [44]夯[21]行银~航杭[213]巷

iɑŋ

l [21]良凉量~长短粮梁粱[52]两[213]亮谅辆量数~

ts [44]将~来浆[213]酱将少~

s [44]相互~[21]详祥[52]象像橡[213]相~貌

tʃ [52]蒋奖桨

$tʃ^h$ [44]枪[52]抢

tɕ [44]疆僵姜礓缰江豇~豆[52]讲[213]匠降下~

$tɕ^h$ [44]羌腔[21]墙强~大[52]强勉~

ȵ [21]娘[213]酿

ɕ [44]箱厢湘襄镶香乡[21]降~伏[52]想享响项[213]向

ø [44]央秧殃[21]羊洋烊熔化杨阳扬疡溃~[52]仰养痒[213]样

uɑŋ

tʂ [44]庄装桩[213]壮状

$tʂ^h$ [44]疮窗[21]床[52]闯[213]创撞

ʂ [44]霜孀双[52]爽

k [44]光[52]广[213]逛

k^h [44]匡筐眶[21]狂[52]矿[213]旷况

x [44]荒慌[21]黄簧皇蝗[52]谎晃

ø [44]汪[21]亡王[52]网辋枉往[213]忘妄望旺

oŋ

p [44]崩～起冲起：发脾气或将要发脾气[213]迸

p^h [21]朋棚篷蓬[52]捧

m [44]懵我～了[21]谋萌盟蒙[52]某亩猛[213]孟梦

f [44]风枫疯丰封峰蜂锋[21]冯逢缝[52]奉[213]讽凤俸

t [44]东冬[21]□浪费[52]董懂动[213]冻栋洞

t^h [44]通[21]同铜桐筒童瞳[52]桶[213]捅痛统

l [21]笼聋农脓侬隆"黑咕～咚"中读loŋ44龙[52]拢～了：到了陇垅[213]齉鼻子是～的：鼻子里有很多鼻涕弄

ts [44]棕鬃宗踪[52]总[213]粽综纵

ts^h [44]聪匆葱囱烟～[21]丛从～容

s [44]松嵩[52]怂[213]送宋诵颂讼

ʈʂ [44]中～间忠终钟盅[52]冢重～量种～类肿[213]中～奖仲众种～树

$ʈʂ^h$ [44]充冲[21]虫崇重～复[52]宠

ʐ [21]茸[52]冗

ȵ [21]浓

k [44]公蚣工功攻弓躬宫恭供～不起[52]汞拱巩[213]贡供～养共

k^h [44]空～间[52]孔恐□描述咳嗽的拟声词，如"咳得～啦～的"[213]控空～缺□煮饭的同时放入红萝卜、豇豆等食物，如"晚上吃饭～红萝卜"

x [44]轰烘～干[21]弘宏红洪鸿虹[52]哄～骗[213]虹哄起～

uoŋ

ø [44]翁嗡拟声词，描述蚊虫飞动的声音[52]□把某物全部放入水中，比"泡"的时间短，如"先把菜～一会儿"[213]瓮

yoŋ

tʃ [52]迥～然

$tʃ^h$ [21]穷

ʃ [44]兄胸凶[21]熊雄

ø [44]雍痈一种皮肤炎症庸[21]荣绒融容蓉熔[52]拥甬～道勇涌[213]泳壅施肥用

参考文献：

［1］旺苍县人民政府．印象旺苍［EB/OL］．http：//www. scgw. gov. cn/About. aspx.

［2］李蓝．西南官话的分区（稿）［J］．方言，2009（1）.

［3］周及徐．传播与演变——明代以来四川方言形成概述［C］//语言历史论丛（第十四辑）．成都：巴蜀书社，2020（1）.

［4］周夏冰．四川旺苍县方言音系调查研究［D］．成都：四川师范大学硕士论文，2019.

［5］程润峰．浅析川北方言中的动量词“买子”［J］．成都航空职业技术学院学报，2019（3）.

［6］程润峰．川北方言中的否定义回应构式“X得很”［J］．重庆广播电视大学学报，2021（5）.

［7］王丽．川陕之交西南官话方音比较研究［D］．北京：北京语言大学硕士学位论文，2008.

［8］田懋勤．四川话的“倒”和“起”［J］．西南民族学院学报（哲学社会科学版），1983（4）.

艾芜作品方言词语与四川方言辞书编纂[①]

王振 邱含 王帅[②]

摘 要 艾芜作品中运用了大量四川方言词语，为四川方言辞书编纂提供了重要语料，《四川方言词典》编纂时即利用了艾芜部分作品中的资料。以《艾芜全集》作为封闭的语料库，整理其中的四川方言词汇资料，能够为《四川方言词典》收词、释义和书证等方面的修订提供一些新的参考资料。

关键词 艾芜；四川方言；词汇；词典

---

① 本文是四川省社会科学重点研究基地“地方文化资源保护与开发研究中心”资助项目“艾芜笔下的四川民俗文化研究”（DFWH2020—010）的阶段性成果。

② 王振，四川师范大学文学院讲师、硕士生导师，研究方向：比较语言学和汉语方言学研究。邱含，成都市第三十七中学校教师。王帅，四川师范大学文学院2017级本科生。

著名作家艾芜是四川新都人，其文学创作深受巴蜀地域文化的影响[7]，其作品中有丰富的四川方言词汇，因而成为四川方言辞书编纂的重要资料来源。本文主要考察艾芜作品中的四川方言词语对四川方言辞书尤其是《四川方言词典》编修的参考价值。《四川方言词典》“是迄今为止收词最全的一部四川方言词汇大全”[6]，对四川方言文化的传承和传播具有重要意义。艾芜作品中的大部分四川方言词语在《四川方言词典》中均有收录和解释，但仍有少量有价值的资料还有利用的空间，本文将其整理罗列，对将来词典修订和补遗，或有参考价值。

一、补充词条

补充辞书词条，必须首先了解辞书的收词标准。合乎收词标准而未收者，属失收，当补收之；不合收词标准者而未收者，理所当然，不可谓之“失收”。《四川方言词典》主要的收词原则是：收录现代四川方言中与普通话不同的词语；不仅收录词，而且收录语素和熟语，还收语法词以及语法格式；词条主要采自书面，包括四川作家的作品、四川报刊、四川方志、四川戏剧等[8]。据此，我们选择艾芜作品中出现的与普通话不同的四川方言词语，作为《四川方言词典》补遗的一种资料参考，这种资料应该是合乎上述标准的。本部分在讨论《四川方言词典》相关问题时，会适当引入《成都方言词典》[3]和《汉语大词典》相关材料，以资参考。

1. 腰杆

忽然一个人站在门口，向我弯下腰杆。（第 6 卷第 455 页

《南行记新篇》）[①]

我就晓得你是大富人家出身的，指头都比我们腰杆粗。（第7卷第200页《边地夜景》）

钱到手，账都还了，腰杆硬了。（第6卷第214页《小河村速写》）

《汉语大词典》收录“腰杆”，《成都方言词典》收录“腰（杆）”。《四川方言词典》中收录有“脚杆”“手杆”“腿杆”，而未收与之同系列的“腰杆”，或可补入。

2. 开腔

随即不开腔，又缓缓地，挪动着腿子，向前走了。（第7卷第90页《山中牧歌》）

大家听了，都不开腔。（第8卷第59页《秋收》）

家里人便都赶快低下头，不敢开腔了。（第11卷第15页《我的幼年时代》）

他一直闷着，没有开腔。（第8卷第249页《冬夜》）

阿岩沉着脸子，一直没有开腔。（第2卷第82页《山野》）

《汉语大词典》收录该词，释义为“开口说话或唱歌”，《成都方言词典》收录“开腔”，义同“说话”。《四川方言词典》未收该词。另，我们从艾芜作品中找到“开腔”用例5个，均与“不”或者“没有”搭配，表明“开腔”一词在否定意义的句子当中出现频率更高。

---

① 本文所引艾芜作品原文均出自《艾芜全集》（四川文艺出版社、成都时代出版社，2014年），例句后加括号注明其所在《艾芜全集》中的卷数、页数以及篇名。

3. 躺尸

老陈着急地催促他说："尽躺尸么？要去就快点去！"（第1卷第167页《南行记》）

《汉语大词典》收录该词，解释为"詈词，指睡觉"。所举书证有二：一是晚清《邻女语》；二是艾芜《南行记》（即上文所列的这句话）。《四川方言词典》和《成都方言词典》未收录该词。

4. 喜欢

只有一些上了年纪的人和老太婆留在家里，他们都现着欣喜的脸色……韦老头在村巷里碰见招呼他的人，很生反感，恼怒地想："你们在喜欢些什么？"（第2卷第9页《山野》）

《成都方言词典》收录该词，有两个义项：①高兴、愉快（同欢喜）；②对人或事物有好感或感兴趣。义项②类似普通话中的"喜欢"，义项①符合《四川方言词典》的收词标准。

5. 快当

我是看你手足快当一点，挑起水，好早煮早饭吃。（第2卷第357页《丰饶的原野》）

你真是做事快当！（第8卷68页《秋收》）

《成都方言词典》释义为"快"，《四川方言词典》未收。

6. 拢

梁景春站了起来，把椅子掀拢桌子，才跟着走了出去。（第3卷第9页《百炼成钢》）

然而又怕这一天走不拢家，又会在路上过夜，便决定走阵路，又休息一阵。（第10卷74页《一个女人的悲剧》）

《四川方言词典》收录了"拢来"，意为"靠过来"，未收

“拢”。四川方言中“拢”可以单用，独立成词。《成都方言词典》中收录了“拢”，有“合上”“到（达）”“靠近”三个义项，后两个义项为四川方言词义。艾芜作品中这两个方言义都出现了。根据语境，上述第一个例子为“靠近”义，第二个例子为“到（达）”义。

7. 往天

你往天还不夸嘴，说你不论什么事情都办得到吗？（第13卷344页《昨日之花》）

往天老主人会俯下身子，用手拍拍它的脸。（第7卷123页《边地夜景》）

在往天，刘老九对这样的话，许是要笑起来。（第2卷244页《丰饶的原野》）

《汉语大词典》收录了“往天”，释义为“往日”，并明确指出其为方言词，所列两条书证出自巴金和艾芜的作品，均系四川作家作品。《成都方言词典》《四川方言词典》均未收录，《成都方言词典》收录“往年（子）”，“指以往的年头，从前”。

8. 往回

往回么，说了等于白说。（第6卷159页《小河村速写》）

《汉语大词典》中“往回”有“上次”的意思，《四川方言词语考释》收录该词，解释为“过去的每一次”[2]。《成都话方言词典》收录“往回子”，义即“往回，过去的一次”。《成都方言词典》《四川方言词典》未收。

9. 颈项

二姐顿了一脚说：“爸爸，刀架在颈项上，我都不结婚！”（第2卷22页《山野》）

曾长发躺下去，颈项恰给篦子草刺痛了。（第8卷17页《秋收》）

赵长生提起篼篼同他一块走着的，便侧着身子，向他伸长颈项。（第2卷264页《丰饶的原野》）

脖子。《成都方言词典》收录该词，《四川方言词典》收录了“颈颈”和“颈子”，未收录“颈项”。

10. 焦

妇女一怀小孩，就非常焦，生下了，才放心。（第16卷360页《日记·1961年》）

《成都方言词典》解释为“发愁、担心、着急”。《四川方言词典》收录了“焦人”“焦心”，但未收录表示焦虑义的“焦”。普通话中“焦”有着急义，但属于不成词语素，四川话中的“焦”是可以独立使用的词，与普通话不同。

11. 焦湿

夜来落雨。人行道上落满焦湿的梧桐树叶。（第19卷365页《日记·1987年》）

你让他换一换衣裳，再问嘛！你没见他一身交湿？我去拿件衣裳来！（第2卷447页《丰饶的原野》）

很湿。《四川方言词典》收录了“焦巴湿”，四川方言中亦常用“焦湿”。“焦湿”也作“交湿”，艾芜作品中两种写法并存。《成都方言词典》收录了表示“程度深”的“焦”，举例中有“焦湿”。

12. 二五

汪四麻子惊喜起来，原来昨夜在那墓地边上，看见的并非是什么“二五”，而是偷树子的贼人。（第2卷317页《丰饶的原野》）

艾芜自注“二五，即鬼”。《四川方言词典》收录“二五子”，义同“二五”，有自编例句。艾芜作品有“二五”用例，符合词典收词标准，或可作为“二五子”的同义条目收录。

13. 拉稀摆带

俺们拼命也得赶过你们，绝不给你们拉稀摆带！（第9卷131页《夏天》）

做事拖泥带水，或在关键时刻掉链子、拖后腿①。该词源自四川袍哥用语，随着袍哥群体的消失，其“隐蔽性特征逐渐消失，从而逐渐向公开化、通用化转变”[1]，由一种特定群体使用的社会方言进入全民使用的地域方言。《成都方言词典》和《四川方言词典》均未收。

14. 捏红炭圆

你晓得她今天闯了什么鬼，安心要叫我们捏红炭圆！（第2卷41页《山野》）

《成都方言词典》收录了“捏炭圆儿”，意为将粉煤加水和少许黄泥后用手加工制成小的扁圆煤球，比喻处理难办的事情。“捏红炭圆”即捏烧红了的炭圆，喻遇到了十分麻烦的难题，程度比“捏炭圆儿”深。《四川方言词典》未收。

二、补充释义

《四川方言词典》释义科学、准确，只是极个别词语的解释

① 此释义参考了强雯《重庆人绝不拉稀摆带》（江苏凤凰文艺出版社，2019年）中的解释。

与艾芜用例可能不完全匹配，有商榷的空间。

1. 一向

《四川方言词典》解释为“可指未来的某一段时间”，所举例句是“……我想让他在姐夫府上住一向”，在此句中“一向”确指未来的某一段时间。艾芜作品中“一向”多次出现，但根据语境看，“一向”并非专指未来，本身并无明确的时间指向性。

我爸爸前一向还在挂念，说是咋个了。(第9卷155页《夏天》)

这一向，雾还不大。再一向，雾就大了。（第1卷497页《南行记续篇》)

上述例证中，“前一向”“这一向”“再一向”恰好指三个不同的时段——过去、现在和将来。当然，“一向”所指时段并非其本身固有，而是修饰语“前”“这”“再”所决定的。词典例句中“一向”前虽无修饰语，但语境本身就蕴含有“将来”的意味，因而不能说明“一向”具有［+将来］的特征。由此看来，“一向”解释为“某一段时间”或许更好一些。

2. 寡

《四川方言词典》“刮（寡)”解释为“某些消极意义的形容词的前缀，表示程度，相当于‘很、十分’”，所举例子包括“药~苦”“烟抽得~凶”“脸色~青”，与词典释义是一致的。艾芜作品中也有同样的用例。

在苏州拘留所内，也有一位强盗，三十多岁，脸色寡青，一副倒霉的样子。(第19卷第480页《日记·1990年》)

而且艾芜也敏锐地注意到，四川方言中表示程度高的词的丰富性：

但在民众的语言，都是各有各的疏状词，很少以“很”来兼职的（兼自然可以兼，不过兼起来，总觉得它缺乏力量），如香得很，叫“烹香”，臭得很，叫“滂臭”（臭读如仇），黄得很，叫“焦黄”，黑得很，叫“区黑”，红得很，叫“绯红”，白得很，叫“雪白”。很硬，叫“梆硬”，很苦，称作“刮苦”（这个苦字是指味道），很酸，称作“溜酸”，很甜，称作“蜜甜”，很辣，称作“飞辣”，很痛，喊成“精痛”，很毒，喊成“寡毒”，很远，喊成“老远”，很老，喊成“梆老”（这个老字专指物件，如说豇豆长得梆老不好吃），很嫩，喊成“水嫩”，很快，喊成“风快”。（第 14 卷 23 页《文学手册》）

但是，艾芜作品中还有另一种用例：

走了八天才到西安。找到旧莼子，用来煮饭，寡好吃。（第 17 卷 168 页《日记 · 1963 年》）

上例中的“寡”同样用来表示程度高，但并非放在“消极意义的形容词”之前，而是放在意义积极的“好吃”之前。可见，“寡”既可以与意义消极的形容词组合，也可以与意义积极的形容词组合，只是从目前的语料看，与消极意义的词组合较多。另，《成都方言词典》收录“刮”，放在某些形容词前，表示“很、十分、非常”，应该与艾芜作品以及《四川方言词典》中的“寡”是同一个词。

三、补充书证

书证是辞书的重要组成部分，其主要作用“一是用来作释义的证明，二是用来作立目的依据”，对于辞书尤其是“语词辞书来说，是十分必要的”[5]。《四川方言词典》举证有三种情况：一是引自书面的书证；二是自编例句为证；三是没有例证。根据我们的初步观察，没有例证的词条多为普通名词①，未加例证，或因篇幅所限，或因名词意义直接明确无须例证作为“释义的证明”，当有词典编者自己的考量，这类情况，我们不再讨论。本文所谓“补充书证”主要针对第二种“自编例句”的情况。由于《四川方言词典》明确，“词条主要采自书面”[8]，故举证以书证为佳。艾芜作品是《四川方言词典》的重要书证来源，以下列出艾芜作品中可作书证的材料，作为对词典中有自编例证而无书证的词条的参考和补充。下面所选均为艾芜作品中出现用例，但《四川方言词典》用自编例句而未用书证的词条，直接罗列词条、词典释义和艾芜作品中的例句，必要之处加以补充说明。

1. 一下：全部，通通。

日本人来，不分青红皂白，一下烧！（第 2 卷 15 页《山野》）

2. 周正：词典列出两个义项——①端正，②齐整。义项①有书证；②无书证，可补以艾芜作品的用例。

你看人家好忙哪，衣裳都没穿周正，就跑了出来。（第 2 卷 37 页《山野》）

3. 牛筋：比喻固执。

有啥子证据，说我们偷嘛！那种牛筋牛犟地脾气才可恶哩！

① 并非所有名词都无例证，有部分名词是有例证的。

（第 2 卷 324 页《丰饶的原野》）

4. 老颠东：老得颠三倒四、昏聩糊涂的人。

曾二娘脸红了一下："对，对，是还我的，我真老颠东了。"（第 4 卷 129 页《春天的雾》）

5. 耍耍：当成玩耍一样的；不当一回事的。

耿德明笑嘻嘻地说："那就教点耍耍歌吧！"所谓耍耍歌，就是民歌。一般人认为，民歌是唱耍唱玩的，因而叫作耍耍歌。（第 4 卷 142 页《春天的雾》）

6. 心子：①心脏；②中心部分。艾芜作品例句可作为义项②的书证。

在吃早饭的时候，桌上摆的全是汤圆，心子只有一点红糖，和大城市的汤圆一比，当然差远了，既没有芝麻做心子，也没有白糖玫瑰等等做馅子。（第 5 卷 194 页《故乡》）

7. 口干：口渴。

石玉觉得口干得很，实在需要喝茶。（第 6 卷 168 页《小河村速写》）

8. 硬：①确实，的确；②就，偏。词典义项①有书证，义项②为自编例句，无书证。艾芜作品例句可作为义项②的书证。

像朱桂华早就该有个男人管起来，可她的爹妈硬要一个城里的工人当女婿，他们泥巴脚杆出身，偏偏看不起泥巴脚杆。（第 6 卷 87 页《小河村速写》）

9. 齐崭崭：整齐。

我们每个孩子，都有一根比身体长两倍的细竹棍子，截得齐崭崭的，刮得黄苏苏的。（第 11 卷 37 页《我的幼年时代》）

10. 清早八晨：清晨。

“呸，清早八晨的，就抬筷[①]……不忌，不忌，百无禁忌！”（第2卷255页《丰饶的原野》）

11. 打滚龙：袍哥语，意为混生活，有随遇而安的意思。

我是说那些江湖落草的，半个钱也不带，到处都可以打滚龙，哪还少地方喂脑壳？（第1卷66页《南行记》）

12. 鸡公屙屎头节硬：比喻做事虎头蛇尾。

赵长生逗了他几次，故意同他打赌：说他能担一挑去倒的话，他姓赵的就要陪他担两挑，最后挑到四挑了，他也没答允，倒反而躲开，赵长生便鄙薄地骂道：“妈的，没中用的东西！鸡公屙屎头节硬！”（第2卷285页《丰饶的原野》）

13. 鸭子的脚板，一联儿的：《四川方言词典》收“鸭子的足板——一联的”，指人或事有关联。“足板”“脚板”同义。

我就愿意你们指着我的鼻子骂一顿，可是你们都是鸭子的脚板，一联儿的，口是心非，再不然，就当面恭维背面笑。（第1卷38页《南行记》）

老朱讽刺地说：“你倒不要叹气，就是你一个人好！”老何赶忙截断老朱的话，不满地说：“我都会好啰！鸭子的脚板，还不是一联儿的！”（第1卷174页《南行记》）

14. 抱鸡婆打摆子，又扑又颤：形容人爱出风头爱表现自己。

一天就是抱鸡婆打摆子，又扑又颤的。（第2卷251页《丰饶的原野》）

---

① 原书自注：“早饭以前说了不吉利的话，称为抬筷。”

四、余论

《四川方言词典》作为20世纪80年代四川人编写的规模最大的四川方言辞书[4]，对于四川方言的保护和研究具有重要而深远的意义。“方言词典的编纂与出版是我国语文工作中比较薄弱的环节”（词典序言），《四川方言词典》无疑是四川方言研究和方言辞书领域的重要里程碑，“收词广泛，注音准确，释义清楚”[4]，具有重要的学术价值和应用价值。与《成都方言词典》《成都话方言词典》《四川方言词语汇释》等其他四川地区方言辞书相比，《四川方言词典》是一部共时性方言辞书，且词条多采自现代书面材料，注重引入现代作品中的用例作为书证，这是其一大特色。

由于《四川方言词典》编纂时，《艾芜全集》尚未出版，艾芜作品不易全面地获得，因此资料所限，词典或有值得补充的地方。甄尚灵先生在《四川方言词典》序言中所说：“万事开头难，在现有基础上进一步修订提高，当是作者和读者共同的愿望。读者对这部词典收词、释义、用例诸方面的意见……都是作者乐于接受的。”为了更好地利用艾芜作品中的四川方言材料，发挥其对四川方言辞书编纂的价值，本文全面考察《艾芜全集》中的相关材料，按照甄尚灵先生所说的收词、释义和书证三个方面，分别提供了一些资料，以求能够为将来《四川方言词典》的修订提供些许参考。

参考文献：

［1］郝志伦．四川地区袍哥隐语通用化传承初探［J］．中华文化论坛，2013（3）．

［2］蒋宗福．四川方言词语考释［M］．成都：巴蜀书社，2009.

［3］梁德曼，黄尚军．成都方言词典［M］．南京：江苏教育出版社，1998.

［4］缪树晟，缪钢珠，陈玉清．谈谈四川人编四川方言辞书［J］．辞书研究，2002（4）．

［5］王光汉．词典问题研究［M］．合肥：安徽大学出版社，2010.

［6］王文虎，张一舟，周家筠．四川方言词典［M］．成都：四川人民出版社，2014.

［7］王振，黄尚军．故土情结与地域特色——艾芜作品中丧祭类词语及相关民俗文化探究［J］．名作欣赏，2015（9）．

［8］周家筠．《四川方言词典》的收词和注音［J］．辞书研究，1987（5）．

四川方言“载”tsai⁴（缝）的本字及其历史演变

周　岷①

摘　要　四川方言中“载”tsai⁴（义为缝）的本字有“摞”“袓”“组”等多说，很多方言词典上则用“载”等同音字代替。本文指出“载”tsai⁴的本字为“绽”，并讨论了其历史音变规律。

关键词　载（缝）本字；四川方言；历史音变

一、四川方言中“载”［tsai⁴］为缝义的现象及疑问

四川方言有一个共同的方言口语词，把缝（动词）、缝补读

① 周岷，男，成都人。文学博士，四川师范大学文学院副教授。研究方向：语音学及汉语方言学。

作“载”［tsai^4］。四川方言属于西南官话，主要分两大派，一是以成都话为代表的湖广话，一是以川西、川南诸市县（如崇州、乐山、泸州、宜宾等）为代表的南路话，都有这个说法。“载”（缝）这个词分布得很广，从川西平原，一直到川东和重庆市，从川北到川南，甚至云南的一些地区，都是这样说。例如（例中用同音字“载”代替，以下四川方言平翘舌音一律读平舌）：

“洗了铺盖载［tsai^4］铺盖。”［成都话］（铺盖指被盖、被单，载指缝）。

“衣服的纽子落了，把纽子载［tsai^4］起。”［崇州话］纽子指扣子。

“衣服破了个小洞，要载［tsai^4］几针。”［宜宾话］

部分字典和词典记载了这个词。

如《汉语大字典》[2]2095：摞 zhài，方言。把衣服上附加的对象缝上。如：摞纽扣儿。《金瓶梅》第七十四回：“你把李大姐那件皮袄与了我，等我摞上两个大红遍地金鹤袖。”

《汉语大词典》[1]未见收摞 zhài 为“缝上”义的字词。

《现代汉语词典》[9]1450对“摞”也有收录：摞 zhài〈方〉把衣服上附加的物件缝上：～花边。

以后的《现代汉语词典》版本也保留此字条。

《新华字典》[8]538：摞 zhài ㄓㄞ、缝纫方法。把衣服上附加的物件缝上：～纽扣儿，～花边。

以后的《新华字典》版本也有此字条。

又如《成都方言词典》①[4]169：【载铺盖】tsai^{4} p^{h}u^{1} kai^{4} ①用针、线将被面和被里及棉絮缝在一起。【载纽子】tsai^{4} ȵiəu^{3}tsɿ^{2} =【载扣子】=【钉扣子】=【钉纽子】用针线把纽扣缝在衣物上。

《四川方言词典》[5]未见收录该词。

也有一些关于四川方言词汇研究的专著来探索这个音“载”［tsai^{4}］表示“缝”义的四川方言词的本字，字形作“捸”。例如蒋宗福《四川方言词源》[3]506：捸 zài^{213} ［tsai^{213}］用针线把衣服或被褥上附加的对象缝上。《金瓶梅词话》第十九回：“妇人一面摘下捸领子的金三事儿来，用口咬着。”又第四十一回：“两匹大红官段，一顶青段捸的金八吉祥帽儿，两双男鞋，六双女鞋。”又第六十七回：“一溜捸五道金三川纽扣儿。”

又例如左福光《宜宾方言本字考与宜宾湘语研究》[7]68：捸 zài^{13} ［tsai］缝上，义同组缝：～扣子｜～纽子。《汉语大字典》：“捸 zhài，方言。把衣服上附加的对象缝上。”《金品梅》第七十四回：“你把李大姐那件皮袄与了我，等我捸上两个大红遍地金鹤袖。”

《汉语大字典》[2]、蒋宗福[3]、左福光[7]都引用了《金瓶梅》中的例证。《金瓶梅》为明代白话小说，作者兰陵笑笑生，学界多认为其为山东人。可见，该方言词不只在四川方言才出现，也不是现代才有。

“载”是同音替代字，并非本字。“载”没有缝或缝补的意义。《说文解字·车部》：“载，乘也。从车𢦏声。作代切。”《广

① 此文表中音节后上标数字表示调类，分别是 1（阴平）、2（阳平）、3（上声）、4（去声）、5（入声）。

韵·代韵》：“载，作代切，年也，事也，则也，乘也，始也，盟辞也。又姓……”

“摖”字则《说文解字》《广韵》《集韵》俱未见记载，说明“摖”是宋以后所造的字，并非四川方言中“载（缝）”的本字。

中国现代著名作家李劼人用成都方言写小说，我们翻阅其作品，发现其小说中将四川方言中的“载（缝）”记作“绽”，如：

两个人走到街心，太阳射在身上，虽在隆冬，却有春意。两边铺子以然是蓝洋布幛从檐口上直垂下来，布幛上绽着三四尺大的白布号字，大多是成都当时有名的招牌书家陈滥龙的手笔。(李劼人《暴风雨前》第四部分 第十一章)

也有极惹人爱的洋线、洋针，两者之中，洋针顶通行，虽然比土针贵，但是针鼻扁而有槽，好穿线，不过没有顶大的，比如纳鞋底，绽被盖，这却没有它的位置；洋线虽然匀净光滑，只是太硬性一点，用的人还不多。(李劼人《死水微澜》第三章 第一节)

赵尔丰身穿一件一裹圆袍子，上罩一件对襟马褂，脚蹬方头粉底官靴，头戴青缎硬胎平顶，顶上绽一枚大红橘子的瓜皮小帽。(李劼人《大波》第三部 第八章)

在大多数现代汉语字词典中，“绽”注音为 zhàn，解释为“裂开”，如绽放、绽露等（例如《汉语大字典》[2]3646《汉语大词典》[1]13429《现代汉语词典》[9]1450）。如果仅从现代汉语词典来看，“绽”的音义和四川方言中的“载（缝）”都不符合。那么，李劼人作品中用这个字对不对呢？

二、"绽"音"载"［tsai⁴］的演变过程

查《说文解字》无"绽"，而有"袒"和"组"二字。《说文解字·衣部》："袒，衣缝解也。从衣旦声。丈苋切。"段玉裁注："许书无绽字。此即绽字也。许书'但裼'字作但，不作袒。今人以袒为袒裼字。而但、袒二篆本义俱废矣。《内则》曰：'衣裳绽裂。'绽或作袒。郑（玄）曰：'绽犹解也。'绽尚未解而近于解，故曰'犹'。俗语引伸为饱满嫧裂之称。按袒为衣缝解，故从衣；组为补缝，故从糸。音同而义相因也。"按：但者，《说文》裸露字，"但裼"即"肉坦"，后用借"袒"字，今更用"坦"。但、袒的本义《说文》明之。

《说文解字·糸（mì）部》："组，补缝也。从糸旦声。丈苋切。"段玉裁注："补者，完衣也。古者衣缝解曰袒，见《衣部》。今俗所谓绽也，以针补之曰组。《内则》云'衣裳绽裂、纫针请补缀'是也。引伸之不必故衣亦曰缝组。古《艳歌行》曰：'故衣谁当补，新衣谁当绽。赖得贤主人，览取为我组。'谓故衣谁则补之、新衣谁则缝之？赖有贤主妇见而为补缝之也。绽字古亦作组。浅人改之。"

段玉裁正确地指出了"组"与"绽"是同词异写的异体字。"袒"（衣缝解）与"组"（补缝也）都为"丈苋切"，同音而意义关系密切，无疑是同一词相反引申义的分化。而后世只用"衣缝解"的"绽"义，段氏根据《说文解字》梳理发掘了当今通语已经不用的"绽"的"补缝"意义。段氏引用的古乐府《艳歌行》出自宋郭茂倩《乐府歌辞》，是一首汉代古乐府诗。

歌词“新衣谁当绽”说明“绽”（补缝也）用于汉代口语，上古汉语晚期已有之。但是“袒”“组”反切为丈苋切，裥韵澄母去声，中古读音为［ɖɣεn］①，折合今现代汉语北方官话读音当为 zhàn［ʈʂan^4］，在今四川大部分方言中读为［tsan^4］，似乎与“载（缝）”的读音［tsai^4］不能完全对应上。

“袒”“组”都是澄母字，中古声母为［ɖ］，后清化并擦化演变为塞擦音［ʈʂ］，以西南官话成渝片为代表的四川大部分地区方言声母不分平翘舌，故表现为［ts-］，经历了如下音变过程：

［ɖɣεn］>［dʐεn］>［ʈʂan］>［tsan］

但是，［tsai^4］（缝补义）的韵尾-i 如何解释呢？在四川各地方言中，我们发现原读作［-an］的“喘、延、岩、檐”等字的韵尾有读作“［-i］”的现象。如下表所列（记音参周及徐等[10]）：

例字／方言点	喘（山合三昌仙上）	延（山开三以仙平）	岩（咸开二疑衔平）	檐（咸开三以盐平）
成都话	tshuai^3 口	iεi^2 口	ŋai^2	iεi^2 旧
自贡话	ʈʂhuai^3	iεn^2	ŋai^2	iεn^2
崇州话	tshuai^3 口	iai^2 口	ŋai^2	iεn^2
雅安话	tshuai^3	iεn^2	ŋai^2	iεn^2
泸州话	tshuai^3	iεi^2 口	ŋai^2	iεn^2

① 本文古音构拟根据郑张尚芳《上古音系》[6]。

“喘、延、岩、檐”等字均为古咸、山摄字，咸、山摄字在今西南官话大部分方言中韵尾都应该读为-n，但是这几个字的韵尾在西南官话成渝片（以成都为代表）、灌赤片岷江小片（以崇州、泸州为代表）、灌赤片仁富小片（以自贡为代表）、灌赤片雅棉小片（以雅安为代表）等方言中都有读为-i的现象。此外，根据前人的调查，四川遂宁话中的“艳（咸开三，以盐去）”“疝（山开二，生删去）”“舜（臻合三，书谆去）”等字的韵尾均读为-i。

有了上述语言现象及相关研究成果的佐证，我们就不难推断出“绽”在四川方言中表示缝补义时其语音的大致演变历程：

> [tsan] > [tsai]
> （四川不分平翘地区方言，如成渝片）

[ȡɣɛn] > [dʂ> [tʂan] ɛn] >—

> [tʂai]
> （四川分平翘地区方言，如仁富小片）

其中最后一个由［-an］到［-ai］或由［-n］到［-i］的音变过程在很多四川方言点中与“喘、延、岩、檐、艳、疝、舜”等字属平行演变。

三、余论

用“载”［tsai⁴］来表达缝补之义，四川各地方言中经常用到。通过李劼人小说中用字给我们的启示，结合汉语方言的历史音变规律的考证，我们发现“绽”（缝补义）就是“载铺盖”“摖纽子”的［tsai⁴］的本字，且这个字词的历史可以追溯至两千多年前的古代汉语。我们见识到，李劼人作为现代作家，语言文字的功夫不浅：众多权威的词书、字典和方言学专家未能破解的这个四川话本字，被他一语道破。

由此可见，现代方言小说为我们研究方言，特别是方言本字的考证提供了重要的参考资料。此外，在考证方言本字的同时必须考虑到方言中与之相对应的平行音变：在其他方言中特别是相近方言中如有类似音变现象，这便为我们的考证提供了有力的证据。

参考文献：

[1] 汉语大词典编辑委员会．汉语大词典．汉语大词典出版社，1986.

[2] 汉语大字典编辑委员会．汉语大字典（缩印本）．四川辞书出版社，1993.

[3] 蒋宗福．四川方言词源．巴蜀书社，2014.

[4] 李荣主编，梁德曼、黄尚军编著．成都方言词典．江苏教育出版社，1998.

[5] 王文虎，张一舟，周家筠编．四川方言词典．四川人民出版社，2014.

[6] 郑张尚芳．上古音系．上海教育出版社，2014.

[7] 左福光．宜宾方言本字考与宜宾湘语研究．华文国际出版社，2016.

[8] 中国社会科学院语言研究所．新华字典．商务印书馆，1971.

[9] 中国社会科学院语言研究所．现代汉语词典．商务印书馆，1983.

[10] 周及徐等．岷江方音字汇——20世纪四川方音大系之一．四川大学出版社，2019.

[11] 周祖谟校注．广韵校本．中华书局，2004年.

论古人绰号作为语料的价值[1]

梅 强[2]

摘 要 绰号是重要的文化现象和语言现象，它的口语特征明显，断代明确，为汉语词汇史研究提供了不少例证。我们可以借助数量众多的古书中的绰号材料，观察其中凝聚着的历时的语言信息。

关键词 绰号；语料；口语性；断代

绰号是一种人物本名以外的由他人在非正式场合所取的能够凸显人物特征的称谓，是重要的文化现象和语言现象。以往文学、史学和民俗学界对绰号研究关注较多，近来语言学界也逐渐

① 本文为重庆师范大学博士启动基金人才引进项目“古书所见疑难绰号考释”（18XWB020）的阶段性成果之一。

② 梅强，男，山东东营人。文学博士，中国语言文化学院讲师。研究方向：训诂学、音乐文献学。

注意到这一材料，不过着眼点多在修辞和语用方面。其实，绰号活跃于人们的口头上，为他人意会与传播，其中包含着当时条件下为某一群体所知的语言现象，是很好的汉语词汇史材料。从旧题北宋吴淑《谑名录》①、北宋马永易《实宾录》② 到清末史梦兰《异号类编》③、民国曹绣君《混号录》④，古人对绰号材料的搜集整理一直颇为留意，古书保留的古人绰号材料数量较多⑤，我们可以借此一观其中凝聚着的历时的语言信息。下面从三个角度，谈谈古人绰号作为语料的价值。

一、绰号口语特征明显

汉语史研究的实质就是汉语口语史的研究，或至少应以口语史为主线[1]—[4]。可是由于传世文献大多记录的是书面语，其中纯粹的口语语料是比较有限的，“这是汉语书面语在甲骨文时代就开始的传统使然”[5]203。在这种条件下，对于那些带有口语语体特征的材料应该尽可能多地发掘。如何在浩如烟海的书面语中发掘出口语成分？太田辰夫认为：“现在只就作为主流的文言文

① 孙宗英认为实为明人顾起元撰。此书收于明陶宗仪、陶珽百二卷本《说郛》[35]44。

② 此书元代散佚，明陶宗仪《说郛》收入了其中的一部分，清四库馆臣自《永乐大典》中辑出为《说郛》所不载的六百余条，重订为十四卷。因此今存《说郛》一卷本、《四库全书》十四卷本两种本子。

③ 今有同治乙丑刊止园藏板本、天津古籍出版社 2015 年王双点校整理本。

④ 今有上海文明书局 1931 年本、时代文艺出版社 1993 年《中国历代笑话集成》本。

⑤ 如北宋马永易《实宾录》辑录古人绰号 600 余条，清史梦兰《异号类编》辑录 3000 余条，民国曹绣君《混号录》辑录 400 余条，今人谢苍霖《绰号异称辞典》辑录 9000 余条，孙恒年《古人混号辞典》辑录 3000 余条。除去重复者，至今辑录的古人绰号材料已有 9500 余条，而事实上散见于传世文献中的还有很多。

来看，假使能反映口语的话也肯定是在对话的部分……其一是说话人或听话人有无教养，无教养者的场合表现口语的地方多。另一是感情状态……戏谑玩笑时，表现口语的地方就多。”[6]188

古人绰号产生并且活跃在人们的口头上，清赵翼《陔余丛考》卷三十八《混号》云：“世俗轻薄子互相品目，辄有混号。”表明绰号是在言语交际中产生，在一个群体中口头流传。绰号在文献中往往是这样被标记的：

1. 将家瀼滨，乃自称浪士，著《浪说》七篇。及为郎，时人以浪者亦漫为官乎，遂见呼为“漫郎”。（唐颜真卿《容州都督兼御史中丞本管经略使元君表墓碑铭》序）

2. 景祖（按，指完颜乌古乃）嗜酒好色，饮啖过人，时人呼曰“活罗”，故彼以此讪之，亦不以介意。（《金史·世纪》）

3. 可恶这郑州百姓，欺侮我罢软，与我起个绰号，都叫我做“模棱手”。（元李行道《灰阑记》第二折）

4. 人见我生得黑，起个绰号叫俺做“黑旋风”。（元康进之《梁山泊李逵负荆》第一折）

5. 他素行甚狂，帽子都戴在脑后，露出颠顶，人因加他个绰号叫做“魏大头”。（清崔象川《玉蟾记》第二十一回）

绰号是他人施加的，是“人呼之而己不得不受之”（清史一经《异号类编·序》）。在大多数情况下，绰号用词具有一定的普遍性，语义易被当时人们认识，否则无法得到广泛传播。这一点绰号区别于自号、别号，后二者时常追求生涩、古雅、新奇等文章语体特征。而前者是非正式场合下的口头产生的，更具有口语性。

由于绰号是产生于口头上的，其中不免带有大量口语词、方俗词。清史一经《异号类编·序》说绰号“语虽俚质，意足劝惩”。余嘉锡《宋江三十六人考实·凡例》云：“凡人之绰号，皆取俚俗打诨之语，故曰诨名。”“三十六人绰号，人多不晓，考之宋人俗语，往往可解。”日本学者长泽规矩也在《明清俗语辞书集成》中收录了清史梦兰《异号类编》，其解题云：“此书虽不能成为俗语集，然其将古来名士别号（按，准确来说应当是绰号）按内容分类记录，文中也多出现俗语，故予以收录。”绰号在世俗的、非正式的场合中产生，且其中相当一部分带有“戏谑玩笑”的成分。与一般的称谓语相比，绰号中所含的口语词、方俗词更多。例如：

6. 俚俗语谓夺攘苟得无愧耻者为赖子，犹言无赖也，故诸国皆目（高从诲）为“高赖子”。(《新五代史·高从诲传》)

7. 班行李质，人材魁岸，磊落甚伟。徽庙朝欲求一人相称者为对，竟无可俪，当时同列目为“篆只子”——京师俚语谓无对者为“篆只”。(宋张邦基《墨庄漫录》卷三)

8. 有潘冕者，阳狂不测，人谓之“潘盎”。南海俚人谓心风为“盎”。(北宋苏轼《赵先生舍利记》)

9. 吴中复指（刘）沆治温成丧，天下谓之“刘弯”，俗谓鬻棺者为“弯”，则沆素行可知。(南宋李焘《续资治通鉴长编》卷一八四《仁宗》)

10. 国初，莆田余怀流寓金陵，文词凄丽，撰《板桥杂记》三卷，感均顽艳，与杜浚、白仲调齐名，时号“余杜白”。卒后，长洲尤侗吊之曰：“赢得人呼鱼肚白，夜台同哭党人碑。”鱼肚白，金陵市语染名也。(清陈康祺《郎潜纪闻》卷三“余杜白齐名”)

这样的例子有很多，且这些还只是点明是“俚俗语”“俚语”“市语”的，更多的古人绰号中包含了为当时人所知的、未予特别说明的口语词、方俗词，例如：

11. 周韶州、曲江令朱随侯女夫李逖、游客尔朱九，并姿相少媚，广州人号为“三樵”。（唐张鷟《朝野佥载》卷四）

12. 赵邈龊（亡其名），性质鲁，不善修饰，故人号为“邈龊”。（宋郭若虚《图画见闻志》卷四）

11 例中的“樵”张鷟未加解释，清黄生《义府》卷下《庸㾴》论云：“人之有风仪者目为‘庸峭’。魏收云‘庸峭难为’是也。后通用波俏字，或单用俏。俏或又借樵（七肖反）。唐朱随侯、李逖、尔朱九三人，并姿相少媚，广州人谓之‘三樵’。”清俞樾《茶香室丛钞》卷十《俏》：“国朝沈涛铜《熨斗斋随笔》云：‘今人谓美好为俏。’案《朝野佥载》云：‘周韶州、曲江令朱随侯女夫李逖、游客尔朱九，并姿相少媚，广州人号为三樵。’原注：音七肖反。是唐时止作樵字。《集韵》始有俏字。《武林旧事》‘杂扮’有胡小俏、郑小俏、自来俏，此字盖盛行于宋末。”12 例中的“邈龊”，明方以智《通雅》卷五《释诂》论云：“郭若虚《画记》‘赵邈龊以不修饰称’，正‘握龊’之声也，今俗有此语。”按，黄生、俞樾以“樵”为“俏”之借字，方以智解“邈龊”即“握龊”，或有可商，不过这些运用绰号材料研究俗语词的尝试是很可贵的。古人绰号类似这样的口语材料是很多的，其中不少语词值得我们挖掘和研究，比如：

13. 宋南渡，有郭某为将，自比诸葛，酒后辄咏“三顾频繁”“两朝开济”之句，而屏风便面一一皆书此二句，未几败于江上，仓皇涕泣而匿，时谓之“尿汁诸葛”。（明杨慎《丹铅总

录》卷十《人品类》)

郭某“涕泣而匿”而被人称作“尿汁诸葛”，此“尿汁”如作一般义解则不可通，实际为眼泪义，此义《汉语大词典》《近代汉语词典》不收，不过今方言中尚有遗留，如中原官话徐州[10]1939,[11]227、临沂[12]133,[13]110等贬称或谑称眼泪为“尿汁子”。现当代文学作品中不乏用例，如李民发《马班长闲话·大洋马的皮笼头》：“他一脸委屈的样子，噘着嘴，低着头，正在抹眼泪……我刚熄下去的心火又嘭地一下燃烧了起来，大声训斥着：‘你不是喊着要去告我吗？怎么躲到这里流开尿汁子了？’”赵德发《青城之矢》：“那男人立马爬了起来，女人却不起，直坐在地上又哭又骂……大盖更加得意，两手呼扇着毛毯对女人说：‘淌尿汁子也没用，好东西在咱手里。’”此外，方言中还有“尿水子”一词，亦指眼泪。清李芳桂撰陕西地方戏碗碗腔《香莲佩》第三回：“呆迷：母亲，我姐姐哭哩，眼里哪里的水来？张氏：尿水子。呆迷：怎么不见娘的尿水子呢。”[14]今方言中兰银官话[15]209、晋语[16]243,[17]668,[18]508、中原官话①都保留了眼泪义的“尿水子”，与“尿汁子”属于类化构词。“尿汁”此义在近代汉语文献中不常见，但“尿汁诸葛”这一绰号为我们保留了其宋代口语中的用例。

不仅是口语词和方俗词，古人绰号中还经常出现谚语、惯用语、歇后语等鲜活的民间语言，这也是古人绰号口语性强的表现之一。例如：

① 如关中方言，贾平凹《天狗》：“（五兴）当下不作声，蹲在一边嘤嘤地哭。天狗的声沉沉地从井洞里出来，把式就吼了一声：‘尿水子再流?!’”

14. 苏州录事参军薛朋龟，廉勤明察，胥吏呼为“牛皮绷铁鼓”，言难缦也。(宋陶谷《清异录》卷上《官志门》)

《说文·系部》：“绷，束也。”《墨子·节葬》：“禹葬会稽，衣衾三领，桐棺三寸，葛以绷之。”由本义引申指以布、皮等蒙住或扎紧器口，此义在中古近代方言、俗语中常见，如清翟灏《通俗编》卷三十六《杂字》：“以疏布蒙物曰绷。”清范寅《越谚》卷下《音义·单辞只义》：“以疏布蒙物曰‘绷’……‘绷鼓’‘绷琴’从此。”宣统辛亥（1911）重修《东莞县志》：“以布蒙器曰绷。(……今莞俗以器载物蒙其口曰‘绷’。谚曰‘罌口唔绷绷瓮口’即此字。)”民国24年（1935）《萧山县志稿》：“疏布蒙物曰绷。(……今有‘绷鼓’‘绷纱筛’之语。)”“牛皮绷铁鼓”即谓用牛皮蒙扎铁鼓。

清独逸窝退士《笑笑录》卷六《难漫》：“薛朋龟为苏州参军，廉勤明察，胥吏呼‘牛皮绷铁鼓’，殊不可解，后询其曹，乃知言难漫也。”有注家据此谓“牛皮绷铁鼓”言“难以浸坏”(难漫)。这是受了“漫”字形体的影响。其实“漫”“缦”当为“鞔”之假借。“漫”“缦”形近音近易讹，而“缦”“鞔”作“覆也”义通用，唐玄应《一切经音义》卷十四《四分律·第五十一卷》“鞔着”：“莫千反。《苍颉篇》：‘鞔，覆也。’今谓覆盖鞔。《周礼》‘栈车无革鞔’是也。律文作‘缦’，二形假借也。”唐段成式《酉阳杂俎》卷十二《语资》：“玄宗常伺察诸王，宁王常夏中挥汗鞔鼓。”明李实《蜀语》卷一：“皮冒鼓曰鞔。”清翟灏《通俗编》卷三十六《杂字》：“《酉阳杂俎》宁王当夏中，挥汗鞔鼓。按：今人犹谓作鞋底曰鞔底，钉鼓皮曰鞔鼓。”“鞔（缦）”与“绷”同义，“绷鼓”即“鞔（缦）

鼓”。铁鼓质坚，自然不好用牛皮蒙扎，这是“牛皮绷铁鼓”“难缦也”的字面意义。同时，“鞔（缦）”本身又与“谩”（《说文·言部》：“谩，欺也。”《广韵·桓韵》：“谩，欺也慢也。”）谐音（《广韵》同母官切），故而“难缦也”又有难以欺谩这一隐含义。此号意指薛朋龟明察，因此难以欺瞒。“牛皮绷铁鼓”作为一种歇后双关，体现出了民间口语的形象生动。

二、绰号语料断代明确

史料中的语言应当看作“同时材料”还是“后时材料”？这是一个比较复杂的问题。目前比较一致的观点认为，应当对史料语言进行区别对待，单纯认为以史料所记的时间断代，或者以史料作者所处的时间断代都比较片面。但是如何进行区别对待，学者之间有分歧。比如鲁国尧[19]99、柳士镇[20]96、汪维辉[2]19认为应将史料分为记言与记事两个部分，记事部分可以断为成书时代，记言部分则应断为说话人所处的时代。而王力[21]19、胡敕瑞[22]272认为史料中的古人谈话，不能轻信为古人当时的语言。方一新[23]10—17、王云路[27]60认为可将史书语料分为原始资料和成书年代资料两类，史书中直接引用的诏书、上疏、奏折或书信文章等可看作原始资料，属于资料产生时代；记言、记事等属于史书作者年代，即成书年代资料。

对于绰号材料而言，它首先是谈话的产物，而当它一旦生成并且得到传播，就成为固定短语，甚至语块化了。绰号材料虽然大部分保留在后时材料中，但它凝固着前代的语言，是号主当时口语的记录。它被整体保存下来，后人一般不会改变说法，这一点绰号有些类似典故的属性。排除版本、校勘等问题，绰号可以在断代问题上有一个明确的结论，即它保留的是绰号主人当时的语言。我们举例说明：

15. 邵篪因上殿氛泄，出知东平。邵高鼻鬈髯，社人目之曰“凑氛狮子”。（宋胡仔《苕溪渔隐丛话前集》卷五五《宋朝杂记》下卷引《桐江诗话》）

此事宋祝穆《古今事文类聚别集》卷二十引《桐江诗话》作：“一日，邵篪因上殿气泄，出知东平。邵高鼻卷髯，社人目之曰‘凑氛狮子’。”所谓“气泄”就是放屁，《玉篇·尸部》：“屁，泄气也。”《广韵·至韵》：“屁，气下泄也。”“氛”亦气义，故“氛泄”同“气泄”。邵篪因上殿“氛泄（气泄）”而被人称为“凑氛狮子”，“凑氛”亦放屁义。“凑氛”为宋代俗语词，《宋语言词典》《宋元语言词典》《近代汉语词典》《汉语大词典》均未收，其实用例不止一个，除“凑氛狮子”外，清丁传靖辑《宋人轶事汇编》卷十二：“鲁直在鄂州，太守以其才望信重之。士人投诗文，必取质于鲁直而报之。一人投诗颇纰缪，守携见鲁直，意其一言，少助其乏。鲁直阅诗无语。守曰：‘此诗不知酬几何？’鲁直笑曰：‘不必他物，但公库送与四两干艾，于尻骨上做一火炷灸之，且问曰：尔后敢复凑氛耶？’”其后按语云：“宋人谓泄气为‘凑氛’。”“凑氛狮子”一号将宋代这个俗语保存下来。

16. 嵩岳破灶堕和尚，不称名氏，言行叵测。隐居嵩岳，山坞有庙甚灵。殿中唯安一灶，远近祭祠不辍，烹杀物命甚多。师一日领侍僧入庙，以杖敲灶三下云：‘咄！此灶只是泥瓦合成，圣从何来？灵从何起？恁么烹宰物命。’又打三下，灶乃倾破堕

落。安国师号为“破灶堕”。（北宋释道原《景德传灯录》卷四《前嵩岳慧安国师法嗣》）

此条材料虽然被记录在宋代文献中，但“破灶堕”和尚为唐人（据《宋高僧传》，“破灶堕”于武后在位时期师事老安国师），“破灶堕”是唐代的语言。禅师因破（毁也）灶而灶堕，故有此号。“破灶堕”是一个如同“打头破”（晋竺佛念译《出曜经》卷四）、“打汝前两齿折”（北魏慧觉译《贤愚经》卷一一）、“吹我罗衫开”（魏晋《子夜四时歌·春歌》其十）这样的 VOC 式述补结构①。“破灶堕”中“灶”（O）是“破”（V）的受事，“堕”（C）是伴随“破”（V）产生的结果，语义指向“灶”（O）。这种结构由先秦“V1 + N，N + V2”结构（“攻齐，齐破。”）演变来，大致产生于魏晋南北朝时期。蒋绍愚[29]330谓：“唐代这种隔开式述补结构 VOC 似乎仍然是一种具能产性的活跃句式。”“破灶堕”之号可为此说添一佐证。后来 C 由于虚化程度加深以及对 V 的依附性变强而前移紧附于 V 之后，宋以后带宾语的述补结构就基本上统一为 VCO 了。《水浒传》第四十三回中有军汉张保绰号“踢杀羊”，字面意思即“踢死羊”，“杀”表示一种伴随状态，是“踢”的补语。从“破灶堕”到“踢杀羊”乃反映了 VOC 到 VCO 的变化。

正如我们前文强调，要运用绰号材料进行断代分析时应当先排除绰号材料文字中的错讹，否则会错识绰号中的语料，无法读出其中的历时信息。比如：

① 也有人认为是兼语结构，如梁银峰《论中古汉语“V1 + NP + V2”结构的性质》。本文采用蒋绍愚说，参见蒋绍愚《近十年间近代汉语研究的回顾与前瞻》。

17. 酒可郎，唐节度使王诏鼎也。（涵芬楼百卷本《说郛》卷三北宋马永易《实宾录》引《宣宗实录》、文渊阁四库全书百廿本《说郛》卷三十四下引宋吴淑《谑名录》）

《说郛》所录此号今被多种著作迭相转引，《绰号异称辞典》亦收。检《旧唐书》有历任镇州大都督府左司马、知府事、节度副使、都知兵马使、检校工部尚书、镇府长使及成德军节度、镇深冀赵观察等使之“王绍鼎”，而无“王诏鼎”。《说郛》之“王诏鼎”当为“王绍鼎”之讹。考宋叶廷珪《海录碎事》卷八上《圣贤人事部中·情欲门》及《永乐大典》（残卷）卷七三二八《十八阳·郎》引《宣宗实录》，王绍鼎号作“酒阿郎”。《说郛》《说略》之“可郎”当为“阿郎”省笔之讹。

《汉语大词典》收录了“阿郎”两个义项：①父亲；②主人。其实“阿郎”当另有一“长官”义。敦煌 P. 2612v《儿郎伟》：“传说阿郎治化，如日照着无边。”P. 4011《儿郎伟》：“甘州数年作贼，直欺负侵陵。去载阿郎发奋，点集兵钾军人。”敏春芳[30]146指出：“（敦煌）愿文中的‘阿郎’若以‘父亲’‘主人’解之则扞格难通，以‘长官’解之则文通字顺。”又如高启安[31]97引敦煌文书“仆射阿郎”“司徒阿郎”“大王阿郎”“令公阿郎”“太保阿郎”“司空阿郎”“大夫阿郎”“尚书阿郎”之语，指出“在大量的敦煌社会经济文书中‘阿郎’指敦煌或瓜州的最高长官”。S. 5039《诸色斛斗破历》：“麦壹斗，沽酒就寺看阿郎用。”P. 4906《某寺诸色斛斗破用历》：“粟壹硕贰斗沽酒，调马骑，看阿郎用。粟壹斗，大壤河破，沽酒看水官用。”郑炳林、高伟谓“阿郎”“是五代时敦煌僧俗对归义军节度使的专称”。其实准确来说应为“唐五代”，“酒阿郎”一号即唐代的例子。曾良[32]1指出，“阿郎”用于对官长的尊称，与“阿爷”的引申脉络是一样的，因为“中国古代说当官的为民父母”。按曾说，则“阿郎”“阿爷”构成了一组词例或平行引申关系，这样解释“阿郎”长官义的由来是可信的。从用例上看，这一义位至少在唐末就产生了。

三、包含众多词语用例

古人绰号中保留了不少词语用例，其中既有不太常见或语义不明的疑难词语，也有用例较多的一般词语。对绰号中疑难词语的考释是许多学者关注的问题之一，这方面的成果也有不少，如蒋礼鸿对绰号“料斗凫翁鸡”“鹘伯”“苏摸棱”中“料斗”“鹘”“摸棱”的考释，雷汉卿对“察只子”“鳖头元侍者”中“察只”“鳖头”的考释，杨琳对“杜园贾谊”“小楼罗”中“杜园”“楼罗”的考释，何茂活对“猱头”的考释，潘荣生对“宋忙儿”中“忙儿”的考释等，论证严谨，丰富了词汇史材料。除了这些疑难词语，古人绰号中还包含大量的一般词语，这些词语亦多见于其他文献，是值得被辞书收录和被词汇史研究的。但由于关注欠缺，它们中的一些并未得到准确描写。绰号语料是我们发现这些一般词语的一个切入点，同时，绰号也为这些词语提供了用例，这对于辞书编纂是很有参考价值的。我们举两个这样的例子：

18. 张去华登甲科，直馆，喜激昂，急进取，越职上言：“知制诰张澹、卢多逊、殿院师颃，词学荒浅，深玷台阁，愿较优劣。”太祖立召澹辈临轩重试，委陶谷考之，止选多逊入格，

余并黜之。时谚谓澹为“落第紫微”，颃为“拣停殿院”。（北宋释文莹《玉壶清话》卷三）

师颃以“词学荒浅”被宋太祖罢黜，其原职为殿院（御史台三院之一），因有“拣停殿院”之号。“拣停”一词《汉语大词典》《近代汉语词典》不载，实际是宋代比较常用的词，南宋李焘《续资治通鉴长编》卷一七五：“丙辰诏川陕人刺配为内地军兵者，遇拣停，自今毋得放归，其令关津口常讥察之。”南宋邵伯温《闻见前录》卷十八：“公曰：‘汝拣停之兵，如何能佃官？’”

关于“拣停”一词的意思，我们可以运用构词的类化现象[33]101来考求，宋元文献中有不少与“拣停”具有类化构词规律的词，如“拣汰”，宋李纲《与折仲古龙学书》：“溃卒除拣汰外，得强壮万余，分隶诸将。”宋罗濬《宝庆四明志》卷七《郡志七·叙兵·禁军厢军》：“绍兴十一年，拣汰诸军中伤老病军员，下本州岛养老，充牢城指挥。”又如“拣罢”，宋叶绍翁《四朝闻见录》卷二乙集《三王得》：“三王得……带杭音，额角有刺字，意拣罢军员也。”元马端临《文献通考》卷一五五《兵考七·禁卫兵》：“神宗初，拣罢禁军之不如法者入并废诸军营。”再如“拣退”，《金史·百官志四》：“诸试护卫亲军，听自起发日为始，计程至都，比至试补，其间各日给口券，若拣退还家者，亦验回程给之。”南宋周密《齐东野语》卷十二《淳绍岁币》：“其拣退者，遇夜复运过淮，归盱眙库交收，其劳人往复如此。”“停”与“汰”“罢”“退”义近，都是罢除、淘汰义。此外，文献中还有“选汰”一词，宋李焘《续资治通鉴长编》卷一百五十四《仁宗》：“二月戊子朔，分遣内臣往诸路选汰羸兵。”元苏天爵《元朝名臣事略》卷一《丞相东平忠宪王》：“又以四部及大都路总管府官皆非材，乞选汰。”《宋史·选举志》：“中丞曹筠亦请选汰用程说者。”从用例来看“选汰”也是罢除、淘汰之义，由此可知“拣”“选”义近，都是挑拣、挑选义。因此“拣停”准确的意思是挑选出不合格者罢黜、汰除。《汉语大词典》收录了“拣汰”“拣罢”“拣退”“选汰”，而未收“拣停”，其实后者的用例并不少。而当“拣停”出现在“拣停殿院”这个众口相传的绰号中，我们有理由认为它已经不是一个临时组合，而是语素结合更凝固更紧密的、意思为人们熟知的一般词。

19. 杭州龙册寺顺德大师道怤……闽中谓之“小怤布衲”。（宋释道原《景德传灯录》卷十八《福州雪峰义存禅师法嗣》）

南岳玄泰禅师，沉静寡言，未尝衣帛，时谓之“泰布衲”。（宋释普济《五灯会元》卷六《青原下五世·石霜诸禅师法嗣》）

杭州龙华寺灵照真觉禅师，高丽人也。萍游闽越，升雪峰之堂，冥符玄旨。居唯一衲，服勤众务，闽中谓之“照布衲”。（宋释普济《五灯会元》卷七《青原下六世·雪峰存禅师法嗣》）

“布衲”本指布制僧衣，《正字通·衣部》：“衲……通作纳，又佛衲，《智度论》五比丘曰：‘佛当着何等衣？’佛言：‘应着衲衣。’故今僧通称‘衲子’。”而以上材料中禅师的号提醒我们，“布衲”已经独立出来一个义位，代指僧人。其实绰号材料并非个例，我们还可以举出一些例子，如元丁复《快翁上人还吴中将历游粤瓯闽南》诗：“山庵老布衲，解道吃茶去。”明瞿汝稷《指月录》卷二十《六祖下第七世·韶州云门文偃禅师》："我常疑个布衲。"① "布衲"皆指称僧人。

"布衲"一词《汉语大词典》《近代汉语词典》不收，不过从绰号材料来看，该词是宋元以来的常用词，具有固定的词汇义。"布衲"由僧衣代指僧人，这一点比较类似中古汉语词"方袍"。《汉语大词典》收录了"方袍"一词及其两个义项，我们认为"布衲"作为常见的近代汉语词也应当被收录到相关语文辞书中。

余　论

相较于其他口语材料，绰号材料是比较容易被"剥离"② 出来的，尤其是在工具书及检索技术比较完善和发达的今天，要获得绰号材料更为便利。首先，前人整理过许多专门性的绰号名录、索引、类编、辞书等，如旧题北宋吴淑撰《谑名录》，北宋马永易编、文彪补《实宾录》，清末史梦兰《异号类编》二十卷，民国曹绣君《混号录》等，统共收录古人绰号数千条。今人谢苍霖《绰号异称辞典》，收录上古至晚清民国绰号异称 9000 余条，孙恒年《古人混号辞典》，收录夏商至清末古人绰号 3000

① 该句原文为："师（按，指文偃禅师）在雪峰（按，指雪峰和尚），僧（按，这是另外一僧）问峰：'如何是触目不会道，运足焉知路？'峰云：'苍天，苍天。'僧不会，遂问师：'苍天意旨如何？'师云：'三斤麻，一匹布。'僧云：'不会。'师云：'更奉三尺竹。'峰闻喜云：'我常疑个布衲。'"雪峰所云意指："我原先还怀疑这个布衲（指文偃禅师）徒有虚表。（现听其言乃知非是。）"

② 蒋绍愚指出："语音研究方面已有学者提出'剥离法'，在语法和词汇研究方面不少语料也是需要'剥离'的。"[28]43

余条，洵可谓洋洋大观。此外，绰号材料虽然是零散分布的，但在传世文献中，绰号的出现往往有一定的标记。借助数据搜索技术，我们在古籍库中键入“绰号”“诨号”“混号”“浑号”“外号”“拆号”“异号”“谑号”“绰名”“诨名”“混名”“浑名”“谑名”“唤他做”“唤他作”“呼他做”这样的关键词，便能检索出大量绰号材料。尤其是前人专书中失收的话本、戏曲、小说等中的绰号材料，真可称近代汉语口语词之宝府。倘能对这些口语性强、断代明确的材料进行专门的整理、考释和研究，对于丰富汉语词汇史材料，补充辞书用例必有一定的意义。

参考文献：

［1］梅祖麟．梅祖麟语言学论文集［M］．北京：商务印书馆，2000.

［2］汪维辉．东汉—隋常用词演变研究［M］．南京：南京大学出版社，2000.

［3］汪维辉、胡波．汉语史研究中的语料使用问题——兼论系词“是”发展成熟的时代［J］，中国语文，2013（4）.

［4］汪维辉．汉语史研究的对象和材料问题——兼与刁晏斌先生商榷［J］，吉林大学社会科学学报，2017（4）.

［5］朱庆之．上古汉语“吾”“予/余”等第一人称代词在口语中消失的时代［J］，中国语文，2012（3）.

［6］太田辰夫．汉语史通考［M］．重庆：重庆出版社，1991.

［7］（清）史梦兰．异号类编［M］．天津：天津古籍出版社，2015.

［8］谢苍霖．绰号异称辞典［M］．南昌：江西高校出版，1999.

［9］孙恒年．古人混号辞典［M］．北京：北京出版社，2010.

［10］李荣．现代汉语方言大词典［M］．南京：江苏教育出版社，2002.

［11］孙尊斌．沛县方言［M］．徐州：中国矿业大学出版社，2012.

［12］王晓军，田家成，马春时．苍山方言志［M］．济南：齐鲁书社，2012.

［13］邵燕梅．郯城方言志［M］．济南：齐鲁书社，2005.

［14］陕西省文化局．陕西传统剧目汇编 第1集 华剧［M］．陕西省文化局，1958.

［15］何茂活．山丹方言志［M］．兰州：甘肃人民出版社，2007.

［16］李行健．河北方言词汇编［M］．北京：商务印书馆，1995.

［17］牛儒仁．偏关县志［M］．太原：山西经济出版社，1994.

［18］韩宽厚．府谷方言研究［M］．西安：陕西人民出版社，2013.

［19］鲁国尧．隶书辨［C］//语言学论丛（第七辑）．北京：商务印书馆，1981.

［20］柳士镇．魏晋南北朝历史语法［M］．南京：南京大学出版社，1992.

［21］王力．汉语史稿［M］．北京：中华书局，1980.

［22］胡敕瑞．中古汉语语料鉴别述要［C］//汉语史学报（第五辑），2005.

［23］方一新．东汉魏晋南北朝史书词语笺释［M］．合肥：黄山书社，1997.

［24］袁宾等．宋语言词典［M］．上海：上海教育出版社，1997.

［25］龙潜庵．宋元语言词典［M］．上海：上海辞书出版社，1985.

［26］白维国等．近代汉语词典［M］．上海：上海教育出版社，2015.

［27］王云路．中古汉语词汇史［M］．北京：商务印书馆，2010.

［28］蒋绍愚．近十年间近代汉语研究的回顾与前瞻［J］，古汉语研究，1998（4）.

［29］蒋绍愚．近代汉语研究概要［M］．北京：北京大学出版

社，2005.

[30] 敏春芳．敦煌愿文词汇研究［M］．北京：民族出版社，2013.

[31] 高启安．信仰与生活：唐宋间敦煌社会诸相探［M］．兰州：甘肃教育出版社，2014.

[32] 曾良．敦煌文献字义通释［M］．厦门：厦门大学出版社，2001.

[33] 江蓝生．演绎法与近代汉语词语考释［C］//语言学论丛（第二十辑），1998.

[34] 梁银峰．论中古汉语“V1 + NP + V2”结构的性质［C］//简帛语言文字研究：第七届全国古代汉语学术研讨会暨简帛文献语言研究国际学术研讨会论文集（第二辑），成都：巴蜀书社，2006.

[35] 孙宗英．宋初文人吴淑著述考辨［J］．乐山师范学院学报，2010（6）.

“一锅饭吃了十个人”历史形成研究

吕　彦[①]

摘　要　“一锅饭吃了十个人”通常被认为是一个句法结构特殊，但语用合理的句子。同时也被认为是由“十个人吃了一锅饭”的原型结构通过移位形成，但经变换分析发现，该句与“十个人吃了一锅饭”的内在语义关系并不相同，因此属于两种不同类型的句结构。且通过历史考察，发现在古代已出现类似结构，如“鼓筴播精，足以食十人”。因此文章认为“一锅饭吃了十个人”，是从古代汉语演化而来的构式，其内部的语义核心为［+供给］，同时具有一定的能产性。

关键词　句法；语义；历史；变换分析

① 吕彦，女，汉族，四川南充人。文学博士，成都中医药大学外语学院讲师。研究方向：汉语语法及第二语言习得。

一、缘起

“一锅饭吃了十个人”是现代汉语中语义配置比较特殊的句子之一。其特殊点在于：一是该句的线性结构符合现代汉语SVO句结构，但占据主语S位置的NP1不具备动作发出的能力；二则是占据宾语位置的NP2才具备行为能力。关于该句的研究，学者们采用了多种理论多维度地对该句进行描写和分析，探求其合理性背后的语言机制。比如，鹿荣、齐沪扬从供用句[5]495的角度阐释了“一锅饭吃十个人”的合理性；陈赵赟[2]66—67、李丽丽[6]146—147从三个平面的角度描写分析了该句存在的合理性；易红[7]148—150从中动结构的角度论证了该句存在的合理因素；邹虹[8]16从受事宾语话题化的角度解释了该句存在的合理缘由；陆俭明等[3]182从移位理论的角度分析了该句形成的成因；同时还有其他的语言学家从构式理论的角度阐释了该句存在的合理性。

大部分学者都从共时的角度出发，结合语言学理论对该句子的成因进行描写、分析和解释。但存在的问题有两点：1. 没有从历史的角度描写分析该句的形成；2. 从语料库进行搜索，并没有直接含有“一锅饭吃（了）N个人”句的文本，仅有“NP1够吃NP2”的例句，如“他们已有百万元、千万元家产，即使从现在起什么也不干，也够吃一代人两代人”（1994年报刊精选）。因此，一是需从汉语母语人角度对该句的语用合理性进行查证，二是需要从历史的角度进行溯源。经调查[①]，80%的被询问者觉得该句可以在特定语境下使用；15%的被询问者认为不违背语感，但语用范围有限；5%被询问者觉得该句有误，“一锅饭”不能为主语。由此，“一锅饭吃十个人”确实符合大部分汉语母语者语感，因此有必要从历史的角度分析该句的形成成因。

文章认为，汉语的词汇及语法都有历史的传承性，句子的形成，并非偶然为之，而是历经长期的使用和发展而凝合形成。因此，须从历史的角度入手进行历时描写分析，才能探清其结构的历史来源，发现其形成成因。首先我们从句子结构入手，“一锅饭吃了十个人”该句由三部分构成：动核“V（吃）”和两个论元部分“NP1（一锅饭）”“NP2（十个人）”。该结构的线性序列符合现代汉语句法SVO结构，根据黄伯荣《现代汉语（增订六版）》中认为“主语是被陈述的对象”，在该句中“NP1（一锅饭）”是被陈述对象，定指/不定指；“NP2（十个人）”为动作发出者，不定指与“V（吃）”一起陈述NP1。其句结构为：NP1 + 吃 + NP2，结构义为：多少数量的食物能够满足/提供给多少数量的人。

为从历时角度分析，我们先将该句还原为古代汉语形式“一锅食十人”，因此，该句就涉及古汉语“食”以及“食”所带论元之间语义配置问题，同时也涉及句子结构义问题。因此，文章从古代汉语“食”的用法入手进行溯源考察。

---

① 采用询问的方式调查；询问对象：成都中医药大学外语学院汉语国际教育2017级，共60名同学；调查时间：2020年12月9日上午10:30；调查地点：B教学楼505教室。

二、古代汉语“食”用法考

1. “食”义

经查阅《现代汉语大词典》，已知“食”大致有五个义项，如下：

（1）食，亼米也。五谷之饭曰食。

掌王之食饮。(《周礼·膳夫》)

小人有母，皆尝小人之食矣。(《左传·隐公元年》)

（2）粮食。

籍兵乞食于西周。(《战国策·西周策》)

卖炭得钱何所营？身上衣裳口中食。(唐·白居易《卖炭翁》)

（3）食物的通称。

廉者不受嗟来之食。(《后汉书·乐羊子妻》)

（4）吃。

长铗归来乎，食无鱼！(《战国策·齐策》)

狗彘之畜，无失其时，七十者可以食肉矣。(《孟子·梁惠王上》

（5）供人吃。

鼓筴播精，足以食十人。(《战国·庄子》)

由上述语料可知，“食”的核心语义为[+食物][+食用]，同时兼有“供人食用”的语义特征，因此我们需要从更早期的文献中查阅“食”的初始义，才能判断其语义先后衍生的时间顺序。

1. “食”初始义及句法描写分析

“食”出现时间较早，在甲骨文字形为，由“亼”和构形，会意字，可会意出“进食”之义。同时，“食”在《汉字字源》中的解释为“字形像一个盛食物的器皿”，常用作动词。在甲骨文有“贞日出食”“月出食”“大食其亦用九牛”“食日不雨”“壬午，食允雨”“丁亥隹大食雨”等用法，其含义近似于“进食”“用餐”之义。

经查阅秦汉间的文献，“食”在句法上有“食＋N/专名”结构，其句义大致分为“供（给）……吃”和“够……吃”两类，但用例不多，分类如下：

一、“供（给）……吃”　供给类

（6）我取其陈，食我农人。(《诗经·小雅·甫田》)

（7）采荼薪樗，食我农夫。(《诗经·豳风·七月》)

（8）尝人，人死；食狗，狗死。(《吕氏春秋·上德》)

（9）我疾农，先实公仓，收余以食亲；为上忘生而战，以尊主安国也。(《商君书·农站》)

（10）胡为而食我。(《列子·介立》)

（11）春飨孤子，秋食耆老，其义一也。(《礼记·郊特牲》)

（12）此其垦田足以食其民，都邑遂路足以处其民，山林、薮泽、溪谷足以供其利，薮泽堤防足以畜。(《商君书·算地》)

（13）天地之生万物也，固有余，足以食人矣；麻葛茧丝、鸟兽之羽毛齿革也，固有余，足以衣人矣。(《荀子·富国》)

二、“够……吃”　容纳类

（14）百亩之分，上农夫食九人，其次食八人，其次食七人，其次食六人。下农夫食五人。(《礼记·王制》)

（15）百亩之粪，上农夫食九人，上次食八人，中食七人，中次食六人，下食五人。（《孟子·万章下》）

（16）若然，《王制》不云上上之地食十人，又不云其次食四人，其次食三人，其次食二人，直言自九以至五。（《十三经注疏·周礼注疏》）

（17）若然，上地之中有上上之地，食十人，上中食九人。今言上农夫食九人，不言上上食十人者，欲取下士食九人禄，与上中之地食九人同，故据上中已下而言也。（《十三经注疏·周礼注疏》）

（18）云“其次食五人”者，据中下之地。又不言下上之地食四人以下者，欲见八人以下至五人有四等。（《十三经注疏·周礼注疏》）

（19）徐氏曰：“小国君田一万六千亩，可食千四百四一人。卿田一千六百亩，可食百四十四人。”（《诸子百家·儒家·孟子集注》）

根据对古代汉语“食”及“食＋N/专名”的用法考察，我们发现，从句子的线性序列来看，在古代汉语中已有类似NP1＋食＋NP2句子结构的雏形出现，在这些句子中“食”的意义为“供/给/够（）人食”。如“鼓荚播精，足以食十人”可以缩略理解为“鼓荚播精食十人”；“小国君田一万六千亩，可食千四百四十人”可理解为“一万六千亩可食千四百四十人”。同时，能够进入“NP1”位置的聚合成分主要包括：人称、处所、面积等；进入“NP2”位置的聚合成分主要包括：专名及数量，一般为“人”时，即为不定指。我们可以看出以下语义匹配关系：

NP1	食	NP2	类　别	例　句
物质	食	农人	供给类	我取其陈,食我农人。
物质	食	人(不定指)	供给类	天地之生万物也,固有余,足以食人矣。
面积	食	数量+人(不定指)	容纳类	百亩之分,上农夫食九人。
处所	食	数量+人(不定指)	容纳类	上上之地食十人。

从语义匹配方式可知，“面积”“处所”与“人（不定指）”所匹配，“食”多为“容纳”义，而“物质（天地之生万物）”与“专名”或“人（不定指）”匹配，“食”多为“供给”义。古代汉语的“NP1 + 食 + NP2”结构，虽其后的“NP2”是实际的食物接受者，但并非为实施者在 NP2 位置的特殊句式。可看作是由“”为核心而扩展衍生出的不同语义，如“食物”“供给”“容纳”“咀嚼并咽下”，而后的“”逐渐演化为了“食”，如下图所示：

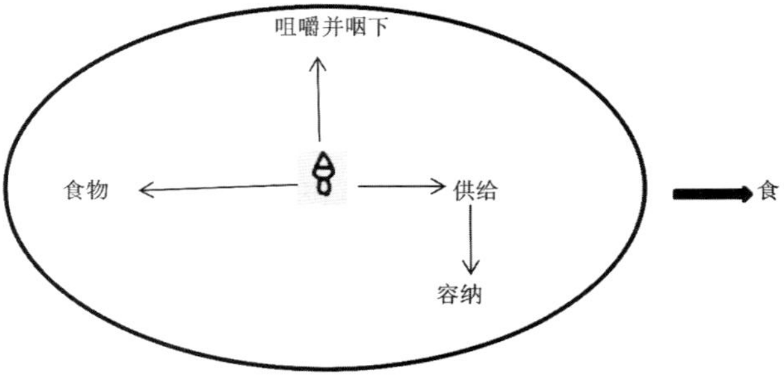

由此可以看出，古代汉语“食”的内涵与外延与现代汉语

“吃”的含义有共性，但不等于现代汉语的“吃”。同时，早期的“NP1 + 食 + NP2”结构义已经就是“多少数量的食物能够满足/提供给多少数量的人”，同时该结构的“NP1”和“NP2”有语义限制，因此整个结构联系语义应为“$NP1_{物质/面积/数量}$ + V + $NP2_{实际接受者}$”。

3. 古汉语类似句式例举

在古代汉语中不乏类似的句式：

衣：

(20) 自庶士以下，皆衣其夫。(秦·佚名《敬姜论劳逸》)

(21) 今夫差衣水犀之甲者亿有三千。(《国语·越语》)

(22) 翟虑织而衣天下之人矣。(《墨子·鲁问》)

饱：

(23) 其不能饱天下之饥者。(《墨子·鲁问》)

(24) 乌集醉饱吏民之家。(《前汉纪·荀悦》

(25) 如谓阴阳之气，阴阳之气，不能饱人。(《论衡·校释》)

尝：

(26) 尝人，人死。(《吕氏春秋·上德》)

这类例句都与“$NP1_{物质/面积/数量}$ + V + $NP2_{实际接受者}$”句式类似，皆可概括为“NP1 + V + $NP2_{实际接受者}$”，而整体的句子结构所传达的含义都与句中的核心动词的词义有关，其结构义也为“多少数量的东西能（不能）够满足/提供给多少数量的人”。

4. “吃”“喫”古义及用例

“吃”出现的年代晚于“食”，《说文解字》：“言蹇难也。从口气声。”初义为“讲话困难”，如“吾畏事不欲为事，吾畏言不欲为言，故行年六十而老吃也”（《管子·枢言》），其后发展出“把食物放进嘴里咀嚼咽下”之义，如“越王之穷，至乎吃山草”（汉贾谊《新书·耳痹》）。而同为“食”义的“喫”出现的年代晚于“吃”，在唐代文献中查阅到其用法“邢文伟嫌我儿不读书，不肯与肉喫，此人甚直，可用”（唐杜佑《通典》）。同时，经语料库查询其用例不多，仅 907 条。

在宋代文献中，其句法的线性结构上出现了“够”与“吃”的并列排序，如“你我两人半世也够吃用了”（话本《错斩崔宁》），再到清代“若得了这宗粮米，足够吃几年”（《施公案》第七十九回）。

5. “一锅饭吃了十个人”句子形成成因分析及衍生

(1) 形成及衍生

由前文语料分析得知，“$NP1 + V + NP2_{实际接受者}$”结构在古代汉语里已然存在，“$NP1_{物质/面积/数量} + V + NP2_{实际接受者}$”结构也是属于前者范畴，具有能产性，如“《王制》不云上上之地食十人”，及“小国君田一万六千亩，可食千四百四十人”等，“食”为“供给”义。从历时的语料来看，“食”义为“供给”的例句并不多，并且句子里论元类型和论元间语义匹配也较为固定，如“食”带有“供给”义的话，那么其后所带 NP2 必然是不定指的“人”且前面大多数时候有数量词。而现代汉语句式“一锅饭吃了十个人”则是从古代汉语句式“$NP1_{物质/面积/数量} + V + NP2_{实际接受者}$”发展而来。

如果仅从“进食”的范畴考察，古代汉语的“食”与“吃”从语义上属上下位关系，“食”“吃/喫”“够吃”关系如下图所示：

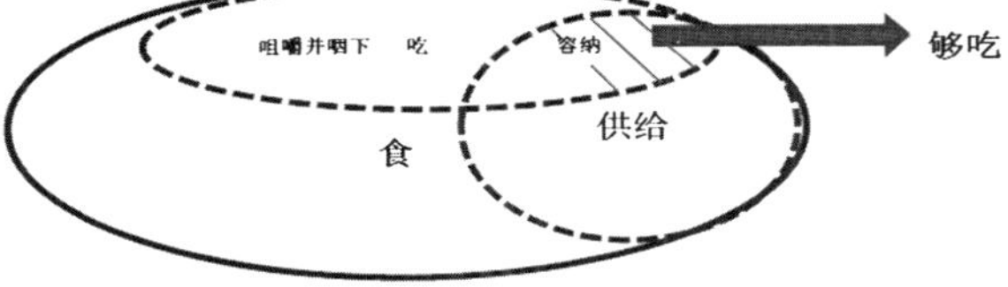

再者，从句结构来看，“$\text{NP1}_{\text{物质/面积/数量}} + \text{V} + \text{NP2}_{\text{实际接受者}}$”的句式在古代汉语里已存在。因此“吃”通过“够吃”以及“一锅饭”对于“容量”义的需求为介质进入该结构，继而为“一锅饭吃了十个人”的句式的形成提供了语义途径。同时，也可观察到“供给”的义素中也包含［+容纳］项，因此可见“咀嚼咽下”“容纳”“供给”构成了由语义特征依次链接的一个连续统，因此我们将“供给”“容纳”等项并入后可衍生出以下例句：

1	一锅饭管了十个人	与事—— 接受
2	一锅饭养了十个人	与事—— 接受
3	一锅饭送了十个人	与事—— 接受
4	一锅饭给了十个人	与事—— 接受
5	一锅饭供了十个人	与事—— 接受
7	一锅饭卖了十个人	与事—— 接受
8	一锅饭救了十个人	与事—— 接受
9	一锅饭蹭了十个人	与事—— 接受

但由于“吃”本身并不具有凸显的［+供给］义，其［+供给］之义是由“一锅”和具体食物如“饭”或“数量+人”等成分所获得，因此“一锅饭吃了十个人”中的“一锅饭”不能任意被改变，不能任意改变分为两个部分，一是数量词不可

缺，如：

饭吃（了）十人。X　　　　一锅饭吃（了）十人。V

二是表示生活必需的粮食不能替换为非粮食性食物，如：

一筐葡萄吃了十个人。X

五包薯片吃了十个人。X

同时，如将“一锅饭”中的中心语“饭”替换为有“可容纳的”含义的其他含有“主食”义的词或短语，句子仍然成立：

一锅馒头吃了二十人。

一锅炖肉吃了三十人。

但如果将“一锅饭”中数量“一”替换为其他数字，句子仍在可接受范围：

五桶馒头吃了二十人。

五锅炖肉吃了三十人

关于以下例句可接受度的问卷调查，其中60%的母语者表示在可接受的范围以内。

一锅肉吃了十个人。

一锅馒头吃了十个人 。

一锅汤喝了十个人。

由此可见，在“NP1＋食/吃＋NP2”结构中，“NP1”和“NP2”都有严格的语义要求，而“食”本来在古代汉语中有“供给”义，而现代汉语中的“吃”在结构中获得了“供给”义。

（2）语义并入分析

从认知语义学[4]的角度来看，“供给食物”和“吃”是同属于一个认知框架内[1]1—4，并且具有［＋供人食用］这一语义特征，因此同时包含了［+供给］［+食用］两个义素。“一锅饭供给了十个人”这个句子是合理的，那么在语言的使用中，人们倾向于用较少量的词汇表达最大化的意义，“吃”具有［+咀嚼咽下］的义素项，同时通过该句式其他成分可获得［+供给］项，因此具备并入该句式的条件：

一锅饭［供给］了十个人……… 强调“一锅饭”功效

↓ “一锅饭”的功效凸显［+供给］义

一锅饭［供给］了十个人………吃［+咀嚼咽下］

↑ 并入

因此，在语用中，为了强调“一锅饭”的功效，如“可以供十个人食用”，同时为了形象而简略地表达，因此产生了“一锅饭吃了十个人”的句子。框架语义学认为，在言语交际中，听话者是依靠自身的语义框架来理解说话者的言语，交际双方在相似的社会百科知识的情况下会有共享的语义框架，这样人们就能顺利解码，交际就能顺利进行。继而由于使用的人数和群体增多，逐渐就形成了现在我们所看到的“一锅饭吃十个人”的句子，从而还可衍生出“一锅饭蹭了十个人”这样的句子。

从句子生成的角度看，如我们将“十个人吃了一锅饭”看作是原型结构，由于主宾语位置的前后移位而形成了“一锅饭吃了十个人”这样的句子。那么在使用中，这两个句子的主宾语的指称究竟是否完全一样？我们通过移位分析看出：“十个人吃了一锅饭”该句是普通陈述句，我们可扩展为“十个男人吃了一锅饭”或者“这十个人吃了一锅饭”，然而“一锅饭吃了十个男人”和“一锅饭吃了这十个人”这两个句子就会被排除在我们所熟悉的语言认知系统之外。由此，在原型结构中的“十个人”为无标记的主语，其主语位置既可为“任意多少人”，也可为“特指的多少人”。而在后者，“一锅饭吃了十个人”，无论是从古代汉语语料来看，还是从现代汉语的语料来看，动词“吃”或“食”后面的宾语位置上只能是不定指的“人”，不能进行扩展或变化。因此证明了“十个人吃了一锅饭”与“一锅饭吃了十个人”虽然表层结构类似，但语义结构有异，前者是“施受”关系，而后者功能是表达了“一锅饭”的功效，是“供给—接受”关系，或“与事”关系，因此这两句并不是互生关系，“十个人吃了一锅饭”也不是原型结构。

6　小结

“一锅饭吃了十个人”是从“$NP1_{物质/面积/数量}+V+NP2_{实际接受者}$”结构发展演化而来，其结构义为“多少数量的物质能满足多少人”。该句式各论元的语义角色并非“施受”关系，而是“给予/获得”关系，因此能进入该句式的词较为有限。同时，通过句式变换分析，“一锅饭吃了十个人”与“十个人吃了一锅饭”的表层结构虽一样，但语义结构大相径庭，因此不属于同一类，前者是一种表“供给”的句式，而后者则为无标记的 SVO 动词谓语句句型。同时，通过历史分析，在古代汉语中本来存在着一种“$NP1+V+NP2_{实际接受者}$”的结构，此结构表达“NP1 通过某种方式满足 NP2”，而无论是“一锅饭吃了十个人”，还是“$NP1_{物质/面积/数量}+食_{供给义}+NP2_{实际接受者}$”结构都是从“$NP1+V+NP2_{实际接受者}$”衍生而来。

参考文献：

[1] 程琪龙．语义框架和认知操作［J］．外语教学，2007（1）.

[2] 陈赵赟．运用三个平面理论分析容纳句——以“一锅饭吃了十个人”

为例［J］. 现代语文（语言研究版），2008（7）.

［3］陆俭明，沈阳. 汉语和汉语研究十五讲［M］. 北京：北京大学出版社，2004.

［4］李福印. 认知语言学概论［M］. 北京：北京大学出版社，2008.

［5］鹿荣，齐沪扬. 供用句的语义特点及可逆动因［J］. 世界汉语教学，2010（4）.

［6］李丽丽. 从“三个平面”角度对“一锅饭吃十个人”的分析［J］. 语言及应用语言学研究，2013（32）.

［7］易红.“一锅饭吃十个人”与中结动构［J］. 湖北民族学院学报，2013（4）.

［8］邹虹. 从中心语移位理论和汉语施事述题化看俄汉 OVS 词序变体［J］. 西安外国语大学学报，2010（3）.

遭遇义动词“见”及其来源[①]

王红生[②]

摘　要　上古汉语句式“$O_{受事}$＋见＋$V_{及}$”中的“见”是个遭遇义动词，而不是表示被动关系的助动词，因此句式“$O_{受事}$＋见＋$V_{及}$”也不是被动句式，而是个表态句式，其中谓语“见＋$V_{及}$”表达了主语“$O_{受事}$”的状态。遭遇义动词“见”从视觉动词“见”演变而来，是后者词义潜有的附从特征“遭遇”浮现为显著特征并替换旧有的显著特征“视觉行为”的历时过程，这种特征转移起初是言语临用现象，表现为新创的言语单位“$见_{遭遇}$”。视觉动词“见”演变为遭遇义动词的过程可从演变的条件、演变的

① 本文是宝鸡文理学院校级项目“范畴边界及关中方言程度副词的历时来源”（ZK2017016）的阶段性成果。

② 王红生，男，陕西大荔人。文学博士，宝鸡文理学院文学与新闻传播学院讲师。研究方向：汉语史。

因素、演变的结果这三个接续且关联的历时环节解释说明。

关键词 遭遇义动词“见”；显著特征；附从特征；语法转喻；历时演变；表态句式

一、引 言

被动句式是提示主语为谓语动词的受事、标示句法结构表达被动关系的显性语法形式。这种句式在人类语言中分布得极不平衡。比如，王力曾指出：“拿汉语和西洋语言来比较，汉语的被动式的范围要小得多；拿上古汉语和现代汉语相比较，上古汉语的被动式的范围也小得多，特别是先秦时代的被动式。”[20]417 王先生甚至认为：“也许中国古代没有真正的被动式（恰像古印欧语没有真正的被动式），就借主动式的结构来表示被动的观念。”[21]97 上古（先秦两汉时期）汉语是否存在严格意义的被动句式，这是个需严肃对待的重要问题。

人们习惯认为上古汉语存在几种被动句式，如“于”字式、“见”字式、“为”字式等，但姚振武认为把这些句式当成被动式基本脱离上古汉语的实际[31]。要树立上古汉语缺乏被动句式的观点，应基于上古汉语实际，对各种所谓被动句式做实事求是的分析，然后给出符合实情的解释。本文的论述在很大程度上服务于这种研究目的，虽然讨论仅涉及“见”字式。我们以为，正确认识“见”字式的关键是对其中“见”的准确理解。本文的讨论将表明，“见”字式中的“见”是个遭遇义动词，据此能进一步论证“见”字式并非真正的被动句式。本文另一主要任务是讨论遭遇义动词“见”的历史来源，这将帮助我们更深刻地认识“见”字式的结构性质。

二、“见”字式中的“见”是遭遇义动词

“见”字式可描写为句法形式“$O_{受事}$ + 见 + $V_{及}$”，其中“见”在“$O_{受事}$”后并紧附于“$V_{及}$”前，“$O_{受事}$”是后面及物动词“$V_{及}$”的逻辑宾语，承当的语义角色是“$V_{及}$”表示动作行为的受事。例如，(1) 中“见”紧附于“$V_{及}$”“杀”前，其前是“$O_{受事}$”“盆成括”，(2) 中“见”紧附在“$V_{及}$”“放”前，“$O_{受事}$”是由上下文限定或约束并省掉的“屈原”自己。

（1）盆成括见杀。（《孟子·尽心下》）

（2）举世皆浊我独清，众人皆醉我独醒，是以见放。（《楚辞·渔父》）

多数学者认为“$O_{受事}$ + 见 + $V_{及}$”是被动句式，其中“见”是表被动关系的助动词。比如，太田辰夫认为，古汉语中“纯粹用作被动的助动词只有‘见’”[14]190。郭锡良也指出：“用‘见’字的被动句，同‘为’字句、‘于’字句不同，它只能作助动词，帮助表示被动，而不能引进行为的主动者。”[7]56我们不把“$O_{受事}$ + 见 + $V_{及}$”看成被动句式，主要认为其中“见”不是表被动关系的助动词，而是个遭遇义动词，主要有以下几个理由：

（一）从词汇意义说，“$O_{受事}$ + 见 + $V_{及}$”中的“见”是遭遇义。姚振武[30][31]已从不同方面对“见”的遭遇义做过论述，特别是能引用古代训诂材料佐证“见”的遭遇义，如《尔雅·释诂》：“遘、逢、遇、逆，见也。”又如《战国策·秦二》：“甘茂亡秦，且之齐，出关，遇苏子。”高诱注其“遇”为“见也”，等等。这里再补充

几点：

1.《尔雅》将遭遇义动词组“遘”“逢”“遇”“逆”等释为“见”，郭璞注给的理由是“行而相值即见”[6]2575，即路上行走相遇就会见到，或者说既“遇”就会“见”，如既“遇苏子”也会“见苏子”。不过，郭注似乎是着力解释前面各遭遇义动词缘何能引申为后面“见”义，却不是强调后面“见”亦为遭遇义，而跟前面各遭遇义动词同义。我们说这里的“见”也是遭遇义，《尔雅》的做法是用个相同释词“见”解释与之同义的一组遭遇义动词。另外，《尔雅》的释法似乎表明，至少在秦末汉初，诸遭受义动词中“见”可能比其他动词更为常见、更为习用，因为《尔雅》的体例之一是用常见、通用的释词或释语解释被释词。当然，如《尔雅》所释，“见”既与“遘”“逢”“遇”“逆”等为同义关系，今人可能会对“见”有“遭遇”“遭受”“遭逢”“遇到”等多种释义，这些意义对“见”来说应是相同的[10]342。为论述方便，本文只取“见”的“遭遇”义称法。

2. 古代注家对“$O_{受事}$ + 见 + $V_{及}$”中的“见”还有他训。比如，《毛诗注疏·褰裳》释“见”为“自彼加己之辞”。清代学者刘淇承继了这种解释，其云：“凡云见者，加于我之辞也。”[8]217 杨树达引《诗疏》“自彼加己之辞”的解释，并加按语云“可释为‘被’”[29]142—143，这是认为《毛诗注疏》的解释相当于说“见”为“被”义或表被动语法关系。可是，王力等不把《毛诗注疏》的解释与所谓“被”义看得相同，而将它们看成“见”的两种不同意义或用法，即“见”不仅“表示被动，相当于‘被’”，还“表示动作行为由他人施加于己”，后者可用以解释像“（苏秦）遍报所尝见德者”这种用例中的“见”[22]1246。这大概是觉得将“被”义用在诸如

“遍报所尝见德者”之例上多有不适，故认为有必要保留《毛诗注疏》的解释。

应该说，《毛诗注疏》是从语义关系方面对“见”做解释的，如“盆成括见杀”中的“见”表达了其后动作行为“杀”从别人施加给其前“盆成括”的语义关系，而从词义及词性方面解释，“见”应看成义为“遭遇”而非“被”的动词。据我们分析，“遍报所尝见德者”中的“见”是遭遇义动词，“德”是义为“恩德”“恩惠”的名词，这个语句的内部层次关系可分析如下：首先，“见”不是跟后面的名词“德”，而是跟前面的副词“尝”存在直接关系，二者组成动词性短语“尝见”，意即“曾经遇到”或“曾遇”。其次，“尝见”跟前面“所”组成“所”字短语“所尝见”，这个短语跟“德”存在直接关系，它们组成的“所尝见德”是同位性质的名词性偏正结构，意即“曾遇的恩德”，其中修饰语“所尝见”和中心语“德”的语义所指相同。拙文曾论及偏正结构“所 + $V_{及}$ + NP”的同位性质[18]，这里不再赘述。再次，“所尝见德”跟语气词“者”组成的“所尝见德者”做动词“报”的宾语，组成动宾短语“报所尝见德者”。按中心词分析法，这里“报”的是“德”而不是某人。（试比较《左传·成公三年》：“无怨无德，不知所报。”）最后，动宾词组“报所尝见德者”跟前面副词“遍”组成偏正结构“遍报所尝见德者”。正确理解这个语句的关键是对其中“见”和“德”的恰当分析。

3. 从语义搭配上说，遭遇义动词“见”后面所跟的动作行为既可以是消极动作行为，也可以是非消极动作行为，这跟表被动关系的标记“被”有重要区别。例如，《墨子·兼爱下》：“‘投我以桃，报之以李。’即此言爱人者必见爱也，而恶人者必见恶也。”前一个

“见”后面跟非消极动作行为“爱”，后一个“见”后面跟消极动作行为“恶”。这个用例很有启发性。上古文献中，遭遇义动词“见”后接消极动作行为较多，这些动作行为如“疑”“笑”（按：“耻笑”之“笑”）“侮”“辱”“逐”“欺”“弃”“戮”“屠”“冤”“留”（按：“扣留”“拘留”之“留”）“恶（wù）”等。此类用例屡见，故不复举例。遭遇义动词“见”后接非消极动作行为也较常见。例如，(3)—(6)中遭遇义动词“见”后的动作行为都不是消极动作行为，其中(3)中“见保”的“保”是保全、安抚的意思，(4)中“见事”的“事”是“重用”的意思[27]86，(5)中“见亲信”的“亲信”是亲近、信任的意思，(6)中“见从”的“从”是听从的意思。

(3) 百姓之不见保，为不用恩也。(《孟子·梁惠王上》)

(4) 今王诚欲致士，先从隗始。隗且见事，况贤于隗者乎？岂远千里哉？(《战国策·燕策》)

(5) 甚见亲信。(《汉书·霍光传》)

(6) 根言虽切，犹不见从。(《汉书·张禹传》)

（二）遭遇义动词“见”后的宾语既可以是动词性成分，也可以是名词性成分，这说明“$O_{受事}+见+V_{及}$”中的“见”不是助动词。为说明方便，可依次将置于动词性、名词性宾语成分前的遭遇义动词“见”分别记为“$见_a$”“$见_b$”。我们说，“$见_a$”“$见_b$”是差别性与同一性的统一，差别性主要是说这两种“见”后跟的宾语成分的语法性质不同（动词性或名词性），同一性是说它们是相同的遭遇义动词“见”。有的学者基于“$见_a$”“$见_b$”的差别性而对它们分别解释。比如，裴学海将“见”分为两个义项：一是“犹‘受’也”，例如《史记·楚世家》“先绝齐而后责地，则必见欺于张仪，

见欺于张仪，则王必怨之”；另一是“犹‘遇’也”，例如《墨子·七患篇》“故国离寇敌则伤，民见凶饥则亡”[11]351—352。这两义项实则依次解释了“见$_a$”“见$_b$”。“见$_a$”“见$_b$”只是有差别而不是对立，辞书编纂者应基于二者的同一性将它们综合为相同单位，并给个“遭遇义动词”的相同解释。

“见$_a$”的用例较为习见，无需列举。（7）—（11）都是“见$_b$+名词性成分”的用例，这些用例取自姚振武[30][31]：

（7）昔者越国见祸，得罪于天王。(《国语·吴语》)

（8）韩与荆有谋，诸侯应之，则秦必复见崤塞之患。(《韩非子·存韩》)

（9）夫安乐无事，不见覆军杀将之忧，无过燕矣。(《战国策·燕一》)

（10）奴之病得之流汗数出，炙于火而出见大风也。(《史记·扁鹊仓公列传》)

（11）病见寒气则遗溺，使人腹肿。(《史记·扁鹊仓公列传》)

杨伯峻、何乐士认为被动句式“见·动”在甲骨文时代已产生，所举用例如（12），并译之为“今日商王出行，被雨淋，无灾”[28]668。这是把“见雨”的“雨”理解成动词性的“雨淋”。向熹则认为把（12）这种用例当成被动句“不一定可靠”，因为“句中‘见’字可作‘遇见’讲”[25]251。我们同意向先生的分析，认为（12）中“见雨”的“见”是遭遇义动词，它后面的宾语是名词性成分“雨”，不宜参照所谓“被动句式”“见·动”将之转类为动词性成分。另一方面，（12）中“见雨”的“见”可为其他遭遇义动词替换，如用“遇”替换变成（13）的“遇雨”，这种同义成分替换有利进一步确认“见雨”的结构特征。

（12）今日王其步，见雨，亡灾。(《续》六，一〇，四》)

（13）道下，遇雨将不出，是不归也。（《左传·昭公二十二年》)

（三）从句式的形成说，遭遇义动词“见”和“$V_{及}$”构成的动宾式“见＋$V_{及}$”替换“$O_{受事}$＋$V_{及}$”中的“$V_{及}$”就会形成“$O_{受事}$＋见＋$V_{及}$”。“$O_{受事}$＋$V_{及}$”的用例如（14）中的“谏行”“言听”和（15）中的“邯郸围”。王力认为这种句式表示“观念上的被动”，形式上跟主动式相同，语义上却表“被动”关系[21]102。这种看法来自叶斯柏森。叶氏认为区分句法范畴和意念范畴“至关重要”，“一个动词在句法上是主动还是被动取决于该动词形式本身；但同一个意念有时可用主动形式表达，有时可用被动形式表达”，而“意念本身无法决定动词是主动还是被动”[1]239。

（14）谏行言听。(《孟子·离娄下》)

（15）鲁酒薄而邯郸围。(《庄子·胠箧》)

然而，方光焘认为古代汉语的被动句应在结构或动词形态方面有自己的特征，“$O_{受事}$＋$V_{及}$”句既跟主动句形式相同，其中“$V_{及}$”亦无形态区别，这种句子就不该看成被动句，而应解释为“表态句或状态句”，其中“$V_{及}$”不是“表示动作”，而是表示主语呈现的状态。例如，“邯郸围”中“围”并不表示前面主语“邯郸”的动作行为，而是表示动作行为完成后的状态[3]56—73。动作行为与状态密切相关，如“动作完成就变成状态”[9]56。参考这种看法，可以这么认为，“$O_{受事}$”置于“$V_{及}$”后的“$V_{及}$＋$O_{受事}$”是动宾结构，其中宾语“$O_{受事}$”是“$V_{及}$”支配并影响的对象，而“$O_{受事}$”置于“$V_{及}$”前的“$O_{受事}$＋$V_{及}$”则是主谓结构，其中无状态标记的谓语“$V_{及}$”是对主语“$O_{受事}$”状态的陈述或说明。

索绪尔论及的组合、聚合关系及其联系[4]170—176对句式生成有一定解释力。这是说，以某句法组合为基式，用其他成分替换其中某成分就能生成新的组合，而具有替代关系的成分构成聚合关系。如果以“$O_{受事}+V_{及}$”为基式，保留其中作主语的“$O_{受事}$”，用遭遇义动词“见”和“$V_{及}$”组成的动宾式“见$+V_{及}$”代替其中作谓语“$V_{及}$”就会形成新主谓式“$O_{受事}+$见$+V_{及}$”。从语义关系说，“$O_{受事}+$见$+V_{及}$”中遭遇义动词“见”后的宾语“$V_{及}$”已不像在“$O_{受事}+V_{及}$”中表示前面主语“$O_{受事}$”的状态，而是突出动词自身代表的动作行为，但“见$+V_{及}$”仍表状态，主谓式“$O_{受事}+$见$+V_{及}$”也是状态句，表示主语“$O_{受事}$”遭遇“$V_{及}$”代表的动作行为的状态。例如，“邯郸围”义为“邯郸”处在“被围”或“围起来”的状态，而“邯郸见围”则义为“邯郸”遭遇“围”这种动作行为的状态。

三、遭遇义动词“见”的演变源头

遭遇义动词“见”从视觉动词“见”演变而来。要探寻遭遇义动词“见”的来源，少不了对它的演变源头，即视觉动词“见”的语义特征做些深入分析，这些特征为视觉动词“见”的演变提供了可能及条件。一个词的意义是由若干语义特征组成的集束，这些特征可通过比较相近词义得出。古今汉语都有不少视觉动词，每个视觉动词的语义特征集束可从比较视觉动词间的区别中获取。为简便论述，本文主要通过比较视觉动词“见”和“看”的异同来讨论视觉动词“见”的几种重要特征。

许慎《说文解字》（简称《说文》）是部释本义的著作，它对视觉动词“见”“看”的解释反映了两词早先时期的意义。《说文》释“见”为“视也”[26]177，段玉裁注云：“析言之，有视而不见者，听而不闻者；浑言之，则视与见、闻与听一也。”[2]407即分析起来“见”“视”的词义有别，笼统讲它们则可以看成同义。据段注，视觉动词“见”的特征是让视线实现了触及某物，而“视”则未必实现（实现或没实现）让视线触及某物，这跟听觉动词“闻”“听”的区别类似，后者也在是否实现上存在区别。《说文》释“看”为“睎也”，并释“睎”为“望也”[26]72—73，而“睎”“望”都指“以手遮目上，障日聚光而望”[22]785。可见，“看”的本义跟它的常用义，如《现代汉语词典》所释的“使视线接触人或物”[33]705不同。本文拿来跟视觉动词“见”比较的是常用义的“看”，而不是本义的“看”。常用义的“看”跟段注所说视觉动词“视”的词义及用法相似，在视线是否实现触及上跟“见”也存在区别，表现在词义解释上，释者常在“看”后附个实现义的后缀“到”或“见”，如用“看到”“看见”等释“见”。为方便讨论，下文多用些现代汉语用例说明这两个视觉动词的区别。

如果把视觉动词“见”和“看”的感觉主体或视线发出者记为“ViS”，将视线所触及的客体记为“ViO”，那么“ViS”“ViO”与视觉动词“见”或“看”的句法关系可描述为“ViS +‘见’或‘看’+ ViO”。对“ViS”来说，用视觉动词“看”未必实现（实现或没实现）让视线触及“ViO”，而用视觉动词“见”则实现了让视线触及“ViO”。例如，（16）中“ViS”“他”为“看”且正在“看”“ViO”“下棋”，视线已实现投及“下棋”上，而（17）中“ViS”“小王”的“看”虽会将视线投及他物（抽屉内的东西），但作为目标“ViO”的是“那张邮票”，视线却没有实现投及该物。

（18）中的“见”有两种意思，一个是“看见”，另一个是“遇见”，这里说的是前者，其中“ViS”“我”后用“见”是表示视线实现了触及“ViO”“张老师”。“$O_{受事}$ + 见 + $V_{及}$”中的“见”保留了视觉动词“见”的“实现”特征，表示“$O_{受事}$”呈“$V_{及}$”实现后的状态。

（16）他看下棋呢。

（17）小王把抽屉翻了几遍，看了再看，还是没找到那张邮票。

（18）刚才我在街上见张老师了。

视觉动词“见”和“看”在“是否实现”上的区别跟它们的另一种区别密切相关，即这两个动词在是否伴有主观心理活动方面也存在重要区别。太田辰一曾认为汉语存在“有心”意义，即伴有主观心理活动的动词，这种动词包括“看”[15]。对“有心”动词“看”来说，它的“ViS”通常是生命度更高的人，而不是具有视觉能力的一般动物。例如，（16）中“他”在“看下棋”时会伴有主观心理活动，如考虑棋盘上棋子的走法，分析棋手的下棋思路及特点，评价棋手走棋的优点或缺点等。（17）中“小王”虽未实现将视线投及目标“ViO”，但“看”时总会伴有主观心理活动，如“看了再看”的意图和愿望是为寻找和发现“那张邮票”，“看”的过程少不了加入分析、选择、鉴别等思维或心理活动。（19）（20）中的“看”跟（17）中的“看”类似，伴有分析、选择、鉴别等思维或心理活动的特征更加明显。由于“看”的视觉行为伴有主观心理活动，视觉行为和主观心理活动在认知上便构成邻近关系（relation of contiguity），“看”就有可能通过转喻由指称视觉行为转指与之邻近的主观心理活动[17]。莱考夫、约翰逊将此归入“理解是看见”的隐喻[12]49。“看”转指为心理活动的用法，如（21）中的“看”常被人释为“认为”。

（19）明天你去家具店看个书柜，咱家的书柜得换了。

（20）大伯从树上摘了三箱苹果，你看一箱，剩下的让二姐用车拉走。

（21）你看谁能赢呢？

视觉动词“见”不能算是“有心”意义的动词，而是“无心”意义的动词，它表示的视觉行为缺乏相伴随的主观心理活动。具体来说，在“ViS＋‘见’＋ViO”中，“见 ViO”谈不上是“ViS”的主观意图、愿望及目的，“ViS”无法预料自己在接续的事件中会因“见”而将视线投及“ViO”。视觉动词“见”不像“看”伴有积极的主观心理活动，它是特定场景中因为“ViO”的出现而刺激“ViS”的视网膜所产生的视觉感应效果，是后者的视线被动而非主动地触及前者的结果，因而这种视觉行为的发生具有被动性、偶然性和客观性。例如，对“ViS”“我”来说，（18）的“在街上见张老师”是个偶发、客观的事件，事前“我”不曾也无法预料该事件发生，只是“张老师”出现“在街上”，“我”的视线被动地触及“张老师”。至于“见”后“我”可能有的主观心理活动（如觉得或认为张老师老了、张老师的精神状态大不如前、张老师身体还硬朗、张老师看起来很忙等），只能看成是“见”后的心理活动，不能认为“见”时便伴随这些活动。不过，视觉动词“见”后来也产生了主观化用法，这大概是受“看”影响而类推产生的用法。例如，（22）（23）中义为“会见”“接见”的“见”多少增加了“有心”或伴随主观心理活动的特征，其中（22）的“见他”代表了“我”的主观意图、愿望及目的，（23）中的“见客”则是伴随主观心理活动的社交行为。基于视觉行为与主观心理活动在认知上的邻近关系，视觉动词“见”通过转喻进一步从表示视觉行为转为表示主观认识活动，这种用法可从某些词语或固定组合，如“主见”“见解”“成见”“意见”“固执己见”“真知灼见”等中的“见”上表现出来。

（22）下午我去见他，有些事需跟他商量。

（23）厂长在见客，请你等一会。

跟被动而非主动、无心而非有心、偶然而非必然、客观而非主观这些特征紧密联系并结合在一起，视觉动词“见”还有“遭遇”这一重要特征，即视觉动词“见”是“ViS”的视网膜遭遇“ViO”的刺激而产生的视觉效果。例如，（18）中“我”之“见张老师”，那是“在街上”“我”的视网膜遭遇“张老师”的刺激而产生的视觉效果。“见”的“遭遇”特征容易跟语法学讲的“被动”混淆。比如，房德里耶斯举例指出，“彼得看见保罗”或“彼得爱保罗”，“这两个人彼此做出一个动作，被理解为主动的或被动的都无不可”[32]125，而“视觉是一种受动的现象，彼得的视网膜为某一形象所击动。爱情和友情也是一样：彼得经受某种感觉。这没有什么是主动的”。这是将感觉（含视觉）动词“看见”“爱”等自身具有的特征跟语法学讲的主动、被动关系联系起来加以说明。叶斯柏森在区别句法范畴和意念范畴主动、被动的基础上，认为有人提出“在A sees B（A 看见 B），A loves B（A 爱 B）中，毫无主动意义”的说法“产生于一种错误概念”，“即语言意义的主动和被动之间的区别等同于身体或大脑的主动性和被动性之间的区别”[1]238—239。这两位语言学家的论述能给人以深刻启发（叶斯柏森的看法也许更合理些），但他们的论述还有待进一步完善。

语法学讲的主动、被动的语义基础是主语名词性成分跟谓语的动作行为成分之间的施、受关系。例如，（24）—（27）各句谓语中的动作行为成分都是去掉“了”的“打碎”，说（24）（25）的主语成分“小李”与谓语的动作行为“打碎”是主动关系，这是因为前者是后者的施事（动作行为的发出者），说（26）的主语成分“那个杯子”与“打碎”是被动关系，原因是前者是后者的受事（动作行为的承受者）。主谓结构的语法意义是由构成它的主语、谓语两种语法成分间的语义关系决定的，虽然主语名词性成分跟谓语中的动作行为成分间的语义关系是分析主谓结构的重要方面，但还不能据此确定主谓结构的语法意义。例如，（27）的主语名词性成分“那个杯子”虽然是谓语中的动作行为“打碎”的受事，但不能说句法主语“那个杯子”和谓语“打碎了”间表被动关系，因为谓语表达的是主语的状态，这种主谓结构的语法意义是谓语表示主语的状态，而不应该看成表示所谓被动关系。这个用例的分析可联系前文对上古句式“$O_{受事}+V_{及}$”的讨论。最后，也是很重要的是，语法学讲的被动须有结构表现或形式标志。前文所引方光焘的看法也说明这一点。例如，虽然（26）（27）的主语成分“那个杯子”与谓语中的动作行为成分“打碎”都是受动关系，但（26）是被动句，（27）却不能算被动句，原因是前者用“被”字式标示被动关系的，后者却没有类似的显性语法标志，其形式跟一般主动句没什么区别。

（24）小李昨天打碎了那个杯子。

（25）小李昨天被迫打碎了那个杯子。

（26）那个杯子被小王打碎了。

（27）那个杯子打碎了。

（28）小李昨天见那个杯子了。

我们说具有“遭遇”特征的视觉动词“见”带有被动性质，但这种被动性跟语法学讲的被动有原则区别。视觉动词“见”的被动性质很大程度上跟“遭遇”特征融合在一起，即“见”既然是“ViS”的视网膜遭遇“ViO”的刺激所产生的视觉效果，那么“ViS”让自己的视线投及“见”的宾语“ViO”就是被动而非主动的，而不是说主语“ViS”和谓语中的动作行为“见”在语义上是受事和动作行为的关系。例如，(25) 的主语“小李”和谓语中的动作行为“打碎”在语义上虽是施动关系，但“小李”是“被迫”而非主动自愿地做出“打碎”这种动作行为的，因而具有被动性。(28) 的主语“小李”与谓语中的视觉动词“见”的语义关系类似 (25) 的被动性质，此例是说主语“小李”的视线是被动而非主动地投及“那个杯子”，而不是说主语“小李”和谓语中的动作行为“见”在语义上是受动关系。如果将视觉动词“见”关涉的客体“ViO”看成为广义的受事，那么 (28) 中“见”的宾语“那个杯子”比主语“小李”更有资格做“见”的受事。

据上述的视觉动词“见”和“看”存在的一系列重要区别，可将这两个动词分别描述为两个由若干紧密关联的语义特征组成的集束。如果用“{}”表示特征集束，用“+”“-”表示存在或不存在某特征，用“……”表示可能存在的其他特征，那么视觉动词“见”可描述为特征集束“{[+视觉行为]，[+实现视线接触]，[-主观心理活动]，[+遭遇]，[-主动性]……}”，视觉动词“看”可描述为特征集束“{[+视觉行为]，[±实现视线接触]，[+主观心理活动]，[-遭遇]，[+主动性]……}”，其中“遭遇”是视觉动词“见”异于“看”的重要特征，也是后来派生遭受义动词“见”的必要语义条件。

四、遭遇义动词“见”的形成过程

本文在历时语言学的理论框架下探讨视觉动词“见”演变为遭遇义动词的过程。历时语言学的理论奠基者是索绪尔。拙文曾从语言共时和历时的区别与联系、语变的实质是语言成分关系属性或价值的变化、言语在历时演变研究中的重要地位、单位问题是解决语言历时问题的关键等方面对索绪尔的历时语言学思想做过阐述[16]。作为语言符号的重要方面，词义演变也能用这些理论观点给以解释。词义的价值由两种基本关系决定，一种是词内部意义和声音的交换关系，另一种是词义的区别价值，即不同词义的区别性，而词义演变的实质是价值的变化。依据以上观点，视觉动词“见”演变为遭遇义动词的过程可用三个接续并关联的历时环节解释说明：

（一）演变的条件。这里说的“条件”是必要而非充分条件，即有此条件未必变化，无此条件一定不会有变化，或者说这种条件对演变是必要的，它使变化成为可能，却非因之必起变化。视觉动词“见”演变为遭遇义动词的必要条件是前者实现出来的言语形式的差别性。语言和言语的区别及联系贯穿语言研究始终。言语的基本特征是差别性，它是综合个人的生理、物理、情感、认知等要素的异质物。同样的语言成分由不同人说出、实现在不同言语链上的是诸多存在差别的言语形式。拙文曾将语言学的单位分为语言单位和言语单位两种，认为前者相当数学的集合概念，后者相当这种集合的元素，而每个语言单位是由若干价值同一的差别性言语单位组成的集合。特定语言包含的众多语言单位是人们对可感、数量无限、差别性的言语单位进行归类或范畴化的结果[19]。从单位上分析，视觉动词“见”是个语言单位，不同人在不同语境中说出它并将之实现在不同言语链上的则是诸多差别性言语单位，如实现在（29）—（33）言语链上的“$见_1$”—“$见_5$”。

（29）书在架子上，昨天我还$见_1$过。

（30）小王应$见_2$张老师了，他们都去过操场。

（31）明天上午有周教授的报告，你会$见_3$他的。

（32）小张以为小李$见_4$桌上那本书了，其实小李根本没去过办公室。

（33）妈妈上街了，你从街上回来，没$见_5$她吗？

言语单位也是形式和内容的统一体，其形式姑且也称作“声音”，而内容我们将之称为“意思”，而不叫“意义”，这是为把言语单位和语言单位的内容区别开来。言语单位间的差别在形式和内容两方面都能反映出来。比如，从形式上说，“$见_1$”—“$见_5$”的书写形式虽然一致，但口语形式存在一定差别。声音差别是个人标志。不同人的发音器官不完全相同（如男人、女人、小孩的声带区别），说话的快慢、轻重、节奏等也不一样，这些因素都会使不同人对“见”的发声存在差别。从内容上说，“$见_1$”—“$见_5$”的意思也存在差别，如“$见_1$”是说话人陈述的过去的动作行为，“$见_2$”是说话人推测的已发生的动作行为，“$见_3$”是说话人预想的“明天”会发生的动作行为，“$见_4$”是说话人主观上判定的动作行为（因为前有主观词“以为”），而“$见_5$”则是说话人询问的动作行为。这些差别主要由不同语境（如说—听者、时间、地点、条件、目的等）造成。但是，“$见_1$”—“$见_5$”存在高度相似，人们易从中抽象出它们的同一价值，并能据此将这些差别性言语单位归入相同范畴，即这几个“见”都隶属相同的视觉行为动词“见”。

虽然当代汉语学者极少完全认同词类划分的意义标准，但这种标准却能阐释各类词的典型语义特征。典型语义特征不仅是同类词的语义标志，也是同类词中各个别词的语义显著部分。在言语链中个别词包含的不同语义特征的作用及凸显度并不相同，有的特征是词义的主要和显著部分，体现了个别词归属的词类的典型语义特征，有的特征则是词义的潜在或非显著部分，唯有依附主要和显著特征才能体现出来，这两种特征可依次称作显著特征和附从特征，前者易为人感知，后者要靠分析才能掌握。比如，前述的视觉动词“见”的诸语义特征中，“视觉行为”是视觉动词“见”的显著特征，这一方面因为动词的典型语义特征是表示动作行为，人们易将视觉动词“见”联想为一种动作行为，另一方面因为视觉性是视觉动词“见”区别一般动词的明显特征，这种特殊性也易为人感知，而包括“遭遇”在内的其他特征则是视觉动词“见”的附从特征，这些特征只有依附显著特征“视觉行为”才能表现出来。显著特征由于是词义区别的主要方面，人们常用它来解释词义，如把“$见_1$”—“$见_5$”解释为“视觉行为”，这种解释的结果是用词义的显著特征覆盖了附从特征。

从词义的变化说，视觉动词“见”演变为遭受义动词是词义的附从特征“遭遇”浮现为显著特征并替换旧显著特征“视觉行为”的过程。附从特征在言语中凸显或显著化固然需要语境的协助，但转变的主要方式还是转喻。作为人的基本认知能力，转喻的基础是相关对象的邻近关系，是用某对象的概念代表其邻近对象的概念化过程。附从特征“遭遇”和显著特征“视觉行为”相聚于视觉动词“见”，二者存在邻近关联，通过转喻用“遭遇”替换“视觉行为”做显著特征就可实现两种不同性质特征的转移。视觉动词“见”的显著特征从“视觉行为”转为“遭遇”起初是言语临用现象，表现为在话语链中新出现的言语单位，这种言语单位可记为“见$_{遭遇}$”。“见$_{遭遇}$”跟“见$_1$”—“见$_5$”的所指虽存在一定差别，但应认为它们的价值具有同一性并共同隶属视觉动词“见”这种语言单位。这道理跟言语中其他临时转喻一致。例如，“北京”在一般言语链中指地名，而“你是老北京”中的“北京”则指“北京人”，这是说话人对“北京”的临时转喻运用。用在一般言语链及转喻言语链中的“北京”都是言语单位，两种单位的意思虽存在较大差别，但它们具有同一性而隶属相同语言单位，词典释义只需解释“北京”为地名，没必要因转喻言语链中有“北京人”的用法而为此专设一义项。

语词的临时转喻使用也表明，一个语言单位包含的言语单位并非想象的高度相似，而可能存在较大差别。这可用原型范畴理论解释。受维特根斯坦的“家族相似性”范畴理论[24]54启发，认知语言学提出了原型范畴理论，其主要论点有：1. 特定范畴包含的成员只是相似，而不像正统范畴观认为的相同或一致。2. 据典型等级可将范畴成员分为“好样本”“差样本”或“原型”“边缘”成分等，原型是属性全面的典型成员，边缘成员则缺失典型成员某些属性，这两种成分只是相似。3. 边缘成员以原型为参照点认知，而范畴是围绕原型范畴化的结果。这些论点可见温格瑞尔、施密特[5]7—64及王寅[23]88—135的详尽论述。作为语言单位，视觉动词“见”也是靠“家族相似性”将所属言语单位联结起来的原型范畴，其中相似度高的言语单位，如“见$_1$”—“见$_5$”是范畴的原型单位，与这种单位差别大的“见$_{遭遇}$”则是边缘言语单位，两种言语单位因有“遭遇”这样的特征而相似，而不是说它们的属性完全相同，并且“见$_{遭遇}$”

要参照“见$_1$”—“见$_5$”理解并范畴化。这样，视觉动词“见”及其包含的言语单位可用集合和元素的关系等式表示，如将此示为“视觉动词‘见’ = {见$_1$，见$_2$，见$_3$，见$_4$，见$_5$……见$_{遭遇}$……}”。视觉动词“见”演变为遭遇义动词的条件是前期视觉动词“见”包含的边缘言语单位“见$_{遭遇}$”跟其他言语单位的差别性，这种差别能为人感知、观察和分析。

（二）演变的主要因素。后期遭遇义动词“见”的形成是言语单位“见$_{遭遇}$”从前期视觉动词“见”中独立出来并抽象为语言单位的过程。这主要由三种因素推动：1. 社群心理变化，即社群的心理不再认为“见$_{遭遇}$”跟视觉动词“见”的其他言语单位具有同一性，不再认为它们存在差别，而是将它们看作对立。“差别”跟“对立”不同，前者是就一个语言单位包含的言语单位说的，后者则是就不同语言单位说的。当人们将“见$_{遭遇}$”跟视觉动词“见”的其他言语单位看成对立时，就意味着把它们认作不同语言单位。2. 受认知规律的制约。认知科学研究表明，不同事物的范畴是连贯的，相邻范畴的边界往往是模糊的，边界处往往存在似此似彼的成员。语言范畴的边缘成员由于偏离原型，处在范畴边端而跟其他相邻范畴连接，因而更易被重新范畴化。“见$_{遭遇}$”既为视觉动词“见”的边缘成分，也就近于其他相邻范畴并倾向被重新范畴化。3. 使用频率。哲学讲质、量的辩证关系，认为量变引起质变。言语链中的“见$_{遭遇}$”起初只为说话人临时使用，这个成分经社群高频、反复使用后，其语言性质就会发生改变，即从隶属视觉动词“见”的言语单位逐渐变为与视觉动词“见”对立的语言单位。

（三）演变的结果。这主要有两方面：1. 产生遭遇义动词“见”这种新语言单位。2. 从词义变化说，视觉动词“见”变为遭受义动词固然引起了词义所指的变化（从所谓“视也”过渡为“遭遇”），而深层次的演变结果则是词义价值的转移。这可从两方面来说明：a. 视觉动词“见”到遭遇义动词“见”词义所指的变化引发词内部声、义交换关系的改变，只是后继者沿用旧音并以此与新的词义价值交换。语言机制一般要求不同意义由不同声音标记，而按先秦语音系统，视觉动词“见”与其派生的遭遇义动词“见”的声音相同，用同样词音标示前后两种不同词义价值，这反映了词音演变的滞后。b. 词义的区别价值改变。视觉动词“见”及遭受义动词“见”的词义区别价值表现在两种词义在前、后共时态中与其相近词义的区别性，通过比较这种区别性可知词义区别价值的变化。先秦汉语有多个视觉动词，如“见”“视”“相”“省”“看”“望”“瞥”“盼”等，这些动词可以构成个视觉动词聚合群，通过比较视觉动词“见”跟聚合群中其他视觉动词的词义区别可得知前者的词义区别价值。为方便论述，前文将视觉动词“见”跟类似先秦“视”的“看”做了比较，所得的那些语义特征体现了视觉动词“见”的词义区别价值。同样，先秦汉语的遭遇义动词也能构成个近义聚合群，通过比较遭遇义动词“见”跟这个聚合群中的其他遭遇义动词，如“遇”“遘”“逢”“逆”等的词义区别可得到前者的词义区别价值。语法化的保持或滞留原则对分析词义的区别价值极为有益，这个原则认为虚化成分会继承或保留源词的某些特征[13]，而处在演变状态的词义也会从源词义那里继承或保留某些特征。遭受义聚合群中诸动词的词义虽相近，但它们的来源有别，各动词会从各自来源那里继承某些特征，这些滞留特征是诸动词相互区别的重要方面。比如，“见”和“遇”虽都有遭遇义，但“见”是因“视”而遇，“遇”则是由“行”而会，这种区别是因为二者来源有别。“见”从视觉动词演变为遭受义动词的结果是动词归属的词义聚合群发生变化，并进而使词义的区别价值发生根本改变。

五、结语

本文进一步论证了上古句式“$O_{受事}$ + 见 + $V_{及}$”中的“见”是个遭遇义动词，而不是所谓表示被动关系的助动词，并在历时语言学的理论框架下讨论了视觉动词“见”演变为遭遇义动词的历时过程，这种讨论能反过来坐实“$O_{受事}$ + 见 + $V_{及}$”中的“见”是遭遇义动词的结论。按本文的看法，对“见”的准确理解是谈论“$O_{受事}$ + 见 + $V_{及}$”结构性质的重要基础，“见”既为遭遇义动词，“$O_{受事}$ + 见 + $V_{及}$”就不该看成被动句式，因为该句式缺少用以表达被动关系的形式标记。另外，“$O_{受事}$ + 见 + $V_{及}$”也不宜分析为受动句，因为这种看法只是虑及主语“$O_{受事}$”和谓语中的动词“$V_{及}$”间的逻辑语义关系，却无以顾及其中遭遇义动词“见”的重要作用，而据主语“$O_{受事}$”和谓语“见 + $V_{及}$”的句法、语义关系，最好将“$O_{受事}$ + 见 + $V_{及}$”看成表态句式，原因是谓语“见 + $V_{及}$”表达了主语“$O_{受事}$”的状态。

参考文献：

[1] 奥托·叶斯柏森. 语法哲学［M］. 廖序东，何勇，等译. 北京：商务印书馆，2010.

[2] 段玉裁. 说文解字注［M］. 杭州：浙江古籍出版社，1998.

[3] 方光焘. 方光焘语言学论文集［C］. 北京：商务印书馆，1997.

[4] 费尔迪南·德·索绪尔. 普通语言学教程［M］. 高名凯，译. 北京：

商务印书馆，1980.

［5］弗里德里希·温格瑞尔，汉斯—尤格·施密特．认知语言学导论［M］．彭利贞，许国萍，赵微，译．上海：复旦大学出版社，2016.

［6］（晋）郭璞注，（宋）邢昺疏．尔雅注疏［M］．北京：中华书局，1980.

［7］郭锡良．古代汉语语法讲稿［M］．北京：语文出版社，2007.

［8］刘淇．助字辨略［M］．北京：中华书局，2004.

［9］吕叔湘．中国文法要略［M］．北京：商务印书馆，1990.

［10］（唐）孔颖达．毛诗正义［M］．北京：中华书局，1980.

［11］裴学海．古书虚字集释［M］．北京：中华书局，2004.

［12］乔治·莱考夫，马克·约翰逊．我们赖以生存的隐喻［M］．何文忠，译．杭州：浙江大学出版社，2015.

［13］沈家煊．“语法化”研究综观［J］．外语教学与研究，1994（4）.

［14］太田辰夫．中国语历史文法［M］．蒋绍愚，徐昌华，译．北京：北京大学出版社，2003.

［15］太田辰一．近代汉语“无心”的动词的形成过程——汉语多音节化的一个例证（陈文斌节译）［J］．中国语文，1953（10）.

［16］王红生．德·索绪尔的语言演变理论［J］．河南工业大学学报（社会科学版），2017（2）.

［17］王红生．动词“看”的待况语缀化［J］．集美大学学报（哲学社会科学版），2019（3）.

［18］王红生．古汉语虚词“之”、“者”、“所”使主谓结构偏正化的语法功能［J］．宝鸡文理学院学报（社会科学版），2015（2）.

［19］王红生．语言学的单位问题［J］．长江师范学院学报，2017（5）.

［20］王力．汉语史稿［M］．北京：中华书局，1980.

［21］王力．中国语法理论［M］．北京：中华书局，2015.

［22］王力等．王力古汉语字典［Z］．北京：中华书局，2000.

[23] 王寅．认知语言学［M］．上海：上海外语教育出版社，2007.

[24] 维特根斯坦．哲学研究［M］．韩林合，译．北京：商务印书馆，1996.

[25] 向熹．简明汉语史（下）［M］．北京：商务印书馆，2010.

[26] 许慎．说文解字［M］．北京：中华书局，1963.

[27] 杨伯峻．古汉语虚词［M］．北京：中华书局，1981.

[28] 杨伯峻，何乐士．古汉语语法及其发展［M］．北京：语文出版社，2001.

[29] 杨树达．词诠［M］．北京：中华书局，2004.

[30] 姚振武．古汉语受事句中“见V”结构再研究［J］．中国语文，1990（2）.

[31] 姚振武．先秦汉语受事主语句系统［J］．中国语文，1999（1）.

[32] 约瑟夫·房德里耶斯．语言［M］．岑麒祥，叶蜚声，译．北京：商务印书馆，2012.

[33] 中国社会科学院语言研究所词典编辑室．现代汉语词典［Z］．北京：商务印书馆，1996.

四川泸沽湖多舍村摩梭话音系

李　勤[①]

摘　要　本文在田野调查的基础上，归纳了四川省凉山州盐源县泸沽湖镇多舍村摩梭话（纳西语方言）音系，探讨了多舍村摩梭话的语音特点，并将其与纳西语永宁坝话音系特点做了比较。

关键词　四川泸沽湖；纳西语；摩梭话；语音系统

一、调查概况

泸沽湖镇位于四川省西南地区川滇交界处，属于四川省凉山彝族自治州盐源县。泸沽湖面积为 283 平方公里，位于东经 101°45′—100°58′，北纬 27°36′—27°49′，东距盐源县城 118 公里，南与云南宁

① 李勤，女，四川盐源人，纳西族。四川师范大学 2021 级博士生，研究方向：民族语研究。

蒗县永宁乡接壤，距宁蒗县城 85 公里。当地属于高山地貌，地势呈北高南低的高山盆地。泸沽湖周围平均海拔 2944 米，最低海拔 2668 米，最高海拔 3300 米。泸沽湖镇人口约 11788 人（2011 年末），居民以摩梭人为主，当地人自称摩梭人以与纳西族相区别，所操摩梭话一般认为是纳西语的一支。另有汉、彝、纳西、藏、普米、壮等少数民族，是多民族聚居区。当地人以前从事农耕，现在多从事旅游业及相关服务业。

据记载，元、明、清三代中央王朝在泸沽湖镇设立了左所土司千户所，建立了土司制度，左所土司公署驻今泸沽湖镇多舍村，土司为摩梭人首领，世代相传，直至 1951 年。1951 年民主改革，在盐源县设民族区左所区，区公所驻多舍。其中泸沽湖东岸地区称为沿海乡，乡政府驻地于 1964 年自多舍村迁到古拉村。1992 年改沿海乡为泸沽湖镇，镇政府又迁回多舍村。本文调查点在泸沽湖镇多舍村。多舍村面积 35 平方公里，居住着约 2400 人，辖 16 个村民小组，居住着蒙、汉、彝、纳西几种民族。本地纳西族自称为摩梭人，讲纳西语东部土话，与纳西语西部语群有明显差别。本调查点的摩梭人自称 nɑ13 “纳”。多舍村现在的主导产业为旅游业，为泸沽湖镇的旅游大村，全村共有各类旅游接待户近 50 家。

调查主要发音人杨品初，男，1955 年 7 月生，多舍村摩梭人。未上过学，自学能识常用汉字。调查的语料经本村人补充、核实。

说明：本文用国际音标记音，不加方括号。音后用数值表示声调，不上标。

二、多舍村摩梭话音系

（一）声母

据调查和归纳，多舍村摩梭话共33个声母（不包括零声母），如表1所示。

表1　多舍村摩梭话声母表

			双唇	唇齿	龈音	卷舌	龈腭音	软腭音
塞音	清	不送气	p		t			k
		送气	p^{h}		t^{h}			k^{h}
	浊	不送气	b		d			ɡ
塞擦音	清	不送气			ts	tʂ	tɕ	
		送气			ts^{h}	$tʂ^{h}$	$tɕ^{h}$	
	浊	不送气			dz	dʐ	dʑ	
鼻音			m		n			ŋ
擦音	清			f	s	ʂ	ɕ	x
	浊			v	z	ʐ	ʑ	ɣ
边擦音					ɬ			
边近音								

1. 声母说明

（1）双唇浊塞音b-在与u-韵母组合时有变体，双唇有震动，实际发音为双唇颤音ʙ-。如：bu55lɚ11 胳膊，实际读音ʙu55lɚ11；

bæ11bu35 猪崽，实际读音为 bæ11ʙu35。

（2）卷舌塞音 ʈ-、ʈʰ-、ɖ-和齿龈塞音 t-、tʰ-、d-呈互补分布，t-、tʰ-、d-只出现在 ɑ-、i-、o-前，卷舌塞音 ʈ-、ʈʰ-、ɖ-出现在 -æ、-ɤ、-u、-uæ̃ 前，如：tʰo51 躺、ʈʰu51 借（钱）、ti35 舂、dɑ35 砍、ʈæ35 闭（嘴）、ʈɤ51 拉。故这 6 个音归纳为 t-、tʰ-、d-等三个音位。

（3）小舌塞音 q-、qʰ-和软腭塞音 k-，kʰ 的对立很局限，本文不将 q-、qʰ-作为独立的音位。多舍村话中小舌塞音 q-、qʰ-与韵母 -ɑ、-æ̃、-uɑ、-uæ̃、-o 相拼时出现，软腭塞音 k-、kʰ-与韵母-ɤ、-ɯ、-uɤ、-uə 等相拼时出现，它们呈互补关系。有限的对立情况是：当它们与 u 相拼时会出现音位的对立，如：ku35 做、qu35 冲（用水冲）。另一种情况是：小舌塞音 q-，qʰ-与元音-u、-o 相拼时，有时实际音质是复声母 qʀ-，如：qʀo35 把儿（茶杯）、qʰʀu11qʰʀu35 叠（被子）、qʰʀu11qʰʀu35 点头。当代多舍村摩梭话是没有系统的复声母的，这可以看作是历史演变中少量残留的复声母。

（4）卷舌音 ʈʂ-、ʈʂʰ-、dʐ-、ʂ-、ʐ-与前元音-e、-æ 析拼时，会出现舌叶音变体 tʃ-、tʃʰ-、dʒ-、ʃ-、ʒ-。

（5）齿龈鼻音 n 与卷舌鼻音 ɳ-呈互补分布。卷舌鼻音 ɳ-在与卷舌韵母-ɚ 相拼时出现。

（6）边擦音 ɬ-与韵母-i 相拼时会出现变体 ç-，如：dʐʅ55ɬi51 一月、ni55ɬi51 二月，而月 ɬi51 的实际读音为 çi51；ɬi11ɣo51 月初，实际读音为 çi11ɣo51；ɬi11mæ̃51 月底，实际读音为 çi11mæ̃51。

（7）龈边近音 l-与韵母-ə、-ɚ、-uɚ、-uæ、-u 相拼时，会出现变体卷舌边近音 ɭ-，如：粒（一粒米）lə，实际读音为 ɭə55；叫 luæ，实际读音为 ɭuæ51；xɑ55lu51 粮食，实际读音为 xɑ55ɭu51。

2. 声母例词

表 2　多舍村摩梭话声母例词表

p-	po51	宝贝	pi35	熬	dʑ-	dʑi35	多	dʑo51	有
p^h-	p^{h}o51	只(一只鞋)	p^{h}i35	吐	m-	mi51	伤口	mo35	士兵
b-	bæ35	脓	bi51	薄	n-	nõ51	你	nɑ35	黑
t-	to51	捆	ti35	舂	ŋ -	ŋõ51	哭	ŋua51	五
t^h-	t^{h}o51	靠	t^{h}i55	累	f-	fu55	大蒜	fuə35	骂
d-	di51	爬(人爬)	dæ51	近	v-	vu35	盘旋	vu51	肠子
k -	ko51	爱	kɯ51	星星	s-	sɿ51	柴	su55	挑选
k^h-	k^{h}ə51	监狱	k^{h}ɯ35	放	z-	zɿ55	草	zu55	搀扶
ɡ-	ɡə35	撬	ɡɯ51	真	ʂ	ʂʅ51	七	ʂ u55	带(路)
ts-	tsɿ51	戴(戴包头)	tsɑ35	踢(踢一脚)	ʐ -	ʐʅ55	酒	ʐu51	马
ts^h-	ts^{h}e51	十	ts^{h}ɑ35	首(一首歌)	ɕ-	ɕi35	害怕	ɕy55lu55	谷粒
dz-	dzɿ51	棵(一棵树)	dzɑ55	瘦（瘠薄）	ʑ-	ʑi51	搬	ʑi35	睡
tʂ-	tʂʅ51	爪	tʂæ̃35	段(一段路)	x-	xĩ35	站	xɯ55	出去
tʂ^h-	tʂhʅ51	他	tʂ^{h}æ̃35	鹿	ɣ-	ɣɯ35	皮	ɣã35	散会
dʐ-	dʐʅ51	涨(涨水)	dʐæ̃35	垃圾	ɬ-	ɬã55	风	ɬo35	深
tɕ-	tɕi35	驮(一驮)	tɕo51	次	l-	lɑ51	老虎	lie35	茶
tɕ^h-	tɕ^{h}i35	断	tɕ^{h}o35	削（削皮）					

（二）韵母

1. 纳西语多舍村话韵母有 24 个，其中单韵母有 9 个、复韵母有 8 个、鼻化元音有 5 个、卷舌元音 2 个。如表：

表 3　多舍村摩梭话韵母系统

<table>
<tr><td rowspan="7">单元音</td><td>舌位</td><td>前</td><td>央</td><td>后</td></tr>
<tr><td>高</td><td>i，y</td><td></td><td>ɯ，u</td></tr>
<tr><td>半高</td><td>e</td><td></td><td>o</td></tr>
<tr><td>中</td><td></td><td>ə</td><td></td></tr>
<tr><td>半低</td><td></td><td></td><td></td></tr>
<tr><td>次低</td><td>æ</td><td></td><td></td></tr>
<tr><td>低</td><td></td><td></td><td>ɑ</td></tr>
<tr><td>复元音韵母</td><td colspan="4">ie、iə、iɑ、io、iu，uə、uæ 、uɑ</td></tr>
<tr><td>鼻化元音</td><td colspan="4">ĩ、æ̃、ũ、õ、uæ̃</td></tr>
<tr><td>卷舌元音</td><td colspan="4">ɚ、uɚ</td></tr>
</table>

2. 韵母说明

（1）前、高不圆唇元音-i 有两个条件变体-ɿ、-ʅ，当-i 与龈塞擦音、擦音 ts-、ts^{h}-、dz-、s-、z-相拼时，实际读音是-ɿ，当-i 与塞擦音、擦音 tʂ-、$tʂ^{h}$-、dʐ-、ʂ-、ʐ-相拼时，实际读音是-ʅ。其余时候读-i，如：ts^{h}ɿ35 山羊、zɿ55 草、dʐʅ35 赔（本）、$tʂ^{h}$ʅ51 他。

（2）后、高不圆唇元音-ɯ，与前元音-i 形成音位的对立。如：k^{h}i51 门、k^{h}ɯ51 条（一条河）。-ɯ 与软腭声母 k-、k^{h}-、ɡ-、x-、ɣ-相拼。

（3）后、高圆唇元音-u 在实际读音中有变体-ʊ，在多舍村摩梭话中，变体-ʊ 出现的频率较高。如：bʊ51 牦牛、mʊ55ʐæ51 火苗。

（4）多舍村摩梭话里有五个鼻化韵母，这是原鼻音韵尾弱化以至丢失的痕迹。主要是三个韵母词例比较多：-æ̃、-uæ̃、ɨ̃，其余鼻化韵如 ã、õ、ũ、ə̃ 词例比较少。

（5）-uə（-u^{ə}）前重后弱，与舌尖辅音、边音相拼时，接近前半高元音［ø］，不是一个完全的双元音。

（6）多舍村摩梭话中有一些单元音韵母的词，在单独发音时带衍音-^{ə} 尾，例如：-u^{ə}、-o^{ɑ}、-o^{ə} 等，这些带衍音的元音不是独立的音位，主要出现在这些词单独发音时并且多数在升调时出现，少数出现在高降调里。

3. 韵母例词

表 4　多舍村摩梭话韵母例词表

-i	ʑi51	捡	tɕi55	云	-io	tɕ^{h}io11 li51	笛子	tɕio51	次(一次)
-y	ʑy55	刀鞘	tɕ^{h}y51	钻洞	-iu	tɕiu11 ə51	石磨	iu35nɑ11 mi55	熊
-ɯ	kɯ51	胆	ɣɯ35	皮肤	-uæ	k^{h}uæ51	封(一封信)	xuæ̃35	挂(在墙上)
-u	ʂu35	满	ʐu51	马	-uɑ	k^{h}uɑ51	聪明	xuɑ35	补(衣服)
-e	dze35	花椒	ʂe55	肉	-uə	kuə35	烤火	p^{h}uə35	撒种
-o	dzo55	冰雹	so35	气	-ĩ	xĩ51	人	ĩ55bi51	肯
-ə	lə55	粒(一粒)	kə35	雕	æ̃	ɬæ̃55	风	bæ̃35	脓

续表

-æ	ʐæ51	锄(草)	xæ̃55	金子	-ũ	mũ55	天	mũ35	吹
-ɑ	sɑ35	钱(一钱)	nɑ35	黑	ɵ̃	xɵ̃51	羽毛	mɵ̃35	士兵
-ie	ʐæ̃11 tɕie51	笑话	tɕʰie51	喜欢	-uæ̃	xuæ̃55	绿	tʂʰuæ̃51	旱
-iə	ʑiə51	融化	tɕʰiə51	肘(一肘长)	-ɚ	ɣɚ51	吞	xɚ55	光滑
-iɑ	niɑ35 bæ51	眼泪	ʑiɑ35 kʰɑ51	荞麦	-uɚ	tʂuɚ51	咳嗽	tʂhuɚ35	肺

（三）声调

多舍村摩梭话词汇的声调表现比较复杂，表现为一词可读不同的声调且多数不影响意义，并且单词读音在句子读音中常变化为不同的声调，因此摩梭话中的声调不同于调位意义上的可区别词义的声调。此处仅是关于纳西语多舍村话单词声调的记录，即词汇单独发音时的声调。单词调中出现的主要四种声调类型（括号内为变体）：35（13）升；55（33）平；11（31）低、51（53）高降。单音节词数量中 51 高降调最多，升调 35 次之，低调 11 和平调 55 再次，可以说单音节主要是两个调：高降调、升调。

多舍村摩梭话中，单音节音调中高平调和升调是基本的声调。升调［35］调听感上有时是变体曲折调［353］，不与［353］形成对立，如：ɣɯ35/353 皮，ɚ35/353 看，bu35/353 撒（水）、迸（出），ɣo35/353 针，mʉ35/353 女儿，ʐʅ35/353 划船，xi35/353 海等。以上这些例词在纳西语多舍村话中一般是读为［35］调，读为［353］也不会区别意义。摩梭话词汇声调在组成句子后常会变化，所以并不是固定的，其中规律有待研究。

三、多舍村话与永宁话音系特点比较

多舍村在泸沽湖东属四川省，永宁镇在泸沽湖西属云南省，两者相距 100 多公里。当地人都是互相认同的摩梭人，有摩梭习俗，讲摩梭话。多舍话和永宁话都属于东部纳西语。以永宁话音系①与多舍村摩梭话音系相比较，从声母方面来说，永宁坝的声母系统和多舍村话的声母系统比较一致，只是永宁话声母系统中无声母 v-。从韵母方面来说，亦大体相似。永宁坝的前元音-a 和后元音-ɑ 是起区别意义的，多舍村不区别。声调方面基本相似，《藏缅语语音和词汇》中归纳永宁坝声调主要是：高平调 55，中平调 33，低降调 31，低升调 13。其中提到“高平调与低升调在多数词语中可以自由变读”。从总的情况看，摩梭话原是无声调的语言。摩梭话在汉语影响下，尚在形成有区别意义的声调的进程中。

关于多舍村摩梭话音系，我们可以看到以下的语音特征。第一，音节由声母、韵母、声调构成。音节的类型分别是：1. 声母和单元音韵母和声调构成；2. 声母和复元音韵母和声调构成；3. 单元音韵母和声调构成；4. 复元音韵母和声调构成。第二，塞音、塞擦音和擦音声母分清浊。第三，多数元音有鼻化韵（更接近弱化的鼻韵尾，暂统一记作鼻化韵）。与丽江坝和永宁话纳西语相比较，多舍村话基本没有复声母，而保有一定数量的鼻化韵。主要是三个韵母词例比

① 参见藏缅语语音和词汇编写组《藏缅语语音和词汇》，北京：中国社会科学出版社，1991 年，第 270 页。

较多：-æ̃、-uæ̃、ɨ̃，其余鼻化韵如 ɑ̃、õ、ũ、ə̃ 词例较少。这些鼻化韵应是鼻音韵尾丢失未尽的痕迹。这在语言历史比较上有重要价值。第四，一些单元音韵母词在单独发音或在词末时带衍音-ᵊ 尾，例如：-uᵊ、-oᵃ、-oᵊ 等，这些音主要出现在升调、高降调里出现，多数出现在升调里，不是独立的音位。第五，在多音节词和词组里，多舍村摩梭话声调的变化情况非常丰富，具体类型和功能待分析归纳。

参考文献：

［1］郭大烈．国内纳西族研究综述［J］．云南社会科学，1983.

［2］和即仁，姜竹仪．纳西语简志［M］．北京：民族出版社，1985.

［3］姜竹仪．纳西语东部和西部方言语法异同概述［J］．民族语文，1993（4）．

［4］姜竹仪．纳西语概况［J］．民族语文，1980（3）．

［5］姜竹仪．纳西语西部方言音位系统中的几个问题［J］．民族语文，1985.

［6］藏缅语语音和词汇编写组．藏缅语语音和词汇［M］．北京：中国社会科学出版社，1991：265—270.

日本学界西南少数民族语言研究的他者视野

——基于日本KAKEN数据库的分析①

刘岩　杨静②

摘　要　日本学界历来十分关注中国西南地区的少数民族语言文化，在西南少数民族语言文字相关领域研究成果丰硕。本文基于日本KAKEN数据库对中国西南少数民族语言的研究史料与研究成果进行系统性的梳理与分析。将收集到的日本学者对苗瑶语、藏语、纳西语、白语、基诺语、壮傣语、孟高棉语的研究课题及相关学术成果进行

① 本文是贵州省哲学社科青年课题“近代以来日本的贵州书写及形象建构研究”（21GZQN29）的阶段性成果。

② 刘岩，男，吉林松原人，贵州大学外国语学院讲师，研究方向：西南少数民族民族典籍翻译与传播及海外中国学。杨静，女，白族，云南大理人，贵州大学外国语学院研究生，研究方向：西南少数民族语言及中日文化比较。

分析述评。总体呈现研究视角新颖独特、注重实地考察与田野调查、语言研究与文献研究相结合、研究者开展中日合作等特征。文章以期为国内学者少数民族语言研究提供他者视阈下的研究视角与学术成果，促进国内少数民族语言研究发展。

关键词 西南少数民族语言；日本学界；他者视角；述评研究

中国共有 55 个少数民族，约使用 80 种以上少数民族语言。其中分布在西南云贵川等地的 30 个少数民族，每个民族均有属于自己的语言体系，语言种类复杂多样，有些民族甚至有使用两种或两种以上语言的情况。其中，有些民族不仅有自己的语言，还形成了自己的文字，例如苗族的苗文、壮族的壮文、纳西族的东巴文、傣族的傣文。由于少数民族语言文字结构形式的多样性、独特性以及系属归类上的孤立性，展现出了高度的研究价值[6]。同时其研究难度可见一斑。事实上，很多少数民族语言正在逐渐消亡，为了解决这个危机，中国对少数民族语言文字的研究与保护从 20 世纪开始就未曾停下脚步。

目前中国学界对西南少数民族语言的研究成果浩如烟海、汗牛充栋，延伸到语音、词汇、语法等语言本体结构的研究之外，既有少数民族语言文献词典编纂研究，又有少数民族语言与亲属语言的比较研究，还有从社会文化发展的角度探讨少数民族语言使用现状、语言资源情况的研究，以及为少数民族语言建立语料数据库的研究。但鲜见从他者视阈下聚焦海外文献中的中国少数民族语言的研究内容。因此，本文将从日本学界视角来把握中国西南少数民族语言文字的研究谱系，对日本学界的中国西南少数民族语言研究进行整理考辨，以期为少数民族文化的发展、少数民族语言文字的多样性提供支持和保护，同时提供来自外部他者的学术信息。

一、数据来源与获取

文章的数据来源是日本科学研究经费助成事业数据库KAKEN[14]。KAKEN 科学研究经费助成事业数据库是于 1972 年由日本文部科学省、日本学术振兴会、日本国立情报学研究所共同建立的，收录了由 20 世纪 60 年代以来日本科学文部省和学术振兴会实施的通过科学研究经费助成事业而进行研究的立项课题、研究成果概要、研究成果报告书及自我评价报告书的数据库[12][13]。数据库发展完善、其内容面向社会公开，能够检索到日本所有领域最新的研究课题信息。

利用 KAKEN 数据库检索，包括苗瑶语、藏语、纳西语、白语、基诺语、壮傣语、孟高棉语。首先，区分这些少数民族语言名称在 KAKEN 上的表记方式，经过笔者对数据库的考察，发现苗瑶语的表记为“苗瑶語”“ミャオ・ヤオ語”“ミャオ・ヤオ”“ショオ語”，藏语表记为“藏語”“チベット語”，纳西语表记为“ナシ族”“ナシ語”，白语表记为“白文”“ペー語”，基诺语表记为“チノ語”“チノ族”，壮傣语表记为“チワン語”“チワン族”“プイ語”“タイ語”，孟高棉语表记为“モン・クメール語”“モン・クメール”“ワ語”“パラウン”。其次，逐一以这些表记名称为检索词进行详细搜索，剔除无关项目，筛选出与本研究相关的项目苗瑶语 12 项、藏语 12 项、纳西语 2 项、白语 4 项、基诺语 3 项、壮傣语 3 项、孟高棉语8项。本文的研究数据以此为基础。

根据检索结果，将苗瑶语、藏语、纳西语、白语、基诺语、壮傣语、孟高棉语的研究资料，围绕研究者、发表年度、研究课题，分别制成下列表。

表1 日本学者中国西南少数民族苗瑶语研究课题一览表

研究者	年度	研究课题
田口善久	1997	日文：苗瑶語比較文法研究—語の形態の研究を中心として— 中文：苗瑶语比较语法研究——以语言形态的研究为中心
	2001	日文：苗瑶語と周辺諸言語の言語地理学的研究 中文：苗瑶语与周边各语言的语言地理学研究
	2005	日文：ミャオ・ヤオ諸語の歴史文法研究—特異現象の発生と伝播を中心として— 中文：苗瑶语的历史语法研究——以特殊现象的发生和传播为中心
	2010	日文：ミエン語文法の記述言語学的・歴史言語学的研究 中文：勉语语法的记述语言学及历史语言学研究
	2013	日文：ミャオ語系諸言語の記述言語学的・歴史言語学的研究 中文：苗语系诸语言的记述语言学及历史语言学研究
	2016	日文：ミャオ語系諸語文法の記述言語学的・歴史言語学的研究 中文：苗语系诸语言语法的记述语言学及历史语言学研究
	2019	日文：ミャオ語系諸言語文法の類型論的・歴史言語学的研究 中文：苗语系诸语言语法类型论及历史语言学研究

续表

研究者	年度	研究课题
中西裕树	2001	日文：中国広東省の消滅の危機に瀕した言語ショオ語の緊急調査 中文：中国广东省濒危语言畲语的紧急考察
	2004	日文：言語保持対策および比較研究に供するためのショオ語四方言の緊急現地調査 中文：基于制定语言保护对策与比较研究的畲语四个方言的实地考察
远藤光晓	2011	日文：東ユーラシアにおける国と語族を超えた言語地図によるミクロ・マクロ言語史の再構築 中文：东欧亚大陆超越国家及语族的语言图谱形成的微观和宏观语言史的再构建
	2015	日文：雲南諸言語の地理言語学的研究 中文：云南各语言的地理语言学研究
林范彦	2017	日文：メコン川中流域を中心とした諸言語の言語実態と変容プロセスの研究 中文：湄公河中游地区各语言的语言实态和变化过程的研究

表 2　日本学者中国西南少数民族藏语研究课题一览表

研究者	年度	研究课题
池田巧	2004	日文：東チベットの言語分布と伝播経路を探究するための地名研究 中文：探讨西藏东部语言分布和传播路径的地名研究
	2018	日文：シナ＝チベット諸語の歴史的展開と言語類型地理論 中文：中国西藏各类语言的历史发展和语言类型地理论

续表

研究者	年度	研 究 课 题
海老原志穗	2005	日文：チベット語アムド方言の文法記述 中文：藏语安多方言的语法记述研究
	2008	日文：チベット語の古層を探る—東北チベット、アムド地方周辺の方言調査を通して— 中文：对古藏语的历史性探究——通过西藏东北部安多地区的方言调查
	2014	日文：東西方言から見たチベット語の基層の研究 中文：从西藏东西部方言看藏语的基础研究
	2017	日文：周辺方言及び書写語からみたチベット語の記述的・歴史的研究 中文：基于周边方言及书写语的藏语记述性、历史性研究
武内绍人	2006	日文：古チベット語ユニオンデータベースの構築と解析—言語接触を中心とする多層構造の解明— 中文：古藏语联合数据库的构建和分析——以语言接触为中心的多层结构解析
	2012	日文：チベット語最古層の形成とその構造推移－データベース解析による辞書と歴史文法の編纂— 中文：古藏语的形成及其结构变迁——通过数据库解析辞典和历史语法的编纂
铃木博之	2007	日文：川西民族走廊・チベット文化圏における少数民族言語の方言調査と地域言語学的研究 中文：川西民族走廊・西藏文化圈的少数民族语言的方言调查和地域语言学研究
	2013	日文：言語多様性の記述を通して見る中国雲南省チベット語の方言形成の研究 中文：通过语言多样性的描写来看中国云南藏语之方言形成研究
	2017	日文：チベット文化圏東部の未記述言語の解明と地理言語学的研究 中文：西藏文化圈东部未记录语言的探究和地理语言学研究

续表

研究者	年度	研 究 课 题
长野泰彦	2016	日文：チベット・ビルマ語族の繋聯言語の記述とその古態析出に関する国際共同調査研究 中文：关于藏缅语连接语言的记述和古态分析的国际联合调查研究

表 3　日本学者中国西南少数民族纳西语研究课题一览表

研究者	年度	研 究 课 题
黑泽直道	2003	日文：中国西南ナシ（納西）族の言語伝承および文字の研究 中文：中国西南纳西族的语言传承和文字的研究
	2006	日文：中国西南ナシ（納西）族の言語伝承および文字の研究 中文：中国西南纳西族的语言传承和文字的研究

表 4　日本学者中国西南少数民族白语研究课题一览表

研究者	年度	研 究 课 题
立石谦次	2010	日文：中国雲南省白族（ペー族）の白文（ペー文）の分析と解読法の確立 中文：中国云南省白族的白文解析研究
	2013	日文：中国雲南省大理白族の白文資料の保存と解読法の確立 中文：中国云南省大理白族的白文资料的保存与解读研究
	2017	日文：中国雲南省大理白族の白文資料の基礎的研究—白文語彙・用例の収集と解読法の確立— 中文：中国云南省大理白族的白文资料的基础研究——以白文词汇・例句的收集与解读为中心
	2020	日文：大理白族白文分析の基礎的研究—語彙表記の比較と分析— 中文：大理白族白文的基础分析研究——以词语表记的比较和分析为中心

表 5　日本学者中国西南少数民族基诺语研究课题一览表

研究者	年度	研究课题
林范彦	2003	日文：チノ語および周辺諸言語の記述的・対照的研究 中文：基诺语及周边语言的记录和比较研究
	2005	日文：チノ語を主軸としたチベット・ビルマ諸語の記述調査と言語類型論的研究 中文：基诺语为主的藏缅语族的记录调查和语言类型论研究
	2008	日文：チノ語の記述調査及び周辺諸言語との言語接触・言語類型論的研究 中文：基诺语的记录调查及和周边语言的语言接触和语言类型论研究

表 6　日本学者中国西南少数民族壮傣语研究课题一览表

研究者	年度	研究课题
手塚惠子	2014	日文：中国壮族における文字文化の継承についての人類学的研究 中文：中国壮族文字文化继承的人类学研究
石村广	2015	日文：広東語・チワン語結果構文の類型論的研究—地理的連続性の問題をめぐって— 中文：广东话和壮语的结果构句的类型论研究——围绕地理连续性的问题
中山俊秀	2020	日文：タイ少数民族における持続可能なコミュニティ協働型言語・文化ナレッジベースの構築 中文：傣族少数民族的可持续性的协作型语言文化知识库的构建

表 7　日本学者中国西南少数民族孟高棉语研究课题一览表

研究者	年度	研究课题
山田敦士	2006	日文：北部モン・クメール諸言語の記述と言語接触にかんする研究 中文：北孟高棉语言的记录和语言接触研究
	2008	日文：北方モン・クメール諸言語の記述的・動態的研究 中文：北孟高棉语言的记录和动态研究
	2011	日文：未解明ワ族支系に対する記述言語学的研究 中文：对未知的佤族支系语言的记述语言学研究
	2014	日文：ワ族のリテラシーに関する調査研究 中文：佤族识字率的调查研究
	2016	日文：ワ族の文字表記と書承文化に関する調査研究 中文：佤族的文字表记与书承文化的调查研究
新谷忠彦	2005	日文：言語・文化調査に基づくパラウン史の解明 中文：基于语言文化调查德昂族历史的阐明研究
	2009	日文：言語・文化調査に基づくイラワジ・サルウィン流域諸民族の歴史の解明 中文：基于语言文化调查阐明伊洛瓦底江和怒江流域各民族的历史研究
峰岸真琴	2006	日文：ミャンマー連邦東北地方パラウン語の記述および使用状況の研究 中文：缅甸联邦东北地区德昂语的记录及使用现状的研究

二、日本学界西南少数民族语言研究述评

日本对中国少数民族语言文字的深入研究是从 20 世纪开始的。20 世纪 80 年代以前，日本学者论述中国少数民族语言文字的寥寥无几。只有松村一弥《中国少数民族：历史、文化及现状》一书有所

提及，该书将收集到的关于少数民族的资料进行精心编排整理，概述了中国的54个少数民族的历史、文化、语言等多个方面[20]。80年代以后，伴随着改革开放及中日关系的逐渐好转，诸多日本学者陆续到我国少数民族地区进行走访记录、田野调查，根据当地少数民族的历史、民俗、文献等深入研究他们的语言文字，并出版了系列论著、论文、纪行，取得丰硕的成果。综合来看，日本学者对中国少数民族语言的研究包括了语言本体研究、与亲属语言的比较研究、语言使用情况的调查研究等。其中，值得注意的是许多日本学者在研究少数民族语言时会运用“语言＋N”的方法，即研究语言时以其他学科方法为辅助，包括但不限于“语言地理学”“历史语言学”“记述语言学”“文化语言学”“语言接触学”。

（一）苗瑶语

苗瑶语属于汉藏语系（Sino-Tibetan），分布在贵州省、广西壮族自治区、云南省、湖南省、广东省等地。日本学界对中国苗瑶语研究起步较早，研究课题相对较多。根据表1中KAKEN收录的数据来看，日本对苗瑶语的研究最早开始于20世纪末。苗瑶语的研究主要包括语法、语音的语言本体结构研究、苗瑶语各语言的比较研究，同时运用了记述语言学、历史语言学、语言地理学的方式进行研究。

1. 苗、瑶语

（1）语法研究

从表1的资料来看，研究苗瑶语的日本学者对语法问题十分关注，相关研究成果较为丰硕。苗瑶语语法研究代表性的日本学者是田口善久，其最初的苗瑶语研究“苗瑶语比较语法研究——以语言形态的研究为中心”着重关注苗瑶语的语法问题。研究中，他整理了苗瑶语中音韵对应的例句，通过苗瑶语语法的研究考察发源语形态的构造，并认为苗瑶语和孟高棉语有相近的音节构造。之后在“苗瑶语与周边各语言的语言地理学研究”主要围绕苗瑶语的接头词，研究苗瑶语言的音节构造及形态构造。通过苗瑶语接头词的比较研究，得出苗瑶语接头词的地理分布特点，并论述了部分接头词追溯到发源语的可能性。田口善久发表的“苗瑶语的历史语法研究——以特殊现象的发生和传播为中心”基于历年的研究成果，将苗瑶语言的语法特征进行比较对照研究，该课题进行了三个语法研究项目，提出了通过苗瑶语中母音交替这种重复语法的形态可以追溯到苗语发源语的观点；并对苗瑶语中动词的否定和动词前放置疑问词的形式进行研究；同时还探讨了苗瑶语中表示动作结果存在的地点通常会用“放”“给”等动词。此外，田口善久基于先前的研究，在“勉语语法的记述语言学及历史语言学研究”中，通过苗瑶语语言间的比较，探究瑶语中勉语语法的特点；通过考察苗瑶语中人称代词体系、疑问形态、否定形态、地点的表达，探究瑶语中各语言、各方言间的差异[22]。田口善久的“苗语系诸语言的记述语言学及历史语言学研究”，对罗泊河苗语和黔东苗语的语法进行了语言类型的收集整理和对照研究[21]。其后，田口善久再次提出的“苗语系诸语言语法的记述语言学及历史语言学研究”，主要对苗语系各语言的类别词和直示动词进行了研究，同时还对罗泊河苗语和黔东苗语进行语法比较研究。他提出了新的研究课题“苗语系诸语言语法类型论及历史语言学研究”，拟对苗语系各语言语法的过去形态进行探讨，以此究明苗语系各个语言间语法的差异。

（2）语音研究

除了语法研究之外，日本学者还对苗瑶语的语音有所考察。远藤光晓的“东欧亚大陆超越国家及语族的语言图谱形成的微观和宏观语言史的再构建”主要对东亚各语言包括苗瑶语进行地理语言学研究。尤其是对无声侧面摩擦音的地理分布和形成过程进行了考察[30]。同时还基于越南语各个方言进行了实地考察和整理研究。他的“云南各语言的地理语言学研究”，将苗瑶语族的鼻音韵尾-m、-n、-ng 的变化类型通过地图语言表现出来，形成可视化图谱[29]。此外课题还通过区分声调的类型，推测该语言的形成过程。

2. 畲语

日本的其他学者还对苗瑶语中的畲族语言进行了考察研究。中西裕树的“中国广东省濒危语言畲语的紧急考察”对畲语进行了紧急的深入考察，与当地的畲族人用畲语编撰民话集和词汇集，为畲语的保护做出了贡献。其后，他又发表了“基于制定语言保护对策与比较研究的畲语四个方言的实地考察”，再次深入地挖掘濒危语言畲语。对畲语海丰方言的词汇、语法、民话以及博罗方言、增城方言、惠东方言的音韵和词汇进行考察。林范彦的研究课题“湄公河中游地区各语言的语言实态及变化过程的研究”，对贵州省的苗语语法和云南省文山州的苗语方言的词汇进行了实地考察。

从上述来看，日本学者对苗瑶语的研究包括了语音、语法的语言本体结构研究、而苗瑶语中畲语的使用现状、苗瑶语与亲属语言的比较研究等方面也有所涉及。这些日本学者还多次辗转研究相关地区，进行实地考察、田野调查，同时还运用了记述语言学、历史语言学、语言地理学从他者的角度以辅助研究，并对苗瑶语这个跨境语言在中国和东南亚地区的形态变化进行了探究。

（二）藏缅语

1. 藏语

藏语属于汉藏语系藏缅语族，在中国主要分布在西藏，四川甘孜、阿坝，甘肃甘南，云南迪庆，青海等地，分为三大方言区，即卫藏方言、康巴方言、安多方言。藏语在漫长的历史演化中，形成了自己独特的文字和文化，同时作为跨境民族语言，具有高度的研究价值。

从表2来看，日本学界多位学者曾对藏语进行过系列研究。池田巧和海老原志穗的课题主要集中于藏语地区的方言，池田巧“探讨西藏东部语言分布和传播路径的地名研究”课题中，对甘孜、阿坝两地《地名录》中一些重要地名的汉藏语对应表记进行实地考察和历史文献分析，并制成西藏东部地区的语言分布图。之后他在“中国西藏各类语言的历史发展和语言类型地理论”的研究中，与星泉、海老原志穗等学者，达娃扎西、黄成龙等海外研究员共同对西藏地区各类语言或方言进行了收集记录调查。此外，海老原志穗也是藏语相关研究的代表性学者之一，曾多次开展藏语安多方言的相关研究课题。他在“藏语安多方言的语法记述研究”中，通过田野调查，对青海安多方言的体系、类型特征、语用情况，音韵、语法、亲族名称、色彩词等进行了记录和研究。他还在“对古藏语的历史性探究——通过西藏东北部安多地区的方言调查”课题中，对甘肃省天祝县和青海省互助县的安多方言词汇和例句进行调查，发现了与敦煌文献中的古藏语共通的词汇。通过这次调查研究，他还出版了《安多藏语的发音与对话》等书。之后，海老原志穗又先后进行了“从西藏东西部方言看藏语的基础研究”“基于周边方言及书写语的藏语记述性、历史性研究”两次研究，旨在探究藏语地区东西部方言，通过实地考察和文献调查，对东西部方言的音韵、语法进行对照，考察了藏语语法的形式分布和历史变迁[2]。

武内绍人的课题研究则是聚焦于古藏语，他的“古藏语联合数据库的构建和分析——以语言接触为中心的多层结构解析”中，针对分散在世界各地的古藏语重要文献、碑文，解读分析后建立联合数据库[25]。之后的研究课题“古藏语的形成及其结构变迁——通过数据库解析辞典和历史语法的编纂”则基于建立的数据库对古藏语的碑文、木简、文件进行解读和分析，阐明古藏语语言结构，还将现代藏语方言和古藏语进行比较对照，追溯藏语的历史变迁。

铃木博之作为藏语研究的重要学者之一，在“川西民族走廊·西藏文化圈的少数民族语言的方言调查和地域语言学研究”课题中，通过对川西地区的实地考察，将收集的 15 种未记录方言整理为数据，和《西番译语》的数据共同制成数据库，最后基于数据库形成语言地图。该课题也使藏语方言在川西民族走廊地区的分布更加清晰。在“通过语言多样性的描写来看中国云南藏语之方言形成研究”课题中，历经四年的实地考察，对云南省内康巴藏语的 110 个变种方言的词汇和句型进行记录和数据化考察，并利用 ArcGis 制成可视化地图，运用地理语言学分析各个方言群之间的语言接触和发展变化[11]。他的“西藏文化圈东部未记录语言的探究和地理语言学研究”课题，先后收集四川、西藏两地的藏语词汇和语法，将收集到的数据制成可检索数据库。此外，还有长野泰彦的“关于藏缅语连接语言的记述和古态分析的国际联合调查研究”，通过与各地的研究人员合作，记录并分析西藏喜马拉雅语、羌·嘉绒语群、景颇语等语言中的古语形态，回溯藏缅语的祖语形态，为探究象雄语奠定基础[1]。

2. 纳西语

纳西语属于汉藏语系（Sino-Tibetan）藏缅语族（Tibeto-Burman），是纳西族的通用语言，同彝语、哈尼语及拉祜语等有着非常密切的亲缘关系。纳西语主要分布在云南省丽江市，有属于自己的文字“东巴文”。从表3中可知，目前日本学界具有立项课题的纳西语研究者有黑泽直道。他在“中国西南纳西族的语言传承和文字的研究”（2003）课题研究中，以丽江大研古镇的语言为标准语，考察了纳西语中几种方言的发音规律。将纳西语中的二重母音的音韵构造合理解释为介母音和主母音。同时还提及在考察纳西语几种方言的差异时必须将汉语的影响因素考虑进去[4]。其实，这一观点不仅适用于纳西语，在其他少数民族语言的比较对照研究中也应当充分考虑。之后，黑泽直道在“中国西南纳西族的语言传承和文字的研究”（2006）中，与纳西族的研究者合作，运用光学字符识别（OCR）软件将记录口头传承的资料扫描制成电子文本，以此研究收集记录纳西语词汇、惯用语句，分析纳西语构成，解读纳西语意思。同时，与23位研究人员实地考察19个地区，指出各个地区纳西语方言的细微差别。对纳西族用东巴文字写成的东巴经典难以解读的状况进行思考，把纳西语各个方言的东巴经典比较对照，将东巴经典中出现7次以上的文本定为“确定”的文字，不足7次的定为“非确定”文字予以排除。以这样抽出“框架”的方式解读东巴经典[3][5]。

3. 白语

白语属于汉藏语系（Sino-Tibetan）藏缅语族（Tibeto-Burman），主要分布在滇西北的大理州、怒江州、丽江市等地，有南部、中部、北部三种方言，各个方言间的基本词汇一致度很高，但语音方面存在地区差异。白语的基本语序类似汉语即主谓宾结构，且含有大量古汉语基本词汇[24]。白语作为白族人使用的语言，在与汉语密切交流的过程中，逐渐产生了用汉字表记的白文。在新中国成立后，基于国家对少数民族语言文字工作的重视，在政府、民族学者等各界帮助下，重新创制了以罗马字为表记、白语发音的新白文。

目前，日本学界对中国的白语的相关研究较少。从表 4 来看，代表性的研究者是立石谦次，他立项的研究课题共 4 项。立石谦次的首项白语相关研究课题“中国云南省白族的白文解析研究”，以白族的民间艺术“大本曲”（以三弦为伴奏，两名歌手轮流用白语唱歌对话的艺能）的文本为对象，考察白文的表记体系，比如立石谦次在研究过程中对“大本曲”文本《铡美案》中的 1021 个词语进行分析解读，并指出白族所使用的汉语声调规则和当地汉族的汉语不同[9]。提出白文不再是单纯的用汉字来表记白文，而是形成了一定的独特的表记体系。在他的系列研究成果中还提到研究白文时用到的“音读”（用汉字表记白语词汇）、“训读”（用白语词汇读汉字表记）的区分方式，和日语中的“音読み”“訓読み”不同，将这里的“音读”区别于万叶假名的“音假名”“训假名”的概念[7]。同时通过导入“训假名”的概念，指出白族自创的文字的发展潜能。这在既往的白文研究中是首次。立石谦次的“中国云南省大理白族的白文资料的保存与解读研究”，为了白文资料的保护，对用罗马字表记、白语发音的“大本曲”的台本进行了拍摄和保存，并将其翻译为汉语和日语版本[8]。此外，在此基础上对白语的发音进行分析、解读，辨析白语中“音读”“训读”的方法，作为白语资料研究有很大的参考价值。之后，立石谦次为了再次深入研究白文词汇和发音规律，提出了新的研究课题“中国云南省大理白族的白文资料的基础研究——以白文词汇 · 例句的收集与解读为中心”“大理白族白文的基础分析研究——以词语表记的比较和分析为中心”，试图通过“大本曲”考察白文中“汉字白文”的形成问题。

4. 基诺语

基诺语属于汉藏语系（Sino-Tibetan）藏缅语族（Tibeto-Burman），分布在云南省西双版纳傣族自治州景洪县基诺山和补远山地区。使用的语言分攸乐、补远两个方言，方言间词汇差别较大。根据表5，目前日本学界对基诺语较为关注的学者是林范彦，他主要对基诺语及其相关语言进行了语言接触和语言类型的记录研究。他在“基诺语及周边语言的记录和比较研究”的研究中实地考察了基诺语的攸乐方言的语法，对其中的使役结构、后置词、文末助词进行记录分析。在之后的“基诺语为主的藏缅语族的记录调查和语言类型论研究”中，林范彦还对基诺语攸乐方言、补远方言、哈尼语墨江方言、阿昌语梁河方言、拉祜语勐海方言等语言的语法、词汇进行整理，提出了基诺语的接尾词-m * 的“名词化”“辅文化”“关系节化”“过去”等多个功能实际上可以整理成“名词化”“关系节化”两种。还对基诺语的声调进行记录分析。此外，他在“基诺语的记录调查及和周边语言的语言接触和语言类型论研究”的课题研究中，对基诺语的攸乐、补远两大方言进行了实地考察。林范彦挖掘了基诺语的动词连续结构、名词性语句、间接疑问词等语法问题，力图通过辨析攸乐方言中动词的连续构造等语法问题梳理攸乐方言的发展史，同时，统计整理补远方言的基础词汇、基础句型，对补远方言的音韵体系和声调的发展加以分析。此外，他还收集调查了哈尼语和拉祜语的基础词汇[10]。由此可见，目前日本学界对基诺语的研究主要集中于语音、语法、词汇、与亲缘语言的比较等方面，研究以实地考察和语言接触、语言记录等方式为主。

（三）壮傣语

壮傣语属于汉藏语系（Sino-Tibetan），包括了壮语、傣语、布依语等语言。根据表6，日本学者对壮傣语的研究课题并不多。手塚惠子关于“中国壮族文字文化继承的人类学研究”就对方块壮文和当时的广西农村的壮语使用现状进行了考察。通过壮族的对歌形式（以固定的旋律即兴作词，并用壮语唱出来）制成方块壮文的歌本，以此记录解析方块壮文的词汇[19]。石村广“广东话和壮语的结果构句的类型论研究——围绕地理连续性的问题”基于语言地理类型学①，将广东话（复合型语序即逆行结构）和壮语（分离型语序即顺行结构）进行语序比较，从侧面阐述了少数民族语言在地理上的连续性问题[18]。中山俊秀在研究课题“傣族少数民族的可持续性的协作型语言文化知识库的构建”中，对傣族中的黑傣的语言文化进行记录研究，为傣族的语言文化的保护和使用构建知识库。日本学者对壮傣语研究较少，但其将语言研究和人类学、微观宏观角度、地理空间分布等方面集进行了综合考察，为开展壮傣语研究提供了诸多的思路和参考。

（四）孟高棉语

孟高棉语是南亚语系（Austroasiatic）中地理分布最广的语族，在中国属于孟高棉语的只有佤语、布朗语、德昂语（原称崩龙语），主要分布在云南地区。

1. 佤语

从表7来看，研究中国的孟高棉语的代表性学者是山田敦士，他对佤族语言展开了一系列调查研究。在其“关于北孟高棉语言的记录和语言接触的研究”中，将收集到的佤族的民话、传说做了语

---

① 语言地理类型学：是20世纪70年代日本学者桥本万太郎立足于东亚大陆语言事实研究而创建的新理论。把语言在地理上表现出来的类型推移，看作是语言历史演变各层次的投影，从而把“横”的区域考察跟“纵”的历史比较有机地结合起来。

言层面的分析，根据相关的声音资料编成佤语语法的记录资料，为后续的语言研究打下基础。山田敦士的“北孟高棉语言的记录和动态研究”对佤族的语言进行记录和语言动态的研究。其后，山田敦士又在“对未知的佤族支系语言的记述语言学研究”中发表了其对云南省孟连县佤族语言状况的调查，他和云南的民族研究学者深入孟连县北部和西北部的佤族聚居地进行田野调查，并对收集到的两个方言族群的音韵体系和基础词汇做了分析和整理，以此得出佤族的文字表记的报告，考察了佤语各方言间的关系[16]。此时，山田敦士对佤语的研究基本还是语音、语法、词汇等语言本体的研究，之后他在关于“佤族识字率的调查研究”中，开始了对佤语文字的使用现状的记录，包括从社会语言学层面对佤语的两种罗马字转写方法和印度系文字的使用实态和普及进行解读[17]。

2. 德昂语

新谷忠彦在“基于语言文化调查德昂族历史的阐明研究”课题中对无文字的跨境民族德昂族进行实地考察和语言资料的收集，从德昂族各方言的语音变化、借用语、文化特征中，探究德昂族与佤族、布朗族及怒江湄公河流域其他民族间的关系。他还指出德昂语和与它有亲缘关系且同属北孟高棉语的佤语、布朗语三种语言整体上呈现出自西向东是德昂语、佤语、布朗语，自北向南是德昂语、佤语、布朗语的地理空间分布[27]。新谷忠彦“基于语言文化调查阐明伊洛瓦底江和怒江流域各民族的历史研究”，通过对伊洛瓦底江和怒江流域少数民族的语言、文化进行了详细的数据收集，从语言接触的角度分析了各个北孟高棉语民族差异的由来。他认为德昂族、布朗族、佤族语言间存在的差异是由于接触到不同傣族造成的。德昂族和怒江流域的傣族通过语言接触后获得自身的同一性，布朗族和湄公河流域的傣族经过语言接触后获得同一性，而佤族对自身的同一性则是与这两个流域的傣族接触后获得的[26]。峰岸真琴的“缅甸联邦东北地区德昂语的记录及使用现状的研究”，还对德昂语方言中的音声、音韵以及基础词汇做了实地考察和记录。由此可知，目前日本学者对孟高棉语的研究侧重于语音、词汇等，并且在基于语言探讨民族的历史文化、语言使用现状等方面也有所涉及。

根据上述表格和研究，可以看出目前日本学界对中国西南少数民族语言的研究比较重视，尤其对分布较广的跨境民族语言、濒危语言的考察颇为关注。例如藏语、苗瑶语、孟高棉语。但其中不同学者研究的不同语言，侧重点也有所不同。日本学者的藏语研究除了聚焦于各地方言语法、词汇的对照分析之外，还会从历史层面考察古藏语的形态结构，且将收集到的数据制成数据库和语言分布图。苗瑶语研究主要侧重于语法、语音方面，较少考察语言实态、语言对比等方面。孟高棉语研究中，日本学者则关注语音、语言现状等问题，并且多从社会历史层面考察语用问题，比较言之，对纳西语、白语、基诺语、壮傣语等语言的关注较少，主要聚焦在语音、词汇、语法等语言要素层面。在白语研究中，比较关注的是语音、词汇方面，且多通过白语文献分析，鲜少有人考察白语及亲缘语言的对比研究、白语语言资源的问题。纳西语、基诺语研究则多围绕语法、词汇进行。日本学者在研究过程中，常常与中国研究者、少数民族研究人员开展合作，深入当地语言生活中、实地考察语言环境，这样的考察模式极大推进了他们的研究。总体来说，日本学者对苗瑶语、藏语、纳西语、白语、基诺语、壮傣语、孟高棉语的研究成果甚为丰硕。

三、结论

本文基于目前日本学界对中国少数民族语言的研究现状，对KAKEN科学研究经费助成事业数据库上检索到的苗瑶语、藏语、纳西语、白语、基诺语、壮傣语、孟高棉语的研究课题进行了概述分析。整理之后发现了以下几个特点：其一，研究视角新颖独特[23]。如远藤光晓在研究苗瑶语时，将其与地理学相结合，形成语言图谱，以此考察语言形成过程。其二，注重实地考察与田野调查。为了考察语言的语音语法等，许多学者多次深入当地，将当地人民的语言语料先记录保存后进行翻译研究。其三，语言研究与文献研究相结合。很多学者将所考察语言的语音、词汇运用到少数民族文献典籍上，如立石谦次、黑泽直道分别用白语、纳西语来解读白族和纳西族的经典。其四，研究者间开展中日合作[28]。许多日本学者在实地考察过程中由于语言不通研究往往难以进行，通过与中国学者以及会使用少数民族语言的人群合作共同开展研究，既有利于日本学者研究的进行，也有利于少数民族语言的推广。日本学者在研究西南少数民族语言时侧重于语音、词汇、语法等语言本体研究，注重语言研究与地理学、历史学、人类学等学科的结合，积极进行田野调查实地考察，为中国少数民族语言文字的研究带来新的启发。

参考文献：

［1］長野泰彦，武内紹人．日本象雄語研究概況［J］．青藏高原的古代文明，2018（2）：347—356.

［2］海老原志穂．アムド・チベット語の使役［J］．シナ・チベット系諸

言語の文法現象2使役の諸相，2019：1—14.

［3］黒澤直道．ナシ（納西）語による出版物［J］．國學院大学紀要，2009（49）：1—13.

［4］黒澤直道．ナシ（納西）語大研鎮方言の音韻体系—先行研究との比較を中心に－［J］．東京外国語大学アジア・アフリカ言語文化研究所．2009（77）：63—81.

［5］黒澤直道．ナシ族トンバ経典文字テクストの基礎的研究—出現頻度に基づいた「骨組み」の抽出［J］．國學院雑誌，2009，110（3）：1—17.

［6］贾海霞．浅谈西南地区少数民族语言数据库建设［J］．大观周刊，2012（35）：18—19.

［7］立石謙次．雲南省大理白族（ペー族）の白文（ペー文）における表記規範の一考察－特に『訓仮名』と『造字』とを中心に－［J］．東海大学紀要文学部，2012（97）：21—37.

［8］立石謙次．雲南省大理白族の他界観：大本曲『黄氏女対金剛経』を中心に［J］．國學院大學21世紀研究教育計画委員会研究事業成果報告論集，2016：107—136.

［9］立石謙次．中国雲南省大理白族の『大本曲』の概説と紹介－テキストを中心に－［J］．國學院雑誌，2011，112（9）：28—44.

［10］林範彦．チノ語悠楽方言の間接疑問文に関する覚書［J］．地球研言語記述論集，2010：1—14.

［11］鈴木博之．/ɿ/が語る音変化史：カムチベット語香格里拉方言群における硬口蓋系列音素についての覚え書き［J］．言語記述論集，2016（8）：91—103.

［12］刘立群．近三十年日本中国学研究发展态势及启示——基于科学研究费补助金项目的计量分析［J］．图书馆研究与工作，2019（10）：5—12.

［13］刘岩，王晓梅，何薇．日本学者云南研究的内容焦点与趋势——基于日本KAKEN数据库分析［J］．民族论坛，2019（4）：74—80.

［14］日本国立情报研究所. KAKEN—サービス概要［EB/OL］.［2021－01－07］. https：//support. nii. ac. jp/ja/kaken.

［15］山田敦士. パラウク・ワ語における共時的な語形成［J］. 北海道言語文化研究，2016（14）：11—20.

［16］山田敦士. ワ語方言からみた正症書法［J］. 北海道民族学，2012（8）：27—34.

［17］山田敦士. 蒼源ワ族自治県の碑文テクスト［J］. 北海道民族学，2015（11）：75—83.

［18］石村広. 漢語南方方言の「動詞＋目的語＋補語」型語順－チワン・トン語との言語接触を兼ねて［J］. 語言研究集刊，2018（20）：193—210.

［19］手塚恵子. 思想の場としての相互唱—中国族の人々のうたの実践より［J］. アジア民族文化研究，2017（16）：83—90.

［20］松村一弥. 中国少数民族：历史、文化及现状［M］. 日本：每日新闻社. 1973.

［21］田口善久. ミャオ語文法ノート：羅泊河ミャオ語の人称詞について［J］. 千葉大学ユーラシア言語文化論集，2016：13—29.

［22］田口善久. 恭城県三江郷ミエン語（チャウコンメン）調查報告［J］. 千葉大学ユーラシア言語文化論集，2010：71—82.

［23］王玫. 2010—2019 年日本西夏学研究综述［J］. 中国史研究动态，2020（5）：78—86.

［24］吴安其. 藏缅语的分类和白语的归属［J］. 民族语文，2000（1）：1—12.

［25］武内紹人. 古チベット文献研究の現段階［J］. 東洋史研究，2009，67（4）：123—129.

［26］新谷忠彦. タイ文化圏の中のラオス—物質文化・言語・民族—［J］. 言語と民族，2009：193—205.

[27] 新谷忠彦. 山地民のことば [J]. 自然と文化そしてことば, 2007 (3): 22—28.

[28] 杨书霞. 可视化分析视阈下的我国少数民族语言研究 [J]. 中南大学学报 (社会科学版), 2018, 24 (4): 198—204.

[29] 遠藤光曉. 雲南中国語方言の声調体系の地理分布と系譜関係 [J]. 神户市外国語大学外国語研究, 2016 (92): 127—133.

[30] 遠藤光曉. 中国広西における諸言語の無声側面摩擦音の地理分布と形成過程 [J]. 青山学院大学経済研究所, 2013 (5): 21—30.

《语言历史论丛》第 1—16 辑目录

第一辑

第二辑

第三辑

第四辑

第五辑

第六辑

第七辑

第八辑

第九辑

第十辑

第十一辑

第十二辑

第十三辑

第十四辑

第十五辑

第十六辑

征稿启事

一、《语言历史论丛》（*Papers on Languages and History*）是四川师范大学文学院编辑出版的学术论文集，每年定期出版二辑。

二、本《论丛》刊登语言学（特别是中国西南地区语言研究）及其相关学科的学术论文。

三、本《论丛》刊登中文稿、英文稿及其他语言汉译稿。

四、作者投稿，请用写明姓名、工作单位、通信地址、邮政编码、联系电话、电子信箱。

五、中文稿应按中国国家标准使用简化字、标点符号和数字。古文字，请作者自制图片文件插入正文中。图片要求高精度黑白格式，勿使用灰度或彩色图片。推荐使用潘悟云 Unicode 国际音标 IpaPanNew（下载：http：//www. eastling. org/），勿使用不符合规范的自制音标。

六、稿件请按下列次序排列：1. 文章题目；2. 作者，作者工作单位全称，所在省、市，邮政编码；3. 内容摘要，关键词；4. 正文；5. 参考文献；6. 英文题目；7. 作者姓名的汉语拼音，作者工作单位英文全称，所在省、市的汉语拼音，邮政编码；8. 英文摘要（Abstract）；9. 英文关键词（Key words）。

七、内容摘要篇幅为100—300字，应具有独立性和自含性，可单独成文反映论文内容，应明确指出文章的创新点，避免使用“本文”“作者”等词。关键词数目3－8个。中英文的摘要和关键词应互相对应。

八、引文和参考文献。稿件中引文务必准确，注明出处。不得引用未正式发表的文献。本刊参考文献标注采用“顺序编码制”（详见中华人民共和国国家标准《信息与文献　参考文献著录规则》10. 1节及示例）。参考文献在文末，根据作者姓名的音序顺序排列参考文献（同一作者的不同文献，按文献音序顺序排列），并根据排定的参考文献顺序，回头标写正文中相应的引文标注码。同一文献，同一序号，附注页码。格式为上标的“[序号] 页次”（如[1]、[2][6]、[5－7]、[8]98、[9]66－68、[4]26,[6]3－8……）。

文末参考文献例：

［1］刘燕. 自贡等八市县方言音系调查研究［D］. 成都：四川师范大学硕士论文，2011.

［2］沈家煊. 语言的“主观性”和“主观化”［J］. 外语教学与研究，2001（4）.

［3］叶蜚声，徐通锵. 语言学纲要［M］. 北京：北京大学出版社，1997.

［4］周及徐. 成都方言本字26例（续一）［C］//语言历史论丛（第十三辑）. 成都：巴蜀书社，2019（02）.

文中参考文献标注。只标注一个参考文献时，标在本句末标点前；句尾以引号结束时，标在引号后。句中同时有多个参考文献时，标在本句中书、文、作者名后。例：

> “反映了敦煌变文被发现近一个世纪以来海内外研究的成果和水平，也反映了校注者在充分吸收前人成果基础上的最新见解。”[2] 该书包罗宏富，校注精审，创新之处颇多，霑溉学林无穷。《校注》中亦有少数疏漏或悬而未决之处，程惠新[2]、刘传鸿[3]、赵家栋[4][5]、汪维辉[6]等先生已有补正。

九、注释采用页末脚注，用数字加圆圈标引（①②③……）。

十、稿件首页下方请按以下顺序注明作者简介：姓名，性别（民族—汉族可省略），籍贯，职称，学位，研究方向。获得基金资助的文章，应注明基金项目：基金项目名称（项目编号）。基金项目置于作者简介上方。

十一、作者请注意下列有关知识产权的事项：勿一稿多投。采用他人已经发表或撰写过的研究成果，须明确标示。使用他人制作的图、表或引用大段文字，须取得版权所有者授权。

十二、来稿请寄本编辑部。一律不退稿，请作者自留底稿。电子文稿请发 Word 和 PDF 格式各一。地址：中国四川省成都市静安路 5 号，四川师范大学文学院《语言历史论丛》编辑部收，邮政编码：610068。E-mail：yylslc@ sicnu. edu. cn

十三、论文发表后，赠送作者该期《语言历史论丛》二册。

十四、本刊已许可中国知网以数字化方式复制、汇编、发行、信息网络传播本刊全文。本刊支付的稿酬已包含中国知网著作权使用费，所有署名作者向本刊提交文章发表之行为视为同意上述声明。如有异议，请在投稿时说明，本刊将按作者说明处理。

《语言历史论丛》编辑部

2021 年 12 月

图书在版编目（CIP）数据

语言历史论丛．第十七辑/四川师范大学文学院编．
—成都：巴蜀书社，2022. 1
ISBN 978-7-5531-1673-0

Ⅰ.①语…　Ⅱ.①四…　Ⅲ.①语言学－文集　Ⅳ.
①H0-53

中国版本图书馆 CIP 数据核字（2022）第 044314 号

语言历史论丛（第十七辑）　　四川师范大学文学院　编

责任编辑　马　兰
出　　版　巴蜀书社
　　　　　成都市锦江区三色路 238 号新华之星 A 座 36 层　邮编 610023
　　　　　总编室电话：（028）86361843
网　　址　www. bsbook. com
发　　行　巴蜀书社
　　　　　发行科电话：（028）86361856
经　　销　新华书店
印　　刷　四川宏丰印务有限公司
　　　　　电话：（028）85726655　13689082673
版　　次　2022 年 1 月第 1 版
印　　次　2022 年 1 月第 1 次印刷
成品尺寸　203mm × 140mm
印　　张　9. 625
字　　数　210 千字
书　　号　ISBN 978-7-5531-1673-0
定　　价　42. 00 元